权威·前沿·原创

皮书系列为
“十二五”“十三五”国家重点图书出版规划项目

智库成果出版与传播平台

2019年郑州文化发展报告

ANNUAL REPORT ON DEVELOPMENT OF ZHENGZHOU'S CULTURE (2019)

主　　编／赵　健　孙先科
副 主 编／蒋丽珠　杜学霞

社会科学文献出版社
SOCIAL SCIENCES ACADEMIC PRESS (CHINA)

图书在版编目(CIP)数据

2019年郑州文化发展报告 / 赵健，孙先科主编. -- 北京：社会科学文献出版社，2020.1
（郑州蓝皮书）
ISBN 978 -7 -5201 -5982 -1

Ⅰ.①2… Ⅱ.①赵… ②孙… Ⅲ.①地方文化-文化发展-研究报告-郑州-2019 Ⅳ.①G127.611

中国版本图书馆CIP数据核字（2020）第012370号

郑州蓝皮书
2019年郑州文化发展报告

主　　编 / 赵　健　孙先科
副 主 编 / 蒋丽珠　杜学霞

出 版 人 / 谢寿光
组稿编辑 / 陈　颖
责任编辑 / 桂　芳
文稿编辑 / 桂　芳　薛铭洁　陈晴钰

出　　版 / 社会科学文献出版社 · 皮书出版分社（010）59367127
地址：北京市北三环中路甲29号院华龙大厦　邮编：100029
网址：www.ssap.com.cn
发　　行 / 市场营销中心（010）59367081　59367083
印　　装 / 三河市东方印刷有限公司

规　　格 / 开 本：787mm × 1092mm　1/16
印 张：17.5　字 数：259千字
版　　次 / 2020年1月第1版　2020年1月第1次印刷
书　　号 / ISBN 978 -7 -5201 -5982 -1
定　　价 / 128.00元

主要编撰者简介

赵　健　管理学博士，郑州师范学院党委书记，教授、研究员，中国区域经济学会国家中心城市专业委员会主任委员，郑州市财政局原局长，郑州市第十一届、十二届、十三届人大代表，河南省第十二届人大代表。全国财政系统先进工作者，河南省优秀党务工作者，河南省教育厅优秀教育管理人才。主要研究领域为区域经济、精益管理。主持省级重点课题“都市农业发展模式创新研究——以郑州为例”“国家实施扩大内需政策给郑州市经济发展带来的机遇和对策问题研究”；出版学术专著6部，代表性论著为《地方财政发展论》；发表论文70余篇，其中在核心期刊发表20余篇；获得省部级科技成果奖、省部级优秀成果奖5项。

孙先科　文学博士，郑州师范学院校长，教授，河南大学现当代文学专业博士生导师，享受国务院特殊津贴专家。主要研究领域为中国当代文学思潮和当代小说。出版学术著作《颂祷与自诉——新时期小说的叙述特征及其文化意识》《叙述的意味》《说话人及其话语》，在《文学评论》《文艺理论研究》等权威学术期刊发表论文60余万字。主持国家社会科学基金项目3项，主持完成河南省哲学社会科学规划项目3项，获“河南省社会科学优秀成果奖”一等奖2项、二等奖1项。

摘　要

《2019 年郑州文化发展报告》是在中共郑州市委宣传部的指导下，由郑州师范学院组织编写的年度区域性文化发展报告。自郑州获建国家中心城市以来，高度重视文化建设，文化产业加快发展，文化事业成效显著，文化传承弘扬日益提升。本书紧紧围绕国家关于文化传承发展和国家中心城市建设的部署，把优秀历史文化的传承发展作为主线，对郑州文化建设情况进行了系统研究。本书由总报告、分报告、热点篇、案例篇、大事记和附录构成。其中总报告高度概括了 2017～2018 年郑州市文化建设情况，分析了国家中心城市建设背景下郑州市文化发展面临的机遇与挑战，总结了在文化传承弘扬、公共文化服务体系建设、文化产业转型升级、城市对外影响提升等方面的做法和成绩，并提出了新时期文化建设的思路与对策。分报告围绕郑州市文化产业、文物事业、哲学社会科学事业、公共文化设施建设、文艺事业等发展，进行了系统的总结和分析，全面展现了郑州市文化各领域的面貌和成绩。热点篇围绕国家中心城市建设进程中的热点问题进行了系统研究，对城市主题文化建设、文化软实力提升、华夏历史文明传承创新中心建设、城市文化产业集群发展、城市文化品牌培育等进行多领域全方位的分析研究，并提出了具体可行的对策建议。案例篇选取郑州市文化创意产业园、郑州艺术普及、杜甫故里诗词大会、嵩山论坛等具有代表性的案例进行解读。大事记详细记载了 2017～2018 年郑州市文化发展中的重要工作和重大事项。

本书以翔实的资料数据、系统的调研和深入的分析，较为全面地反映了 2017～2018 年郑州市文化发展的基本情况，既有对郑州文化发展的回顾与总结，也有对未来郑州文化发展的思考和展望，既包含了对文化事业发展的梳理和剖析，也有对文化产业的预测和评价，既有对热点问题的系统研究，也有对典型案例的深入解读，具有较强的权威性、专业性和可读性，为研究者了解郑州市文化发展基本情况提供了基础支撑，为政府决策、推动文化建设提供了理论依据，是郑州市文化研究领域的一项重要科研成果。

关键词： 文化产业　文化事业　传承创新　郑州

目　录

Ⅰ　总报告

Ⅱ　分报告

Ⅲ　热点篇

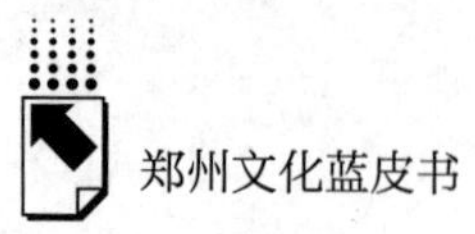

Ⅳ 案例篇

Ⅴ 附录

皮书数据库阅读使用指南

总 报 告

General Report

B.1

抓住机遇 加快发展 奋力建设与国家中心城市相适应的现代文化都市

刘 涛 杜学霞*

摘 要： 郑州市紧抓国家中心城市的机遇，加快推进文化建设，取得了明显成效。本报告以2017～2018年郑州市文化发展的重大事件为线索，梳理了郑州市文化发展面临的新形式和新特点，认真回顾了郑州市在文化传承弘扬、公共文化服务体系建设、文化产业转型升级、城市对外影响提升等方面的做法和成绩，分析存在的问题和不足，认为当前文化供给能力有待提升，文化产业转型升级动能不足，文化产品的原创力和传播力不强，城市文化特色缺乏深度培育等问题突出，需要推动文化

* 刘涛，郑州市社会科学院文化所副所长、副研究员，主要研究领域为文化传承弘扬、城乡文化建设等。杜学霞，郑州师范学院教授、博士，主要研究领域为城市文化发展。

领域的体制机制改革创新，将国际文化大都市的理念融入文化建设的全领域，推动优秀文化传承弘扬，完善公共文化服务体系，践行和培育社会主义核心价值观，推动文化对外传播，以特色文化魅力彰显城市文化形象，以文化创新创意引领文化建设趋势，构造起优秀文化传承发展的大格局。

关键词： 文化产业　文化都市　郑州市

2017 年以来，郑州市认真贯彻落实中央、省委和市委的战略部署，深入贯彻党的十九大精神和习近平新时代中国特色社会主义思想，在大力推进国家中心城市建设中，探索和实践郑州文化传承创新和繁荣发展之路，持续推进文化传承创新，强化公共文化服务体系建设，完善对外宣传体系，引导文化产业转型升级，文化扶贫工作不断加强，意识形态管理成效突出，城市文化发展环境不断优化，对外影响力不断提升，文化综合实力取得新突破。

一　郑州文化发展面临的新形势

近年来国家高度重视郑州的发展，把郑州放在国家战略部署的重要位置，给予郑州更多的政策扶持，政策的叠加优势明显，尤其是郑州上升为国家中心城市后，面临着前所未有的发展机遇，给郑州文化建设提供了更加广阔的空间。

（一）国家中心城市为文化发展提供新契机

2017 年郑州上升为国家中心城市以来，市委、市政府加快部署国家中心城市建设的各项工作，积极制定发展规划，把国家中心城市的文化建设放在了重要位置。《郑州建设国家中心城市行动纲要（2017～2035 年）》（以下简称《行动纲要》）中明确提出，要充分发挥文化在国家中心城市建设中的引领和支撑作用，坚持社会主义先进文化的前进方向，以建设华夏历史文明传承创新中心为抓手，建设传统文化和现代文明交相辉映的国际文化大都市。《行动纲要》中明确郑州建设国际文化大都市，这是郑州未来文化发展的新目标和新定位，也让郑州文化建设面临着新机遇和新挑战。郑州在新的历史起点上，以扎实的文化基础，厚重的文化积淀，不断提升的文化影响力，明确的国家战略下城市文化发展的方向和目标，开启了迈向全球的文化国际城市的新征程。相信未来不久，郑州将在全国乃至国际舞台中展现城市的文化魅力，引领城市文化发展方向。

（二）十九大战略部署为文化发展提供新方向

党的十九大明确提出“中国特色社会主义进入了新时代”，新时代下我国社会主要矛盾已经转化为人民日益增长的美好生活需要和不平衡不充分的发展之间的矛盾。人们对美好生活的需要不限于物质产品，也充满着对丰富、高品质文化产品的诉求，这也给郑州城市文化发展提出了新要求新任务。没有文化的繁荣就没有民族的伟大复兴，在国家把文化放在了更加重要的位置，对文化建设作出重要定位和部署的大战略下，郑州城市文化建设也必须按照十九大的要求，坚持发展中国特色社会主义文化，结合郑州文化发展的实际和当今的时代条件，发展面向现代化、面向世界、面向未来的，民族的科学的大众的社会主义文化，推动文化的创造性转化与创新性发展。在新时代，郑州要勇于肩负起应有的使命和担当，在文化发展的探索中抓住机遇、砥砺前行，为地区乃至国家的文化繁荣兴盛、为民族的伟大复兴贡献力量。

（三）国际化都市定位对郑州文化的发展提出新要求

习近平总书记指出，要推进国际传播能力建设，讲好中国故事，展现真实、立体、全面的中国，提高国家文化软实力。郑州作为国家中心城市，要在全球现代城市竞争体系中有所突破，就必须有国际定位和视野，塑造国际城市的文化形象。随着经济社会的快速发展，郑州从“火车拉来的城市”到“国家中心城市”和“国际郑”，已经从河南、中原走向了世界，开始在国际舞台展现“国际郑”的风采。郑州积极推进国际综合交通枢纽、国际旅游城市、国际文化都市等建设，对外影响力不断提升。随着城市竞争的日益激烈，更多的城市把目标瞄向全球，郑州作为国家中心城市，塑造具有全球影响力的国际化大都市，必须把文化建设放在更加重要的位置，塑造城市文化风貌，打造城市文化精品，推动文化的传承创新，全面融入“一带一路”建设，讲好郑州故事、传播郑州声音、展现郑州文化底蕴，让郑州在文化上也成为内陆城市对外开放的门户。

二　郑州文化发展的新做法与新成效

2017 年以来郑州市文化发展紧紧围绕十九大战略部署，立足国家中心城市定位，加快推进省委、市委各项决策的落实，文化发展取得新成效。

（一）公共文化服务体系建设取得新成效

郑州市委、市政府高度重视公共文化服务体系建设，持续加大投入力度，健全文化基础设施，增大文化惠民力度，公共文化服务体系建设取得显著成效，人民群众精神文化生活不断改善，文化民生得到应有保障。

1. 公共文化服务设施不断完善

文化场馆设施是推进基本公共文化服务标准化、均等化的基础条件和基本载体。郑州市持续加大文化场馆建设力度，投资 6.1 亿元新建郑州图书馆，总建筑面积 72400 多平方米，总藏书 240 万册。目前全市共有县级以上公共图书馆 15 个，文化馆 15 个，美术馆 3 个，非物质文化展馆 9 个，演出剧场（院）5 处。全市拥有各级公共图书馆设施面积达到 135912 平方米，全市每万人拥有公共图书馆面积由 2012 年的 71.7 平方米增加到 2017 年的 140.7 平方米，增长了 96.2%；座席数达 8421 个，增长了 27.6%。为提升全市公共图书馆服务水平和业务水准，组织全市 13 家图书馆参加全国公共图书馆评估定级。全市拥有各级文化馆设施面积达到 43642.32 平方米，每万人拥有文化馆面积 45.17 平方米。郑州市 12 个县（市）区的文化馆、图书馆全部达到国家三级馆以上标准。全市共有各级美术馆场馆面积达 17031 平方米。全市共有非物质文化遗产保护展览场所面积达 4277.89 平方米，郑州市非物质文化遗产展示馆展览面积 1500 平方米。郑州文化馆、图书馆、美术馆均为国家一级馆。乡镇（街道）文化站功能不断完善，全市投入 1 亿多元建成标准化社区文化中心 560 个、标准化村文化大院 2100 个，基层文化设施基本实现全覆盖。文化扶贫成效显著，全市 248 个贫困村综合文化服务中心建设全部达到“七个一”标准。

2. 文化惠民工程扎实推进

郑州市把文化惠民放在各项工作的首位，2010 年以来，每年采购 1000 场优秀舞台艺术剧目，进学校、进工厂、进乡村、进社区。同时，各类文艺院团组织开展“情暖新春”、“绿色周末”、“舞台艺术送农民”、“中原文化大舞台”、“传统文化进校园”等文化演出活动，每年组织近 3000 场，惠及群众 600 多万人次。此外，农村公益电影放映按照“不少一场，不漏一村”的标准，年均放映电影 2 万场次。2017 年全市农村公益电影放映达 2.37 万场次，观影人数达 364.85 万人次。全民阅读“天中讲坛”公益讲座自 2015 年创办以来，已经举办 50 多场，徐光春、二月河、王蒙、王立群、鞠萍、张泽群等一大批不同领域的专家学者、文化名人先后开讲，直接受益群众 6 万余人。文化服务供给的规模、场次和受益群众不断扩大，提升了人民群众的文化获得感。郑州图书馆开设夜间“读吧”，延长开放时间，满足广大市民的夜读生活需要。

3. 群众性文化活动丰富多彩

借助重大活动、节日等，开展丰富多彩的群众文化活动，不断丰富群众的文化生活。积极推动优秀民间文化的传承弘扬，组织开展春节“郑州市华夏优秀民间文化集中展演”、“百城万场”广场舞、“群星耀中原”基层文艺展演、“出彩河南人”、“大爱中原——益路同行”及“中国语文朗读大赛”郑州站赛事等群众文化活动。2017 年 12 月 31 日，举办“文化跨年夜 出彩郑州人”活动，同时举办狂欢派对、阅读、街舞、音乐会、非遗文化展演等，吸引了 25 万市民参与狂欢，并首次以整台节目形式亮相央视，在春节期间播出。建成郑州好人馆，宣传弘扬社会正能量。举办“天中讲坛”讲座活动8期，现场参与人次达2500人，为引领全民阅读良好风尚发挥了积极作用。举办“情韵郑州”系列讲座、展览、培训达121期，受益群众近10万人次。拓展深化志愿者文化服务，不断吸收新鲜力量加入。按照原文化部“大地情深”活动的安排，邀请国家京剧院来郑演出现代京剧《党的女儿》，受益观众达3000余人。

（二）文化产业的供给水平不断提升

郑州市高度重视文化产业的发展，不断完善发展措施，加大扶持力度，引导文化产业转型升级，文化产业发展的总量不断扩大，品质不断提升，供给能力持续增强，呈现快速、高质量发展的良好势态。

1. 文化产业扶持力度不断加大

市委、市政府和相关文化部门坚持把文化产业作为重点和中心工作，明确文化产业的战略地位和发展目标，努力推动文化产业成为国民经济支柱型产业。《郑州市“十三五”文化事业产业发展规划》明确了优化文化产业发展布局，确立了文化旅游、演艺娱乐、影视制作、出版印刷、工艺美术、广告会展、动漫游戏和创意设计等八大重点文化行业，规划了文化产业发展的重点项目和保障措施。2018年郑州出台了《郑州市加快文化产业发展若干政策》，加大文化产业发展的扶持力度，市级财政每年安排2亿元的专项资金，建立文化产业扶持资金，用于重大文化企业的培育、引进、扶持，文化项目的激励，文化企业贷款信用保证等。同时，推动各县（市、区）加大文化产业扶持力度，建立专项扶持资金，用于引导和扶持文化产业的发展。郑州市组织19个文化企业申报2017年河南省文化产业专项资金项目，获得省级扶持资金2095万元。推荐17个文化企业申报河南省文化产业发展基金扶持项目（第一批）。借助第十一届中国（河南）国际投资贸易洽谈会，对接引进3个文化产业合作项目，投资额达到183.8亿元。积极争取成为国家首批文化消费试点城市之一，目前建立了郑州文化消费综合信息平台，形成了“多点联动、全面覆盖”财政补贴引导文化消费的试点模式。

2. 文化产业质量取得新提升

随着经济发展进入新常态，郑州市坚持把文化产业的转型升级作为重点任务，2018 年郑州市文化企业数量达到 3 万多家，规模以上文化企业 556 家，营业收入超亿元文化企业 138 家，文化产业增加值 313. 4 亿元，比上年增长 8. 6%，占郑州市 GDP 的比重达到 3. 41%，占河南省文化产业增加值的比重为 23. 35%。同时，6 家文化企业挂牌“新三板”，中原网成功挂牌“新三板”，也是河南第一家上市“新三板”的新闻媒体。郑州市文化产业的发展质量不断提升，有 1 家文化企业入选“2017 ~2018 年度国家文化出口重点企业目录”，1 个项目入选“2017 ~2018 年度国家文化出口重点项目目录”。文化产业结构进一步优化，郑州市文化制造业仍然占主导地位，实现营业收入 409. 8 亿元，占全市规模以上文化产业的 53. 8%。文化服务业实现营业收入 201. 4 亿元，增长 7. 6%，占比 26. 4%，其中“文化信息传输服务”实现营业收入 44. 8 亿元，比上年增长 15. 3%。文化制造业的比重有所下降，而文化服务业、零售业等增长，新兴文化业态不断涌现。文化旅游业发展成效明显，2018 年全市共接待国内游客总人次为 11276. 98 万人次，同比增长 12. 3%；国内旅游收入为 1349. 42 亿元，同比增长 13. 1%；接待入境游客 52. 74 万人次（入境过夜旅客 45. 59 万人次），同比增长 4. 8%；实现外汇收入 2. 07 亿美元，同比增长 5. 0%。2018 年旅游接待总人数 11329. 72 万人次，同比增长 12. 3%；旅游总收入 1363. 496 亿元人民币，同比增长 14. 1%。文化产业集聚发展成效突出，国家动漫产业发展基地河南基地、国家知识产权创意产业试点园区、中原广告产业园等集聚发展态势良好，郑州国际文化创意产业园示范带动能力突出，成为河南的文化名片。目前，郑州市拥有国家级文化产业园区 3 个，国家级文化产业示范基地 2 个，省级重点文化产业园区 1 个，省级文化产业示范基地 15 个，市级文化产业示范基地 66 个。重大文化产业项目加快推进，海昌极地海洋公园、“只有河南・戏之国”、华强四期・中华复兴之路等项目纷纷落户郑州，建业足球小镇、银基冰雪世界、轩辕圣境黄帝故里文化产业园等项目正在加快建设。二七区瑞光创意工厂、惠济区良库工舍、经开区彩虹盒子艺术街区通过改造升级旧厂房，打造了涵盖时尚、休闲、娱乐、旅游等功能的文化创意园区，为城市发展注入了文化艺术气息。

3. 文化产业品牌不断涌现

郑州坚持把文化品牌打造作为提升文化产业的重要抓手，注重推陈出新，培育一批能够展现郑州特色和中原风格的优秀文化品牌。在演艺品牌建设上，继舞剧《风中少林》、《水月洛神》分别荣获中宣部“五个一工程”优秀戏剧奖、“五个一工程”优秀作品奖之后，新创排的大型舞剧《精忠报国》被国家文化和旅游部评为2019年度国家舞台艺术精品创作扶持工程重点扶持剧目。独具中原地区特色的现代豫剧《都市阳光》获河南省第十一届“五个一工程”优秀作品奖。影视品牌培育方面取得新成绩，创作的戏曲电影《王宝钏》获得加拿大欧亚国际电影节最佳戏剧片奖及旧金山国际新概念电影节优秀戏曲片奖，儿童电影《大荷花小荷花》也获得了洛杉矶世界民族电影节最佳儿童影片奖，本土电影的创作能力不断增强，尤其是传统文化通过新形式在国际舞台上展现表达，文化影响力不断提升。新的节庆文化品牌不断涌现，中国（郑州）街舞大赛、中国国际摄影艺术节已经成为国内街舞品牌，逐渐在国际上产生积极影响，同时迷途音乐节、本土电影展映月等影响力日益提升，提升了郑州在国内文化影视产业领域的影响力。此外，积极推动优秀品牌参加国内外的节庆会展，先后参加了第二十五届中国（深圳）国际礼品展、第十三届中国（杭州）国际动漫节、第十三届中国（深圳）国际文化产业博览交易会、第十届海峡两岸文化产业博览交易会等。

（三）意识形态工作扎实推进

党的十九大明确提出要牢牢掌握意识形态工作领导权，加强理论武装，强化互联网内容建设。郑州市坚持把意识形态工作放在重要位置，通过健全意识形态管理体系，强化理论武装，加强网络监管，不断唱响主旋律、传播正能量，意识形态工作扎实推进。

1. 意识形态工作成效显著

坚持贯彻落实习近平总书记关于意识形态工作的总体要求，明确全市意识形态工作的要点，确立郑州市委意识形态工作主要责任人和工作责任。郑州市成立了意识形态联席会，市统战部、市委党校、市教育局、市民委（宗教局）、市民政局都成为联席会议成员，市多次召开意识形态联席会议，分析当前意识形态主要情况，掌握当前的形势，及时发现问题，持续推动当前工作的开展。并结合当前情况，印发了《郑州市进一步加强文化活动政治导向管理的暂行办法》《郑州市党委（党组）网络意识形态工作责任制实施细则》《举办报告会、研讨会、讲座、论坛管理制度》等一系列文件，并运用考核办法对全市 15 个开发区、县（市）区和 85 家市直单位 2017 年的工作进行了考核，有力地促进了意识形态工作责任制的落实。采取属地管理和主办主管责任，加强对意识形态阵地的管理，对各类形势政策报告会、论坛、研讨会和讲座的报备管理，完善对社科研究机构和思想文化学会协会等社团的管理，严把政治关，并经常对各类意识阵地进行排查，形成了规范和有效的管理。在省委 2017 年度意识形态工作督查中，郑州排名第一。

2. 强化理论宣传引导

注重充分发挥社科普及、宣传报道等作用，在全社会塑造具有强大凝聚力和引领力的社会主义意识形态，推动新时代中国特色社会主义思想深入人心。借助社科普及、理论宣传等活动，积极开展十九大精神、习近平总书记和重大政策理论的宣讲，市县积极组织宣讲团进社区、农村、企业、机关、学校宣讲十九大精神，宣讲场次达到 770 余场，通过推进“百姓宣讲直通车”进基层巡演 980 余场，被省委评为 2017 年度“百姓宣讲直通车”进基层巡演先进单位。在全市范围开展“讲党的故事　喜迎十九大　决胜全面小康”主题党课评选、微型党课比赛和征文比赛等党员教育系列活动，形成了全市党员干部讲党课、听党课、提高政治理论水平的热潮。全市各级媒体加大宣传报告力度，通过图文直播、H5、微刊、微视频等形式，对十九大、重大政策、中心工作等进行全方位、多角度的宣传，《郑州日报》、《郑州晚报》、郑州电视台等刊载播发十九大相关报告 400 余篇，同时在重要版

面设立《推动十九大精神落地生根》栏目，进行全面、深刻和广泛的宣传解读，在全社会引起了积极反响。同时，加强对“国家中心城市建设”、“生态环境保护”等重点工作的宣传，形成强有力的舆论引导，很多重大事件和工作点击量过亿。推出的“身边正能量”专栏，通过典型案例的报道宣传，塑造公平正义的社会生态环境，得到了群众认可，如对郑州火车站市民接力救助孕妇事件的宣传，不仅得到群众的广泛支持，而且被中央媒体转载报道，通过理论指导、舆论引导，在全社会形成正能量，展现了郑州新时代的新气象。

3. 网络综合治理体系不断完善

坚决贯彻十九大关于“加强互联网内容建设，建立网络综合治理体系，营造清朗的网络空间”的要求，不断完善网络监管机制，切实加强网络监管，传播网上正能量，互联网空间进一步清朗。制定出台了《关于建立郑州市电子政务工作统筹协调机制的意见》、《关于进一步加强党委部门互联网信息平台和新闻单位媒体平台管理工作的督导检查方案》，规范了网上电子政府系统，加强了网络媒体的监管。积极与通信、工信、公安等部门合作，强化网络安全治理工作，加强对各部门、各地区的网络监督，对郑州市的230多个部门的网络信息平台和新闻媒体平台进行督导检查，使网络安全工作进入各行业和领域，防范网络风险发生，形成有力的网络保障体系。郑州市依托统战部门成立了“中原网络达人联谊会”，依托网络达人引导网络舆论，传播正能量，形成良好的网络生态环境。加强网络监管，对14万家网站进行排查，对违规违法的网站、微信公众号等，采取关闭、维护等方式进行整理，对散播谣言、危害类的信息及时清理，逐步形成了风清气正的网络空间。不断放大互联网正面声音，释放正能量，通过发表正面网络评论，策划重大主题活动网络宣传，举办网络媒体看郑州活动，营造网络舆论引导力，取得良好的社会效应，形成干事创业的良好环境。

（四）历史文化遗产保护传承取得新进展

郑州是华夏历史文明起源的核心地区，文物类型全面，历史文化资源丰富，文化价值突出。市委、市政府高度重视历史文化遗产的保护传承，推动文物保护基础工作开展，加强重点文化片区建设，实施生态保遗专项工程，历史文化遗产保护传承工作取得重大进展。

1. 做好基础性保护工作

编制了《2018～2020 年文物科研保护项目中期规划》，完成新密新砦主动性考古发掘、中原地区中华文明探源、郑州华夏文明金石文化研究、金属类文物保护研究等 10 余项科技项目申报工作。对各县（市）区文物保护单位进行地图测绘，推进南岳庙大殿、龙潭寺中佛殿等 20 多处文物保护工程开展，完成了对苑陵故城东北城墙本体保护工程、西南城墙本体保护、打虎亭汉墓一号墓本体的维护保护工作。推进全市文物勘探和考古发掘工作，2017 年勘探面积达到 1941 万平方米，考古发掘面积达到 61160 平方米，发现遗迹 3200 处。着力加强世界文化遗产的保护管理，指导世界遗产地开展世界遗产保护状况自查和网上评估表填报工作，完成国家文物局、中国文化遗产研究院对"天地之中"历史建筑群、大运河通济渠郑州段的现场评估工作。着力加强大运河世界文化遗产的保护传承，成立专门的建设领导小组，并对沿线的文化进行摸底调查，形成系列调研报告，出版了《郑州大运河》图书，各类文化遗产保护项目也在快速推进。积极推进商都历史文化区、古荥大运河文化片区、百年德化文化片区和二砂文化创意产业园区"四大重点历史文化片区"建设，高标准要求，高起点建设，优化历史文化遗产保护传承的布局，提升保护传承的水平。积极推进文物博物馆建设，郑州商都遗址博物院、文物考古研究院主体建设基本完成，郑州纺织工业遗址博物馆建设也在加速推进。非国有博物馆建设也加快推进，截至 2017 年全市非国有博物馆达到 21 家。加强文化遗产的保护宣传，借助国际古迹遗址日、国际博物馆日、中国文化遗产日等进行广泛宣传和展示，通过组织文博单位和文创企业参加第十三届中国（深圳）国际文化产业博览交易会、第四届中原（鹤壁）文化产业博览交易会，展示中原地区深厚的文化内涵，文物保护形成社会共识，保护力度不断加大，宣传方式日益多元，保护体系日益完善。

2. 强力推进生态保遗工程

2017 年以来，郑州市坚持把古遗址保护传承与生态文明建设相结合，坚持“治”“建”并举，全面启动“生态保遗”工程，着力把“生态保遗”工程打造成国家中心城市的形象展示窗口和重要文化品牌。成立了市生态保遗领导小组，积极制定生态保遗导则、巡查制度等规范性文件，并通过现场观摩推进会议等促进遗址生态文化公园建设。制定出台了《郑州市 2017 年生态保遗工程专项实施方案》，明确推进中心城区、城市毗邻区、城郊地区 3 个遗址生态文化公园文化带、75 处生态文化公园完成生态绿化面积 5 万亩。目前，航空港区苑陵故城考古遗址公园、经济技术开发区圃田故城遗址生态文化公园等建设积极推进，苑陵故城遗址公园、京襄城遗址公园、刘禹锡公园、李商隐公园、尚岗杨遗址公园、李家沟遗址公园、打虎亭汉墓遗址公园等 10 余处已经建成开放，社会效果良好。《中国文物报》也以半个版面刊发《建设遗址生态文化公园，促进文化遗产服务民生》专题文章，推介郑州经验做法。通过在遗址上建设生态文化公园的方式，真正让古遗址“活”了起来，成为市民文化休闲活动的主题公园，为城市建设强文脉，为文物分布密集型城市探索文化遗产片区化、集群化、生态化、亲民化保护提供了新思路和新模式。

（五）城市对外文化影响力取得新提升

党的十九大提出要高度重视推进国际传播能力建设，讲好中国故事，展现真实、立体、全面的中国，提高国家文化软实力。郑州作为国家中心城市，高度重视城市文化的对外宣传，依托丰富的文化底蕴和文化资源，创新对外宣传的载体、方式，讲好“郑州故事”，传播好“郑州声音”，城市文化影响力不断提升。

1. 创新方式展现郑州城市新形象

借助新媒体传播郑州文化内涵，在全国“两会”期间创作《郑州八度》系列微视频，从郑州厚度、郑州气度、郑州速度等全面展示城市的底色和内涵，让全世界都了解崛起的中国有一个古老而又年轻的文化都市，郑州及国内各大媒体都对视频进行了推荐和转载，取得了良好的宣传效果。借助黄帝文化的影响力，创作了“轩辕黄帝有熊氏”的微信表情包，公交车也为乘客提供“移动看拜祖”的体验。表情包下载量达到700余万次，发送量5000余万次，并在郑州新闻媒体的头条进行宣传，有力地推广了郑州城市形象。郑州市外宣办借助公共宣传媒体抖音，建立了抖音公众号“遇见郑州”，以群众喜闻乐见的方式拍摄创作了大量的郑州微视频，发布原创作品100多条，播放量1亿余次，让全国乃至世界通过新媒体认识郑州、了解郑州、传播郑州，全面展现、传播新时代郑州的新发展新形象。在俄罗斯世界杯期间，依托中央国际广播电视总台国际在线在海外落地广、站点多的优势，策划系列的宣传报告，在中国国际广播电台与俄罗斯政府机关报联合出版的《中国风》上刊发了《中国郑州：“国际商都”乘势启航》，在国际媒体广泛转载，全面呈现了郑州经济、文化发展的新成效，尤其是介绍了郑州铁路、航空、公路交通优势，融入“一带一路”的新发展，展现了郑州城市的良好形象，扩大了郑州在世界上的影响力。

2. 完善体系展现郑州城市新面貌

借助重大活动全面展现郑州城市新面貌，随着郑州城市功能的不断完善、竞争力的不断提升，很多大型的国际论坛、会议和活动落地郑州，也对郑州城市影响力的提升打下了良好基础。郑州借助中国（郑州）国际园林博览会、中国（郑州）国际旅游城市市长论坛、中国考古学大会、国际创新创业大会、黄帝故里拜祖大典等在郑州举办的契机，积极制定对外宣传的方案，创作展现郑州城市形象的产品，策划组织境内外媒体参与宣传报道，精心讲好“郑州故事”。成功举办“郑州国际摄影展”、“一带一路”国际电影展、“中国·郑州国际标准舞全国公开赛暨世界巨星表演晚会”、楚河汉界象棋争霸赛等国际性、全国性文化活动，向世界展现中原文化的独特魅力。积极做好微博“郑州发布”、微信“遇见郑州”、中文网站“郑州之窗”、英文网站“Zhengzhou International”以及中英文双语杂志 *Where Zhengzhou*，通过各种新技术、新平台，全面建设好城市形象打造的阵地和载体，完善各种新宣传载体的新功能和新作用，积极地传播郑州声音、宣传郑州形象，展现郑州在新时代的新形象和新气质，持续扩大国家中心城市郑州在国内外的影响力。高水准制作了“一山、一河、一寺、一祖、一城”的郑州城市宣传片，展现了嵩山、黄河、少林寺等的悠久历史和灿烂文化，通过国际化的语言和视角来展现郑州的过去、现在和未来，折射出国家中心城市郑州的文化自信和国际枢纽的发展优势，宣传片在国内各大媒体及国外媒体播放，全面展现了“国际郑”的姿态，让郑州走向世界，让世界全面了解郑州，进一步扩大郑州在国际上的知名度和影响力。

三　郑州文化发展的不足及问题分析

2017 年以来，郑州市文化建设成效突出，文化事业繁荣发展，文化产业加速转型，意识形态工作成效明显，郑州市的文化发展已经从快速化向质量提升转变。但是总体来看，质量型文化建设的制约因素较多，文化发展水平与国家中心城市的定位、国际文化大都市建设目标还存在差距，必须把握社会矛盾转换下制约文化提升发展的主要瓶颈，从而结合国家中心城市的战略部署，找准未来郑州城市文化发展的方向。

（一）城市文化供给的能力有待提升

中国特色社会主义建设进入新时代，社会主要矛盾也发生了转换，人们对文化产品和服务的要求提升。同时，随着国家中心城市郑州的快速发展，城市环境不断优化、开放度日益提升、城镇化水平不断提高，人口结构变化日益明显，据 2018 年底统计，全市人口已经达到 1000 万，大量的农村人口转移到城市，高层次人才不断流入郑州，对文化的需要也变得多元化。虽然郑州市文化供给能力在不断提升，但是在文化设施、文化服务等方面的供给还难以满足不断增长的人口的需要，供给的总量和建设空间相对不足。文化产品和服务的供给仍然处于转型升级阶段，虽然文化亮点和特点不断涌现，但是总体上供给的质量还不高，普通的市民获得公共文化服务的渠道缺少，文化活动的场所和空间不足。文化设施建设滞后，难以跟上群众对高质量文化服务的要求。文化活动、文艺作品的受众群体较小，有些文艺演出的门槛较高，群众难以共享文化发展的成果。

（二）文化产业转型升级动能不足

郑州市一直高度重视文化产业的发展，在技术创新、产业融合等方面成效突出，打造了一批具有重要影响力和带动力的文化产业园区、企业，成为郑州文化产业的品牌。但是随着经济进入新常态，宏观经济发展环境出现了明显变化，文化产业进入了动能转化与结构调整的阶段。从 2017 年郑州市文化产业发展情况来看，产业转型难度较大，质量提升面临新的瓶颈问题。2017 年郑州市文化产业增加值虽然达到 313.4 亿元，占 GDP 的比重为 3.41%，但是与国家中心城市和省会城市比，仍然相对较低，深圳、广州、上海等地文化产业增加值已经达到 2000 亿元，占 GDP 的比重超过 10%，中部地区长沙、武汉的文化产业增加值分别为 902.6 亿元、619.1 亿元，占 GDP 的比重为 8.84% 和 4.14%，都要高于郑州。文化产业结构还有待优化，新兴的文化通信传输、休闲娱乐、文化创意设计等仍然占比偏低，文化与科技融合的新业态发展缓慢，新兴产业仍然处于起步阶段。受到经济环境影响，传统产业增长乏力，以前发展得相对较好的动漫、影视、工艺等行业效益受到影响，在全国的竞争力不强。

（三）文化产品的原创力和传播力不强

郑州市一直高度重视鼓励原创本土产品的生产创作，形成了一批原创影视动漫作品，尤其是舞蹈《风中少林》、《水月洛神》以及戏曲《都市阳光》、《王宝钏》等获得较大影响力，文化的原创能力不断增强，但总体看，与长沙、广州、上海等地相比，文化的原创能力仍然不足。对传统优秀文化的挖掘和提炼不够，大量的深厚的文化内涵没有得到充分展现，优秀的文化元素难以融入文化产品中。如动漫游戏的产量虽然高，但是多为重复性生产，缺少优秀的文化元素，更缺乏高质量的符合时代需要的产品，播放和转化能力也明显不足。影视、舞蹈等创作转化方面也存在高新技术的运用不足，有原创能力的高层次人才缺乏，创新创意不够，群众喜闻乐见的优秀文化产品原创能力不强等问题。近年来，郑州市发展速度加快，文化产业门类齐全，文化产品日益丰富，但是受文化发展体制机制等方面的限制，文化产品“走出去”的能力不强，文化产品多数只能供给本地或者部分区域，向全球市场拓展的渠道缺少。文化传播多依靠政府力量，民间的、大众的、市场化的传播力量相对较弱，传播的方式相对单一，在国际上的传播力不强，健全的文化传承传播体系尚未建立。

（四）城市文化特色缺乏深度培育

郑州作为国家中心城市，立足于打造具有国际影响力的文化大都市，必须高度概括、传播和展现郑州的文化特色，这样才能够在城市建设中突出主题和特点，才能够塑造出国际城市的文化形象，从而通过各种方式提升城市影响力。目前，郑州与上海、广州等国际性城市，以及国外的巴黎、伦敦、纽约等文化都市的影响力相比还存在明显差距，其中城市文化特色不够突出、文化主题不够鲜明是主要原因。郑州市历史文化类型较多，拥有黄帝文化、嵩山文化、商都文化、黄河文化等多种特色文化资源，但是这些文化的整合度和凝聚度不够，特色文化的内在要素很少被提炼，传承弘扬的主线不够清晰，特色文化在城市建设、文化创作、品牌打造中都不够明确，文化的体系化不够，文化品牌展现的文化是分散和零碎的，仍然不能展现郑州文化的主旨。这也导致郑州文化在向外传播时，多呈现分散、个体化特征，很难辨析文化的特点，城市文化形象不清晰，也影响着郑州国际文化大都市的建设。

四　国家中心城市郑州文化发展的思路与对策

按照郑州建设国家中心城市行动纲要的部署，未来五年是郑州全面推进国家中心城市建设的关键期，需要充分发挥文化在国家中心城市建设中的引领作用，紧紧围绕国际文化都市建设的目标和定位，推进优秀文化的传承创新，优化建设思路和方案，全面推进郑州文化的繁荣发展。

（一）主要思路

郑州推进国家中心城市、国际文化都市建设，必须贯彻习近平总书记新时代中国特色社会主义思想和党的十九大精神，坚持以人民为中心、发展为了人民，坚持社会主义先进文化的前进方向，着力推进文化事业、文化产业发展，不断满足人民群众日益增长的精神文化需求，必须全面聚焦郑州国家中心城市和国际文化都市建设，传承弘扬优秀的华夏历史文明，创新传承形式和载体，强化意识形态领导权，培育建设社会主义核心价值观，在推进优秀文化创新发展、构建强大的舆论方阵中，不断提升城市的文化品质，丰富城市的文化内涵。塑造郑州国家中心城市的国际文化大都市形象，必须在新时代下勇于担当、敢于创新、主动作为，不断推动文化领域的体制机制改革创新，将国际文化大都市的理念融入文化建设的全领域，用文化来引领经济、社会和城市建设各项工作，彰显郑州文化气质、郑州气度，以文化动力释放文化潜能，以特色文化魅力彰显城市文化形象，以文化创新创意牵引文化建设趋势，构造起优秀文化传承发展的大格局。

（二）对策建议

1. 推进优秀文化的传承弘扬，构筑国际文化都市的内在底蕴

郑州是国家历史文化名城，国家八大古都之一，是华夏文明的重要发源地，在人类起源和文明演进中有着重要作用。文化资源丰富，文化类型众多，必须充分依托资源优势，推动优秀文化的传承、弘扬和创新，着力打造华夏历史文明传承中心。一是推进文物资源的保护弘扬。探索文物资源保护的新途径，让静态的文物活起来。进一步加强对优秀历史文化遗产资源的保护，推动老奶奶庙遗址、西山遗址、商城遗址等大遗址资源的保护，建立综合性的传承、展示园区，打造大遗址保护片区。提升“天地之中”历史建筑群、大运河等世界文化遗产的保护水平，在文化遗产保护中融入现代科技手段，将古遗址复原原始场景，将文化遗产由静态陈列变为全方位动态展示，突出参与性、观赏性。坚持保护、控制与抢救的原则，加强对优秀工业

文化遗产的保护，依托遗产资源建立博物馆、陈列馆、主体公园等，有效利用厂房、机器、景观等。加强对非物质文化遗产的保护传承，借助大型文化活动推进少林功夫、小相狮舞、苌家拳、泥塑、剪纸、香包、蛋雕等的展示，推动非物质文化遗产进学校、进社区，建立传习所、非遗展示馆，加大对非遗传承人的扶持力度，全面推进非物质文化遗产的传承弘扬。二是推进传统文化的创新发展。深度挖掘黄帝文化、商都文化、嵩山文化、黄河文化、革命传统文化等资源，建立一批特色文化园区，打造优秀文化展示体验基地。吸收国内外的先进文化元素，开发创意性文化产品，尤其是推动文化资源的动漫游戏、文化旅游等的转化，赋予传统文化新的表达形式，推动优秀文化资源的创造性转化和创新性发展，展现郑州特色文化元素，塑造郑州内在文化品质，打造郑州优质文化品牌。三是推动优秀传统文化融入城市建设。深入挖掘郑州优秀传统文化的内涵、要素和特点，融入城市建筑、景观中，在城市规划中要充分彰显城市文化底蕴，在交通设施、公共建筑、商业区域中融入历史文化元素，推动百年德化历史文化区、二砂文创广场等重点文化片区开发，打造一批特色历史文化街区，建立一批标志性的历史文化景观带。加快中央文化区奥林匹克中心、文博艺术中心、市民活动中心、现代传媒中心“四中心”等重大公共文化服务平台建设，建设一批具有郑州特色的文化地标，依托城市建设传承特色历史文化，展现城市的文化魅力。

2. 立足新时代群众的需求，构筑完善的公共文化服务体系

随着中国特色社会主义进入新时代，群众对文化服务的需求品质不断提升，要建立高品质、多元化的公共文化服务设施，加大文化惠民的力度，提高公共文化服务的效能，推进城乡公共文化服务的一体化，满足新时代群众文化诉求。一是确立战略性的发展定位。把握住国家中心城市建设的契机，谋划国家文化大都市文化服务体系建设的思路和方案，建立品质优良、功能齐全、类型丰富的公共文化服务供给体系，构建起未来五年城市公共文化服务的总体战略，在提升城市文化环境、塑造良好文化生态、改善城市文化功能上努力，从而全面提升城市的文化品质。二是推进公共文化服务设施建

设。依托郑州市公共文化服务区“四个中心”、“四大片区”工程建设，推动建设城市文化会客厅、城市文化活动基地、城市艺术品国际交流中心、市民阅读中心等公共文化服务设施，建立多层次、高品质的活动空间，满足群众的文化生活需要。推动城乡公共文化服务设施的一体化建设，提升乡镇（街道）综合文化服务中心建设质量，推动村（社区）文化大院、文化活动中心提升服务质量，加大文化扶贫力度，重点支持贫困村公共文化设施和场地的建设。实施郑州市智慧图书馆建设，逐步形成上下联通、服务优质、有效覆盖的县级文化馆、图书馆总分馆制服务格局，完善乡村两级的图书阅览室，全部免费对外开放，并鼓励社会力量投入，丰富乡村图书馆、阅览室的活动形式。三是加大文化惠民力度。把文化惠民作为重要抓手，不断丰富文化惠民的内容，创新文化惠民的形式，为群众提供更加丰富的文化服务。持续推进“舞台艺术进乡村、进社区”、“千场演出”等文化下基层活动，继续做好农村公益电影放映、“农家书屋”的更新、戏曲进乡村、绿城读书节等活动，丰富群众的精神文化生活。四是推动公共文化服务的数字化发展。依托互联网技术，政府与社会机构联合建设运行“文化郑州云”，把信息、艺术、培训、传播等多元功能融为一体，形成数字化服务多板块平台和“文化分享圈”，将全市的图书馆、美术馆、艺术馆、文化馆等资源高度集中，实现跨地区、跨部门的整合利用，创新郑州公共文化服务资源的利用方式。

3. 培育践行社会主义核心价值观，为文化都市建设提供精神引领

习近平总书记指出，人民有信仰，国家有力量，民族有希望。必须大力弘扬社会主义核心价值观，加强爱国主义、集体主义教育，注重家教家风建设，形成积极的价值观、世界观，巩固和增强全市人民团结奋斗的思想和道德基础，全面推动国家中心城市建设。一是加强思想道德建设。把“博大、开放、创新、和谐”的郑州精神与社会主义核心价值观有机结合，融入城市建设、工作推进、国民教育和国家中心城市发展的全过程，使之成为国家文化大都市建设的重要动力。大力弘扬“红船精神”，建立爱国主义教育基地、新时代传习中心，弘扬郑州新时代的新成绩、新变革，凝心聚力推动城市发展。深入推进《郑州市文明行为促进条例》的落实，推动条例的普及

和运用，将其融入行业规范、国民教育和制度章程中，引导全市干部群众的行为，更好地践行社会主义核心价值观。深入推进诚信郑州建设，加强诚信宣传，探索诚信激励机制，形成全民守信的公共意识。大力推进社会公德、职业道德、社会美德、个人品德建设，培养新时代的社会主义新人。二是提升社会精神文明水平。继续深入推进国家精神文明城市建设，持续推进郑州文明城市创建行动计划，加强文明城市的督导、测评，巩固文明城市创建成果。提升城乡精神文明建设水平，通过文明单位、文明窗口、文明村镇等建设，切实增强干事创业的精气神，增强工作的责任感和使命感，改善服务态度、提升服务质量，发挥好示范、带动和引领作用，提升国家中心城市的文明程度、城市品位。全面推进乡村振兴战略的实施，积极开展移风易俗活动，推进人居环境改革，传承优秀乡村文化，推进特色文化产业发展，推动建立起美丽、和谐、幸福乡村。三是发挥优秀传统文化的作用。通过推动传统戏曲、艺术、书画等进社区、校园、企业等，让优秀文化走进基层、走进群众，让人们感受、体验和学习传统文化，提升群众的文化素养，增强认同感和归属感。加强优秀传统文化教育，将其融入课堂教育、企业培训、党员学习中，通过多种形式的教育，让优秀传统文化内化、转化，形成精神文明建设的新景象。

4. 推动文化产业高品质发展，做大做强优势文化产业

近年来，郑州市文化产业快速发展，产业规模持续扩大，经济效益明显，产业体系不断完善，但是仍然存在内容资源不足、产品和服务供给质量不高等问题。在国家中心城市建设的新形势下，要抓住机遇、明确思路、重点发展，切实推动文化产业的结构优化、质量提升，全面推动文化产业的高品质发展。一是加强政策扶持。深入贯彻落实《郑州市加快文化产业发展若干政策实施方案》，通过资源整合，加大资金扶持力度，推动文化产业的集聚发展，推动企业规模化发展，增强文化产品原创能力，拓展文化消费市场，提升郑州文化产业的整体质量。创新金融扶持方式，鼓励金融机构参与到文化产业发展中，设立特色金融服务产品，支持企业的传承创新发展。设立专门的金融服务机构，为中小文化企业的发展提供支持，破解中小企业资

金不足、人才缺乏等问题，鼓励企业做大做强。积极组织参与文博会等具有重大影响力的文化活动，并承办国内外各类大型品牌节会，宣传郑州文化产品，打造郑州文化产业品牌，提升文化产品的影响力。二是确立文化产业发展的重点领域。要推动重点领域、重点行业和重点项目加快发展，发挥示范带动作用，形成发展优势。推动郑州国际文化创意产业园、“天地之中”文化产业园、郑州绿色印刷包装文化创意产业园等重点特色园区发展，整合行业资源，优化人才、资金、资本等要素配置，实现文化产业的集约和集聚发展，提升发展质量。推动优秀历史文化资源的产业转化，创新商都文化、运河文化、黄帝文化、嵩山文化等开发模式，推动建设文化产业园区，培育特色演艺项目，打造旅游综合体等，提升传统文化资源的利用效率。推动龙头企业发展，加快动漫、影视、演艺、旅游、印刷等行业的龙头企业发展，在行业内形成较强的带动能力，并能够与中小企业合作，形成行业联盟，引领行业趋势。鼓励龙头企业围绕郑州的文化资源、国家中心城市建设、国际文化都市打造等，推出一批展现中原风貌、郑州特色和时代价值的原创文化精品。三是继续推动改革创新。按照国家机构改革方案，推动文化产业管理机构和部门的改革，提高管理和服务效能。推动成立文化产业行业协会，参与到文化产业的服务、监督和协调等工作中，为产业发展提供更加有效的服务。建立起文化产业公共服务平台，实现资源的共享，提升文化人才队伍培养、产品研发和成果转化的能力。提升文化产业的统计水平，依托专门化的统计机构和部门，定期对郑州文化产业发展情况进行分析统计，实现动态监测，做到“应统尽统”。加强对文化企业的管理，实施文化产品和服务的达标工程，形成文化产业发展的“郑州质量”、“郑州标准”，推动文化产业内涵式发展，不断增强产业的竞争力。

5. 加大文化对外传播力度，提升国家中心城市“国际范”

郑州建设国际性文化都市，必须瞄准全球性城市的功能，讲好“郑州故事”，传播“郑州声音”，不断提升城市国际影响力，增强城市的国际话语权，建立起国家中心城市的“国际范”。一是全面塑造郑州国家中心城市对外形象。对接国家总体战略，不断提升郑州在国际范围内的传播能力，力争让郑州国际影响力走在前列。整合外宣资源、人才和载体，建立起全方位的外宣体系。拓展郑州国际新闻传播渠道，建立国外传播的多语言网络媒体，鼓励建设郑州英语广播台、外宣网站等，传播郑州声音。借助国家级报刊、网络等媒体，宣传郑州城市发展的成绩，展现郑州城市风采，增强郑州城市魅力。精心组织打造一批展现郑州特色历史底蕴的文艺精品，制作郑州城市宣传片，在国内外进行展播，全面宣传和展示郑州形象，形成郑州概念和郑州记忆。借助“一带一路”建设机遇，通过政策扶持、活动举办、旅游交流等形式，加强与沿线国家的文化交流，支持民间参与对外文化交流活动，建立多方面的文化传播方式。二是借助重大文化活动提升影响力。继续办好嵩山论坛、世界旅游城市市长论坛、国际少林武术节等，邀请境内外媒体进行宣传报道，拓展对外影响力。创新节会举办机制，引入一些国际性的文化赛事、活动，创办郑州旅游节、国际艺术节等重大文化节庆活动，支持一些国内外重大优秀文化作品在郑州发布，借助交通优势，打造国际性的文化旅游集散中心，建设国际文化交流中心，通过重大文化活动传播郑州声音、塑造郑州形象，持续提升“国际郑”的知名度。

参考文献

张京成：《中国创意产业发展报告》，中国经济出版社，2019。

常俊红：《郑州市文化产业竞争力分析》，《企业改革与管理》2019 年第 8 期。

郑州市统计局：《历年旅游事业发展情况》，http：//tjj. zhengzhou. gov. cn/ndsj/216694. Jhtml，2019 - 06 - 10。

陈勋宇：《郑州市文化产业发展现状、问题及对策分析》，《现代经济信息》2016 年第 1 期。

分 报 告

Sub-Reports

B.2 2018年郑州市文化产业发展报告

樊冬 李阳*

摘 要： 郑州市紧紧围绕国家中心城市的战略部署，立足推动文化产业的供给侧结构性改革，使得文化产业整体实力明显提升，发展势态日益强劲。本报告从郑州市文化产业的发展现状出发，分析郑州市产业规模、业态创新、经营效益等方面的情况，找出了文化产业发展中存在的问题，并从产业定位、政策引导、园区建设、宣传推介等方面提出了具体措施。

关键词： 文化品牌 文化产业 郑州市

---

* 樊冬，郑州市委宣传部文化产业发展指导副主任科员，主要研究领域为文化产业及城市文化建设。李阳，郑州电视台。

2017年以来，在市委、市政府的正确领导下，全市紧紧围绕国家中心城市建设的战略部署，立足于持续深化文化领域供给侧机构性改革，实现文化产业规模化、专业化、品牌化发展，不断提升郑州文化产业整体实力的目标定位，不断加大文化建设的发展力度，文化产业的整体竞争力取得了明显提升。

一　郑州市文化产业发展现状

近几年，郑州市的文化产业发展状况良好，产业结构不断优化，新业态发展迅速，产业集聚发展成绩突出，文化品牌的知名度不断提高，产业发展后劲十足。

（一）文化产业初具规模，市场主体不断壮大

2017年（本文最新数据为2017年），全市文化企业数量达到3万多家，其中规模以上文化产业企业556家，占全省规模以上文化产业企业的16.2%。全市实现文化产业增加值313.4亿元，比上年增长8.6%，占全市GDP的比重3.41%，总量占全省文化产业增加值的23.35%，占GDP的比重比全省高0.4个百分点。横向比较，文化产业增加值占河南省总量的比重，高于全市生产总值占河南省的比重。6家企业（郑州枫华实业股份有限公司、河南约克动漫影视股份有限公司、百禾传媒股份有限公司、郑州中原网络传媒股份有限公司、河南书网教育科技股份有限公司、河南羲和网络科技股份有限公司）实现“新三板”上市，2家企业（登封市鹅坡少林武术文化博览有限公司、河南约克信息技术股份有限公司）入选“国家文化出口重点企业目录”，2个项目［中国少林大成（柏林）健康中心、《我是发明家》大型原创系列动画电视剧］入选“国家文化出口重点项目目录”，文化产品和服务出口规模进一步扩大。

（二）产业结构不断优化，文化新业态发展迅速

文化产业分类有两种方式，一种按行业划分，分为文化制造业、文化批

零业、文化服务业三大行业；一种按门类划分，分为新闻出版发行服务、广播电视电影服务、文化艺术服务、文化信息传输服务、文化创意和设计服务等十个门类。分行业来看，郑州市文化制造业占据主导地位，文化批零业增长迅速。全市文化制造业实现营业收入409.8亿元，比上年下降2.6%，占全市规模以上文化产业的53.8%。文化批零业实现营业收入150.4亿元，增长15.2%，占比19.7%。文化服务业实现营业收入201.4亿元，增长7.6%，占比26.4%。从文化产业的十个门类看，郑州市“文化信息传输服务”和“文化创意和设计服务”等文化新业态发展迅速。在全市规模以上文化产业中，“文化信息传输服务”实现营业收入44.8亿元，比上年增长15.3%；“文化创意和设计服务”实现营业收入105.7亿元，增长10.5%。分区域看，在全市16个县（市）区中（含巩义及4个开发区），有11个县（市）区的营业收入保持增长态势，增长较快的有管城区（32.3%）、荥阳市（24.0%）、金水区（15.8%）。市属6区营业收入平均增速为14.4%，6县（市）区营业收入平均增速为－1.7%，4个开发区营业收入平均增速为1.2%。市属6区营业收入增速明显高于6县（市）区和4个开发区。

（三）园区建设加快，集聚发展成绩凸显

按照文化产业区域发展布局，大力推进各具特色的文化功能区、文化产业园区和文化产业基地建设，文化产业实现了规模化、集约化发展。截至目前，郑州市拥有国家级文化产业园区3个（国家动漫产业发展基地河南基地、国家知识产权创意产业试点园区、中原广告产业园）、国家级文化产业示范基地2个（郑州市天人旅游文化有限责任公司、郑州枫华实业股份有限公司），省级重点文化产业园区1个（郑州国际文化创意产业园），省级文化产业示范基地18个，市级文化产业示范基地90个。国家动漫产业发展基地河南基地、国家知识产权创意产业试点园区、中原广告产业园相继建成投入使用，吸引了大批文化企业入驻。特别是郑州国际文化创意产业园，成功引进一大批重大产业项目，文化产业发展势头强劲，已经成为全国文化休闲旅游领域一张亮丽的文化名片。

（四）内容创作推陈出新，文化品牌逐步叫响

演艺方面，《风中少林》、《水月洛神》连获多项全国文艺大奖，得到市场广泛认可并成功走向国外，成为郑州文化中新的演艺品牌；现代豫剧《都市阳光》获省第十一届“五个一工程”优秀作品奖。影视方面，戏曲电影《王宝钏》获得加拿大欧亚国际电影节最佳戏剧片奖、旧金山国际新概念电影节优秀戏曲片奖两项国际大奖；电影《大荷花小荷花》在美国洛杉矶世界民族电影节获得最佳儿童影片奖。出版方面，《小小说选刊》、《百花园》成为全国知名期刊品牌，《小樱桃》漫画作品5000余幅，发行量1530万册，原创漫画品牌期刊增长幅度居全国第一。文化节会方面，中国（郑州）街舞大赛、中国国际摄影艺术节、中国（郑州）印刷包装产品博览会、郑州图书交易会、迷途音乐节、本土电影展映月等活动成功举办，郑州文化影响力进一步提升。

（五）重点项目稳步推进，产业发展后劲十足

主题乐园正在成为文化产业发展的新名片。郑州方特欢乐世界、方特梦幻王国、方特水上乐园三大主题乐园，是中原地区体量最大、最受游客欢迎的旅游区，2018年全年接待游客579万人次，实现旅游收入9.79亿元。海昌极地海洋公园、王潮歌“只有”演艺公园、华强四期·中华复兴之路项目纷纷落户郑州，二七区建业足球小镇、新密市银基冰雪世界项目正在加快建设，郑州主题乐园规模效应正在逐步显现。艺术街区正在成为城市空间布局的新亮点。二七区瑞光创意工厂、惠济区良库工舍、经开区彩虹盒子艺术街区通过改造升级旧厂房，打造了涵盖时尚、休闲、娱乐、旅游等功能的文化创意园区，为城市发展注入了文化艺术气息。文化旅游正在逐步显现融合发展的新优势。围绕少林文化打造的实景演出项目《禅宗少林·音乐大典》，已经成为中国实景演出的经典之作和中原文化旅游的扛鼎之作，2018年接待游客35万人次，经营收入达到7795万元，社会效益、经济效益十分显著。围绕文化旅游开发文创产品的郑州品牌“豫游纪”，积极将非遗演

艺、传统体验等融入旅游层面，通过文化丰富提升旅游内涵，通过旅游实现对传统文化的传播，目前累计覆盖用户超过8000万人次，已经成为河南文创圈的标杆和旗手。

二 发展中存在的问题

总体上看，郑州市在推进文化产业发展方面，进行了积极探索实践，积累了一些成功经验，文化产业呈现蓬勃发展的良好态势，但总体发展水平还不高，与厚重的文化资源和巨大的文化产业市场潜力相比，文化产业的巨大能量还没有真正得到释放，与文化产业发达城市相比，还有一定差距。主要表现如下。

（一）文化产业亮点不多

虽然全市重点文化产业项目推进力度不断加大，但是亮点还不够突出，在全国范围内有影响力的项目还不够多，能够代表郑州文化符号的产业项目开发利用不够。与先进城市相比，目前除了郑州国际文化创意产业园在全国较为知名以外，缺乏其他有显著竞争力的优势项目。在内容制作方面，缺乏全国知名的动漫IP，缺乏能够展现郑州丰富历史文化、反映郑州当前风貌的大型电影、电视剧，缺少一批如《少林寺》、《快乐星球》等风靡全国的优秀作品。在文化资源开发利用方面，虽然开发了一系列文创产品，但是整体水平不高、特色不够鲜明，文创产品研发水平与郑州的历史地位不相匹配。

（二）文化产业规模小

市场主体是产业发展的关键，大型文化企业应该是文化产业发展的支柱。郑州市文化产业经营单位普遍规模偏小，集约化程度不高，大型骨干企业集团和知名文化品牌不多。一方面，中小企业占据主体，企业规模小，造成文化产业可持续发展能力较低；另一方面，文化产业单位普遍缺乏活力，创新能力不足，缺少核心竞争力。全市 3 万多家文化产业法人单位中，规模以上企业仅有 556 家，而长沙有 959 家；营业收入超亿元的企业有 138 家，而长沙有 288 家；全国文化出口重点企业郑州市有 2 家，长沙为 12 家。缺乏综合实力强的文化企业集团，直接导致了产业市场竞争力不强。

（三）文化产业的支柱性地位尚未确立

从文化产业增加值及其占全市生产总值的比重来看，2017 年郑州市文化产业增加值 313.4 亿元，占 GDP 的比重为 3.41%，低于全国平均水平，距离支柱性产业的发展目标（5%）还有一定差距。与其他先进的省会城市相比，文化产业增加值总量及其占 GDP 的比重也存在较大的差距。成都市文化产业增加值 633.6 亿元，占 GDP 的比重为 5.2%；武汉市文化产业增加值 477.28 亿元，占 GDP 的比重为 4.01%；长沙市文化产业增加值 811.2 亿元，占 GDP 的比重为 8.7%，总量、占比都远远高于郑州市。

（四）文化产业结构不合理

郑州市文化产业仍以新闻出版、广播影视、文化休闲娱乐等传统文化产业业态为主，文化创意与设计服务、演艺会展、文化旅游、传媒等高成长性新兴文化业态尚处于起步阶段，是文化产业增长的薄弱环节。郑州市规模以上文化企业中，虽然文化服务业发展迅速，文化新业态的单位数和增加值增长最快，但文化制造业的增加值依然占比最高。此外，郑州市文化制造业主要集中在文化用纸制造和印刷复制服务等传统领域，基本处于文化产业链的低端，近几年来增长乏力。

三　加快郑州文化产业发展的几点思考

当前，郑州文化产业发展面临崭新的机遇：一是加快建设国家中心城市、“让郑州龙头高高扬起”等新形势、新任务需要大力发展文化产业；二是省委、市委主要领导高度重视文化产业工作；三是在环保压力持续加大的情况下，文化产业作为典型的绿色产业、低碳产业，有着良好的发展土壤和空间；四是郑州经济实现了跨越式发展，已经到了大力发展文化产业的阶段。下一步，郑州市需紧紧抓住当前重大发展机遇，明确文化产业发展路径，全力推动郑州文化产业加快发展。

（一）找准自身优势，着力打造文化产业新亮点

一是着力提升文化旅游吸引力。依托郑州“天地之中”的区位优势、米字型高铁的交通优势及自身的文化旅游资源优势，促进文化旅游融合发展，充分挖掘郑州历史文化内涵，加强对非物质文化遗产、历史文化街区、传统村落等文化资源的保护、传承和利用，充分利用“空中、陆上、网上、海上”四条丝绸之路协同发展的契机，做好文化旅游宣传和推介工作，扩大郑州历史文化的影响力，提升文化旅游吸引力。二是培养和挖掘文化 IP 资源。持续推出更多体现郑州水准和中原特色的文化精品，不断创造新的文化消费热点。围绕中原文化题材，努力推出一批思想性、艺术性、观赏性相统一的精品力作，提升文化影响力，重点挖掘舞台剧、影视剧、动漫、微电影、杂技等领域。支持民间艺人的非物质文化遗产项目开发，重点培育有郑州地域特色的书法、绘画、烙画、剪纸、陶瓷、砚台等项目。立足自身优势，持续打造《小小说》、《百花园》等传统文化品牌，力争将郑州打造成为全国的小小说创作中心。

（二）坚定政策支持，优化文化产业发展环境

一是培育全市骨干文化企业。认真落实《郑州市加快文化产业发展若干政策》（郑政文〔2018〕83 号）及《实施细则》，在拓宽投融资渠道、鼓励产业集聚发展、扶持企业发展壮大、鼓励发展内容产业、拓展文化消费市场、激励文化人才创业等方面，对全市文化企业予以重点扶持，培育重点文化企业不断发展壮大。对重大文化赛事、文化节会、文化产业项目以及特殊文化人才的引进等进行“一事一议”，加大招商引资力度，推动

国内外著名文化企业、国际性文化赛事活动、重大文化产业项目等落户郑州，有效提升郑州文化影响力。二是探索设立“文化银行”。文化企业融资难是个共性问题，充分借鉴南京、杭州等地的模式和经验，积极与金融机构开展合作，推动成立服务文化企业的特色金融机构，优化客户准入标准、信贷审批流程、信贷定价机制等，专门为中小文化企业提供金融产品和金融服务，力争缓解中小文化企业融资难、融资贵、融资慢等问题。三是强化文化产业考核。郑州市文化产业增加值占 GDP 的比重为 3.41%，距离国家要求“十三五”末文化产业成为支柱性产业的发展目标（5%）还有一定差距。要加大对文化产业发展的考核力度，将文化产业增加值及其增速、占 GDP 的比重等指标，纳入政府年度目标考核内容进行集中考核，切实加大文化产业的推进力度。同时，与统计部门积极对接，按照国家统计局颁布的《文化及相关产业分类》，不断完善全市文化产业统计体系，夯实文化产业统计基础，为文化产业发展提供更加客观、准确的数据支撑。

（三）实施重点突破，推动优势产业加快发展

一是建设重点文化产业园区。重点培育郑州国际文化创意产业园、“天地之中”文化旅游园区、中原广告产业园、国家知识产权创意产业试点园区、瑞光创意工厂、良库工舍等文化产业园区，推进文化产业规模化、集约化发展。依托商都历史文化片区、古荥大运河文化片区、百年德化历史文化片区、二砂文化创意园区等四个重点文化片区建设，打造文化娱乐消费特色街，建设一批集休闲、旅游等功能于一体的文化综合体。二是推进重大文化产业项目。近年来，郑州市先后谋划推进了 65 个市县两级重大文化产业项目，总投资达到 2653 亿元。对已经建成的项目——方特欢乐世界、方特梦幻王国、古柏渡飞黄旅游区等，不断提升文化旅游供给质量，提升文化消费水平；对正在建设的项目——轩辕圣境文化产业园、宋城·黄帝千古情、建业足球小镇、二七华侨城等，抓好进度，力争早建成、早见效；同时，深度挖掘商都文化、嵩山文化、黄帝文化、黄河文化等资源，抓紧谋划推进朝

阳沟豫剧小镇、中原文博园等项目，促进文化资源与文化产业有机融合。三是引导优势文化产业发展。积极引导文化休闲娱乐、演艺影视、创意设计、动漫游戏、出版印刷发行、工艺美术等郑州优势产业领域的文化企业，在运用新技术、培育新业态、拓展新模式上用劲发力，加快优化升级步伐。深入推进“文化+”行动，抓住数字化、网络化、智能化融合发展机遇，推动文化产业与科技、信息、教育、制造、建筑、现代农业等产业的融合发展，增加相关产业的文化附加值和竞争力，培育新的消费模式，拓展新的发展空间。

（四）加强宣传推介，为文化企业发展搭建平台

一是组团参加文化产业博览会。积极组织郑州有国际竞争力的文化企业参加境外大型展会和文化活动，组团参加宁波文博会、深圳文博会、中原（鹤壁）文博会、东北亚文化艺术博览会等，推介郑州文化产业项目，宣传展示郑州文创产品，进一步提升郑州文化产品的知名度和影响力。二是开展集中宣传报道活动。以“传承工匠精神、构筑文化高地”为主题，组织《郑州日报》、《郑州晚报》、电台、电视台等市属媒体集中宣传报道具有工匠精神的文化企业和文化企业带头人，为文化企业发展营造良好的舆论氛围。同时，积极借助新媒体的传播手段和渠道，扩大宣传的受众群体，进一步提升文化企业的美誉度和知名度。三是充分发挥协会的桥梁纽带作用。借助郑州市文化产业协会平台，通过举办活动、线上交流、线下观摩等形式，加强文化企业协会会员之间的信息交流、相互学习、优势互补，促进全市文化企业共同发展、实现共赢。引导文化行业内部有序竞争，加强行业诚信体系建设，引导形成行业自律，维护行业信誉，确保文化产业健康发展。四是借助重大活动推介本土文化品牌。借黄帝故里拜祖大典、国际少林武术节、嵩山论坛、中国（郑州）国际街舞大赛、全国少数民族传统体育运动会等重大活动在郑举办的契机，推介郑州优秀文化，推介行业优势、产业龙头、产品品牌和产业发展成果，进一步提升郑州文化品牌的知名度。

参考文献

李琳琳：《文化产业园融合发展路径研究》，《行政事业资产与财务》2019 年第5 期。

孙中叶、王惠：《八大国家中心城市文化产业发展比较研究》，《河南工业大学学报》2018 年第 4 期。

B.3
郑州市公共文化服务基础设施情况调研报告

郑州市文广旅局课题组*

摘　要： 郑州市把文化服务设施建设放在更加重要的位置，坚持顺应文化发展新趋势，完善公共文化服务体系，政策规划体系建设取得重大突破，县级文化场馆建设立项启动提速。基层文化设施提档升级，文化扶贫工作精准扎实，有力保障群众基本文化权益的实现，高质量满足群众日益增长的美好文化生活需要。

关键词： 公共文化　服务设施　郑州市

党的十九大报告指出，要完善公共文化服务体系，深入实施文化惠民工程，丰富群众性文化活动。坚持以习近平新时代中国特色社会主义思想为指引，顺应文化发展新趋势，完善公共文化服务体系，将保障人民群众基本文化权益和满足日益增长的美好文化生活需要作为工作的重要内容。通过对郑州公共文化设施情况进行调研，结合新形势新要求，在此基础上认真分析问题和不足，提出合理建议，为助推郑州市现代公共文化服务体系建设再上新台阶做出有益探索。

---

* 课题组成员：魏本礼、赵向忠、薛特、王振东。执笔人薛特，郑州市文广旅局发展规划处副处长，主要研究领域为公共文化服务体系建设。

一　郑州市公共文化基础设施建设成效突出

近年来，郑州市把公共文化服务体系建设摆在突出位置，坚持规划引领和项目带动，推进以“四个中心”、“四大文化片区”为代表的文化郑州工程建设，以文化城、以文惠民，加快构建现代公共文化服务体系，统筹城乡、区域文化发展，不断提升人民群众的精神文化生活水平，为郑州市建设国家中心城市提供了有力的文化支撑和引领。

（一）政策规划体系建设取得重大突破

2016 年以来，郑州市文化广电新闻出版局着眼长远布局，加强顶层设计，积极推动文化建设系列政策、法规、规划的制定、出台和实施：编制完成《郑州市“十三五”文化事业产业发展规划》，明确了“十三五”时期郑州市文化发展的新目标、新任务；积极参与《郑州市城市建设总体规划》、《关于加快推进乡村振兴战略实施方案》等总体性、全局性建设规划的研究制定；指导新密市、登封市、中牟县、新郑市编制完成了《公共文化设施建设专项规划（2017～2030）》。同时还相继出台了《关于全面推进现代公共文化服务体系建设的实施意见》、《关于做好政府向社会力量购买公共文化服务工作的实施细则》、《郑州市推进基层综合性文化服务中心建设工作实施方案》等政策，为全市公共文化建设发展提供了政策保障。

（二）“文化郑州”系列工程进展顺利

郑州中央文化区“四个中心”中的郑州大剧院、郑州美术馆、郑州文化馆、郑州非遗展厅、郑州杂技馆等新的市级公共文化场馆建设有序推进。郑州少儿图书馆、郑州数字文化馆、郑州数字图书馆、郑州艺术宫改造等项目加快实施。管城区商都历史文化区、惠济区古荥大运河历史文化区、二七区百年德化历史文化区和中原区二砂文化创意园区等“四大文化片区”规划建设已摆上相关县（市）区的重要日程，作为城市设计示范项目进行规划建设，各项工作正稳步推进。

（三）县级文化场馆建设立项启动提速

在“十三五”规划的指导下，围绕新型城镇化阶段性特征，各县（市）区重抓文化基础设施提档升级，累计投资近40亿元，高标准规划、高规格建设新的公共图书馆、文化馆、美术馆等文化综合体，建成后它们将成为区域性文化地标。其中，荥阳市投资300余万元建成了700余平方米的全市首个县级美术馆；郑东新区图书馆、文化馆有望年底建成投用；上街区投资7000万元的购书中心预计年底建成投用；金水区投资13.3亿元，规划建设融文化馆、图书馆等五馆于一体的文化艺术中心；登封市投资5.4亿元的集文化馆、图书馆和城市展示馆于一体的文化项目正在主体施工；新密市投资21亿元、“六馆四中心”的市民服务中心已开工建设；新郑市投资8亿元的“一馆一中心”项目即将开工建设；中牟县投资10亿元、占地100亩的综合文化艺术中心工程已完成设计招标；航空港区两馆正在建设当中。

（四）基层文化设施提档升级

郑州市紧抓新型城镇化建设和乡村振兴战略契机，抓基层、补短板、强弱项，加快推进基层综合性文化服务中心建设，推动基层公共文化配套设施建设提档升级。目前全市共建成乡镇（街道）综合文化站148个，村（社区）文化活动中心2172个。全市现辖乡镇（街道）已基本实现广播电视信号全覆盖，多套高清数字电视节目贴近生产生活，初步形成了覆盖城乡、便捷高效、功能完备、服务到户的广播电视服务体系。郑州市高度重视文化在脱贫攻坚任务中的“扶智、扶志”作用，按照“七个一”的标准，推动贫困村综合文化服务中心建设。全市248个贫困村综合文化服务中心已全部建成，为贫困村广大群众共享文化发展成果发挥了应有作用。

二　郑州市公共文化服务设施布局及体系构成

全市公共文化基础设施建设已在总体布局、体系建设等方面取得了新的进步，为助力国家中心城市建设奠定了坚实基础。目前，全市共有公共图书馆 17 个，文化馆 15 个，美术馆 3 个，非物质文化遗产展览馆 9 个，演出剧场（院）5 处，乡镇（街道）综合性文化服务中心 148 个、行政村（社区）综合性文化服务中心 2172 个，农家书屋 1996 个，覆盖城乡、普遍均等、惠及全民的公共文化设施体系基本形成。

（一）公共图书馆满足群众阅读需求

郑州市拥有公共图书馆 10 多座（不含省级馆），建筑面积达 106412 平方米，每万人拥有图书馆建筑面积达 110.1 平方米；阅览座席数 6642 个，每千人拥有阅览席数 0.687 个；总藏书量约 367.58 万册（件），人均藏书量 0.38 册；乡镇（街道）、行政村（社区）综合性文化服务中心内设图书阅览场所约 2639 个，基本建立了普惠性、均等性的公共图书馆服务网络。此外，全市已建成 104 个图书馆分馆，高新区、惠济区、经开区、郑东新区、荥阳市等地累计投放 24 小时图书馆、建设城市智慧书房 10 多处，服务网络不断向基层延伸，为更好满足群众读书需求提供了有效支持。

表 1　公共图书馆情况

序号	名称	面积(平方米)	在建、新建面积(平方米)	座席数
1	河南省图书馆	29500	0	1500
2	河南省少儿图书馆	12000	0	1500
3	郑州图书馆	72450	8339	3000
4	金水区图书馆	2700	0	333
5	二七区图书馆	1146	0	350
6	中原区图书馆	2250	0	248
7	管城区图书馆	4500	0	150
8	上街区图书馆	3000	0	300

续表

序号	名称	面积(平方米)	在建、新建面积(平方米)	座席数
9	惠济区图书馆	2000	0	301
10	高新区图书馆	600	0	120
11	郑东新区图书馆	0	3893	0
12	经开区图书馆	4108	0	324
13	航空港区图书馆	0		0
14	新郑图书馆	3258	0	360
15	登封市图书馆	2000	8000	60
16	中牟县图书馆	1400	2627	374
17	新密市图书馆	2000	0	260
18	荥阳市图书馆	5000	0	462
小计		147912	22859	9642
合计		158771		

（二）文化馆、非物质文化遗产保护展馆（厅）加速建设

全市各级文化馆面积达 43642.32 平方米，每万人拥有文化馆面积 45.17 平方米。非物质文化遗产保护展览场所面积达 4277.89 平方米，各县（市）区也都在规划建设具有本地文化特色的展览场馆（见表 2）。

表 2　文化馆（含非遗展馆）情况

序号	名称	面积(平方米)	在建、新建面积(平方米)
1	河南省文化馆	6700	0
2	郑州文化馆	4500	21000
3	金水区文化馆	3720	0
4	二七区文化馆	3300	0
5	中原区文化馆	2000	0
6	管城区文化馆	2500	0
7	上街区文化馆	2500	0
8	惠济区文化馆	2500	0

续表

序号	名称	面积(平方米)	在建、新建面积(平方米)
9	高新区文化馆	600	0
10	郑东新区文化馆	0	6088
11	经开区文化馆	7419	0
12	航空港区文化馆	0	0
13	新郑文化馆	9720(含剧场)	0
14	登封市文化馆	500	8000
15	中牟县文化馆	700	3700
16	新密市文化馆	3941.32	0
17	荥阳市文化馆	4762	0
小计		43642.32	38788
合计		82430.32	

（三）美术馆品质不断提升

郑州市各级美术馆建筑面积达22790平方米，是全市各级美术作品展览、收藏和公共教育的重要场所，是公共美育的重要展示交流平台（见表3）。

表3　美术馆情况

序号	名称	面积(平方米)	在建、新建面积(平方米)
1	河南省美术馆	11113	0
2	郑州美术馆	10677.53	23000
3	荥阳市美术馆	700	0
小计		22790	23000
合计		45790.53	

（四）专业剧场公益化水平不断提升

全市拥有专业剧场7家，座席数达到10364个，每百万人拥有专业剧场0.729个，基本能够满足公益性演出活动的需要（见表4）。

表 4　专业演出剧场情况

序号	名称	位置	座位数
1	河南省艺术中心	郑东会展中心内环路	1860 + 802 + 384
2	郑州艺术宫	建设路 186 号	1326
3	郑州铁路文化宫	陇海路 136 号	1014
4	荥阳市文博中心	荥阳市繁荣街	1300
5	新密市青屏剧院	新密市东大街 21 号	1500
6	经开发区文化艺术中心	经开区第十五大街与经南八路	1000
7	上街区长铝艺术宫	上街区汝南路 105 号	1350

（五）综合性文化服务中心实现基层全覆盖

全市 181 个乡镇（街道）中 148 个建有综合文化站，建设总面积约 83602 平方米。全市 2433 个行政村（社区）中 2172 个建有综合文化服务中心，建设总面积约 228491.3 平方米［见表 5，行政村（社区）数量处于动态变化中，统计数据仅用于理论分析］。

表 5　综合文化站（服务中心）情况

单位：个，平方米

名称	乡镇办数量	综合文化站数量	总面积	行政村、社区数量	综合服务中心数量	面积
金水区	17	15	8765	157	144	35926
二七区	16	16	9712	119	119	42359
中原区	12	12	5530	94	81	31012
管城区	11	8	11830	102	88	35996
上街区	6	6	6567	52	44	21054.3
惠济区	8	5	2470	65	32	7310
高新区	5	3	3200	13	13	1059
郑东新区	12	6	4000	108	49	15600
经开区	6	5	2325	9	9	7010
航空港区	13	1	830	91	20	2150
新郑市	13	13	4000	290	272	2720
登封市	17	15	7473	423	407	8414
中牟县	14	12	3600	270	254	5080
新密市	18	18	9000	347	347	6940
荥阳市	13	13	4000	293	293	5861
合计	181	148	83302	2433	2172	228491.3

纵向比较，郑州市公共文化设施建设取得了令人瞩目的成绩；横向比较，郑州与周边省会城市文化发展还存在差距、与国家中心城市建设不相匹配。应该进一步提高站位，增强责任感、使命感，趁着高质量建设国家中心城市的东风，高标准、高水平推进郑州市文化建设，开启国际文化大都市建设新篇章。

三　当前郑州市公共文化设施建设的薄弱环节

（一）公共文化设施与国家中心城市定位不匹配

目前全市公共文化服务总量、体系建设与国家中心城市定位还不匹配，不能很好地满足人民群众的需求。一是市级公共文化设施服务效能有待提高。市级图书馆、文化馆、美术馆等场馆均达到或超过国家标准，但受辐射服务半径有限、服务网络尚未有效建立等因素的影响，市级公共文化场馆存在“体系化”程度不高、空间布局不合理等问题，公共文化服务能力还不能满足城乡居民精神文化需要。以公共图书馆为例，公共图书馆是一种对地理位置、人口密度、周边环境、交通条件要求较高的公共文化设施。随着城市规模不断扩大，郑州市主城区东西距离、南北距离均达到 25 公里左右，但公共图书馆有效服务半径在 10 公里以内。郑州图书馆位于郑东新区，在服务半径、服务人口等方面均无法满足城市发展和人民精神文化需要，尤其是对惠济区、中原区、二七区、高新区等市民群众的有效服务能力显然不足，与充分保障市民基本文化权益、推进公共文化服务均等化标准化的要求还有一定差距。正在建设中的西区中央文化区虽设有新华书店项目，但没有设置公共图书馆，不利于西区市民群众开展图书阅览活动。此外，市属专业演出剧场总量偏少，不利于演艺事业的繁荣发展。二是个别县（市）区文化设施建设与新型城镇化建设不同步。县级公共文化设施普遍存在总量规模不足、设施老化、设备落后等问题，县（市）区文化馆、图书馆大多是 20 世纪 80、90 年代的建筑，由于近 20 年城市化快速推进，城市常住人口也急剧上升，原有的场馆规模和数量已无法满足现有城镇居民的公共文化需要。三是基层综合性文化服务中心需加大建设力度。从摸底情况来看，截至 2018 年初，全市 181 个乡镇（街道）尚有 18% 未建综合性文化站，2400 多个村（社区）约 12% 的行政村、社区尚未建立综合性文化服务中心，综合覆盖率、综合达标率距离国定、省定公共文化服务标准还有不小的差距。

（二）公共文化设施均等化水平有待进一步提高

从全国范围内来看，中部地区人均文化设施占有面积都处于较低水平，郑州市人均占有面积与苏州、成都等先进地区相比存在差距。从各县市区对比情况来看，城市主城区（含上街）设施设备状况较好，其中上街区每万人拥有公共图书馆和文化馆建筑面积 397.4 平方米，位列第一，金水区每万人拥有公共图书馆和文化馆建筑面积 46.01 平方米。县城尤其是基层和农村设施建设水平较低，新郑市每万人拥有公共图书馆和文化馆建筑面积 204.12 平方米，位列第一，登封市每万人拥有公共图书馆和文化馆建筑面积 35.6 平方米。经开区每万人拥有公共图书馆和文化馆建筑面积 468 平方米，位列第一，航空港区 2016 年底常住人口达到 67.01 万人，目前还没有建成图书馆、文化馆。各县（市）区存在公共文化设施及场馆投入、建设不平衡的现象，公共文化服务满意度还有很大提升空间。抽样调查结果显示，约 19.69% 的被访者表示想去但周围没有公共文化设施和场所，73.21% 的被访者希望政府建设更多的场馆。

（三）各级政府对公共文化设施建设重视程度需要进一步增强

一些地方还存在重经济发展、轻文化建设的倾向，文化建设存在“说起来重要、干起来次要”现象，导致公共文化服务体系建设在实际工作中不受重视。在落实法律法规方面，公共文化领域规划建设管理方面的法律法规主要有《公共文化体育设施条例》（国务院令第 382 号）和《中华人民共和国公共服务保障法》，在城市开发过程中，公共文化设施管理保护工作要依照“先建后拆”或“同步建设”原则，但在具体工作中往往存在拆迁还建时间长、拆而未建、拆而缓建等实际问题。在规划建设方面，法律法规规定“新建、改建、扩建居民住宅区，应当按照国家有关规定规划建设相应的文化体育设施”、“居民住宅区配套建设的文化体育设施，应当与居民住宅区的主体工程同时设计、同时施工、同时投入使用”，但在居民区开发建设过程中，房地产开发需要规划局、国土局、房管局、建委等部门审批备案，在住宅开发建设以及移交使用过程中，公共文化设施规划、建设和使用情况处于“无人管、无人知”的真空状态，政府、开发商与居民之间的交接出现空档，很多社区和居民不知道社区内还应有文化、体育等公共文化服务配套设施；有的住宅区虽然规划设计有公共文化设施，但被挪作他用，变成经营性商铺，群众基本文化权益得不到应有保障。在资金保障方面，2013年市委市政府出台了《关于推进公共文化服务体系建设的意见》（郑办〔2013〕25号），明确提出“要将公共文化设施建设资金纳入年度预算，根据市财政收入和项目建设实际需要予以及时安排，从2012年起连续5年，市级每年设立公共文化服务体系建设发展专项资金3000万元”等政策措施。但从实践来看，此项资金的预算及拨付方面还存在着诸多困难，市级公共文化建设领域缺少有力的资金保障，县市区方面，除新郑、荥阳市外也都没有专项保障资金，公共文化领域建设投资后劲不足。与此同时，鼓励和引导社会力量参与文化建设的配套政策不完善，社会力量投入文化建设的动力不足。

（四）公共文化设施管理使用存在脱节现象

一是建、管、用“不同拍”。郑州市公共文化设施网络式布局虽基本形成，但个别地方存在“重建设，轻管理”、“重硬件、轻软件”、“重使用、轻维护”等问题，导致公共文化设施不能发挥应有作用。二是建、管、用“不同家”。有的县（市）区由政府代建设施，而建设单位对使用需求了解不足，使用单位前期又无法充分介入建设过程，导致建、用分开，使用单位在后期运营管理过程中出现这样那样的问题。三是运行“不同步”。由于缺乏相应的激励和约束机制，公益性文化单位还普遍存在运行活力不足，服务方式单一、内容单调、吸引力不足等问题，有的文化设施存在“空壳化”现象，还不能有效满足人民群众日益增长的精神文化需求。

四　新形势下公共文化服务设施建设的机遇

党的十九大提出了我国社会主要矛盾已经转化为“人民日益增长的美好生活需要与发展不平衡不充分之间的矛盾”的重要论断，为郑州建设国家中心城市、打造中原文化高地提供了根本遵循。高质量建设国家中心城市，需要担负起新的文化使命，加强公共文化设施体系和现代公共文化服务体系建设，全面保障人民群众基本文化权益，切实让百姓能够享受到文化改革发展成果，最大限度地激发人民群众的文化创造力，为国家中心城市建设提供源源不断的精神动力。

（一）新时代中国特色社会主义对文化发展提出了新要求

党的十九大将中国特色社会主义文化写入了党章，提出了坚定文化自信、推动社会主义文化繁荣兴盛、建设社会主义文化强国的宏伟目标，省委十次党代会发出了打造全国重要的文化高地的号召，市委市政府也作出了打造华夏历史文明传承创新中心、建设国际文化大都市的战略部署。努力实现基本公共文化服务均等化，让市民享受更高品质的文化服务，为全面建成小康社会创造良好的文化条件，是郑州文化改革发展的必然要求。

（二）全面建设国家中心城市为文化发展提供了新空间

文化发展水平是城市软实力和综合竞争力的重要体现。作为河南省省会和国家“一带一路”重要节点城市，郑州正致力于加快建设国家中心城市，但郑州市公共文化服务还不能有效满足市民多样化需求，文化影响力和知名度与城市经济社会地位不相匹配。进一步提高文化发展水平，加强公共文化设施建设，完善公共文化服务体系，提高公共文化服务效能，提升公民文化修养和社会文明程度，推进文化创意产业蓬勃发展，是加快建设国家中心城市的必然路径选择。

（三）人民群众对美好文化生活的向往为文化发展提供了新目标

随着郑州全面推进建设国家中心城市，广大人民群众的精神文化需求越来越旺盛、越来越迫切，公共文化设施发展不平衡不充分的问题逐渐凸显，现有文化设施已难以满足人民群众对美好文化生活的需要。2018 年 7 月 4 日，陈润儿省长在郑州调研全省文化设施重点项目时指出“当前群众在文化方面最急、最盼的问题就是解决文化设施老化、建设相对滞后的问题”，提出“要牢牢抓住新时代人民群众对文化需求的新期盼，进一步完善公共文化服务体系、着力加强文化基础设施建设，以新担当新作为，为人民群众提供更好更多的文化产品和服务”。加快建设公共文化设施网络，持续完善公共文化服务体系，着力提升市民思想文化素质和城市文明程度，是全面建设国家中心城市的重要环节。

五　推进公共文化服务设施建设的对策

当前和今后一个时期，是全面贯彻党的十九大精神、深入推进文化改革创新的重要发展期。紧紧抓住高质量建设国家中心城市、乡村振兴战略、百城建设提质和新型城镇化建设等新的机遇，创优势、补短板、增实力，推动文化事业繁荣发展，努力为全面建成小康社会和国家中心城市建设提供强有力的支撑。在对现有文化设施情况进行调研和分析的基础上，提出以下意见建议。

（一）提高思想认识，增强文化自觉，高度重视文化在国家中心城市建设中的重要作用

文化是一个城市的灵魂，是城市特质和软实力的重要体现。公共文化基础设施是培育人民群众文化自信、展示城市文化形象、增进群众精神文化认

同的重要物质基础。没有公共文化设施的现代化、均等化，广大人民群众的文化创造、文化活动就会缺乏载体和平台，没有现代公共文化服务体系作为基础和支撑，现代文化市场和产业体系就不能得到充分发展，没有文化的繁荣兴盛，一个城市、一个地区就会缺乏创新创造活力。当前，郑州正在高质量建设国家中心城市，各级各部门应当坚定文化自信，增强文化自觉，树立“大文化”的发展理念，建立协同机制，统筹利用各类文化资源，助力人民群众创新创造，为国家中心城市建设提供精神动力、智力支持和文化条件。

（二）坚持依法兴文，加强督促落实，切实保障人民群众基本文化权益

2017 年以来，国家先后出台了《中华人民共和国公共文化服务保障法》《中华人民共和国公共图书馆法》，特别是党的十九大报告提出要“完善公共文化服务体系，深入开展文化惠民工程，丰富群众性文化活动”，这是我国全面建成小康社会的基本公共文化服务顶层设计，是指导各地区公共文化服务体系建设的行动指南，为推动文化事业发展提出了更加明确的目标要求。各级党委政府应围绕保障人民群众基本文化权益，把落实政府责任、完善服务体系、提高服务能力、促进效益发挥作为主要任务，依法治文、依法兴文，提高文化领域治理能力，充分体现法治精神，加强公共文化服务体系建设，保障人民群众基本文化权益，提升公民道德素质和社会文明程度，提升国家中心城市文化软实力。

（三）坚持规划引领，优化空间布局，促进城乡基本公共文化服务均等化标准化

各级各部门在编制实施城市总体规划、土地利用规划、建设投资计划时，要充分考虑公共文化场馆的建设标准，合理设置土地资源指标，加强和规范文化设施规划选址，完善总体布局，为推进基本公共文化服务标准化、均等化提供规划保障。要充分考虑与城镇化发展趋势相适应，在城市新区开发、小区建设中，争取逐步按人口比例规划和配套建设相应的公共文化设

施，做到同步规划、同步建设、同步完善。文化领域先后出台了《乡镇综合文化站建设标准》《公共图书馆建设标准》《公共美术馆建设标准》《文化馆建设标准》《国家基本公共文化服务指导标准（2015～2020年）》等指导标准，这些是促进各级文化设施协同发展、互联互通的重要基础。要树立标准意识和质量意识，推进基层公共文化服务标准化、均等化，加大基层综合性文化服务中心建设力度，逐步完善基层公共文化服务体系。

（四）加强资金保障，引导社会资本，建立多元的公共文化服务投入机制

针对当前社会发展进入新阶段、社会主要矛盾转换的新形势，政府要扩大公共财政覆盖范围，通过政府采购、项目补贴、定向资助等政策措施，加大对公共文化领域的投入力度，确保增加幅度不低于财政收入的增长幅度，不断增加全社会文化资源总量。建议设立城市公共文化服务体系建设专项资金，将社区（行政村）文化活动经费和文化专干工资等尽快纳入市级财政预算。同时，积极落实国家已出台的文化经济政策，采取奖励、补助、贴息等方式，鼓励社会各方面力量投资兴建公共文化基础设施。

（五）深化改革创新，对接群众需求，建立健全公共文化服务体系管理机制

一是深化公益性事业单位改革。加大公益性文化事业单位的改革力度，建立群众文化需求反馈机制，提高公共文化服务的针对性和满意率。实行图书馆文化馆总分馆制，推动公共文化资源共建共享、互联互通，让群众在社区内、家门口就能够享受均等化公共文化服务。二是加快推进公共文化服务社会化。贯彻落实《关于做好政府向社会力量购买公共文化服务工作的意见》，进一步完善公共文化服务供给体系、提高供给质量。三是促进文化和科技深度融合发展，推动公共文化数字工程建设。要以固定文化设施为重点，以流动文化设施和数字文化设施为补充，加大公共文化产品和服务供给。四是加强人才队伍建设。培育和规范文化类社会组织，运用文化志愿者

机制和社会文化组织建设机制，加强文化志愿者教育培训，加强对文化志愿服务活动的激励保障，拓展公共文化人才队伍建设，延伸公共文化设施服务触角。

参考文献

巫志南：《公共文化产品和服务精准供给研究》，《图书与情报》2019 年第 1 期。

彭雷霆、李岚：《公共文化服务领域供给侧改革路径探析》，《文化软实力研究》2019 年第 1 期。

B.4

郑州市文物事业发展报告

任　伟*

摘　要： 2018年以来，郑州市文物事业深入贯彻落实习近平总书记关于文物工作重要批示指示精神，不断夯实文物保护和安全基础，积极探索四大历史文化片区、生态保遗、文物考古前置改革、非国有博物馆扶持等重点领域改革，积极为建设全国重要的文化高地、国家中心城市、华夏历史文明传承创新中心强化文化支撑，文物事业取得明显成效。

关键词： 文物事业　生态保遗　文化支撑

2018年以来，郑州市文物工作坚持以习近平总书记关于文物工作系列重要论述为指导，深入贯彻落实党的十九大精神、省市全会精神和“三级”文物工作会议精神，以破解文物事业发展不平衡不充分瓶颈问题为重点，以“四大文化片区”等重点文化工程为抓手，着力在加强文物保护利用和文化遗产保护传承上下功夫，全力构建中原文化遗产保护传承体系，打造国家历史文化名城文物保护示范区，积极为国家中心城市、华夏历史文明传承创新示范区、让中原更加出彩等战略提供文化支撑和引领，开创了文物事业发展新局面。

---

* 任伟，郑州市文物局局长，主要研究领域为文化传承与文物考古。

一　突出重点工程，加强文物保护利用传承

（一）四大文化片区建设稳步推进

按照市委市政府的部署要求，持续推进四大片区建设工作，积极做好拟建设区域的文物勘探和必要的考古发掘工作，深入研究、梳理四个历史文化片区涉及的各级文物保护单位脉络。印发《郑州市文物局关于推进商都历史文化区文物工作专项方案》，编制完成城隍庙、文庙、夕阳楼、商城宫殿区考古遗址公园博物馆建筑等专项工程方案和夕阳楼、塔湾路等拟拆迁地块的红线划定工作，指导实施郑州商城东城垣本体保护展示工程和郑州商城东南城垣环境提升工程；协调推进具备条件区域的文物勘探和考古发掘工作。配合市规划局完成古荥大运河片区各项规划，推进郑州运河遗产博物馆项目、古荥汉代冶铁遗址博物馆改陈项目和数字化布展项目。完成二砂文化创意园区砂轮厂旧址文物保护规划初步审定，加强就园区建设意向方案与国创公司、中原区政府等相关部门协调沟通。指导百年德化文化片区完成项目规划方案初步设计。

（二）生态保遗工程建设成效明显

召开 2018 年全市生态保遗工作会议，成立郑州市生态保遗工作领导小组，进一步完善工作领导、推进、协调、考核等多项组织领导机制，不定期召开生态保遗现场观摩暨工作推进会，总结经验、提出问题、解决问题，加快生态保遗工程进度。印发了《郑州市生态保遗工程规划建设导则》《郑州市生态保遗工作考核暂行办法》《郑州市生态保遗工程项目评估办法》《郑州市生态保遗工程 2018 年项目月考核台账》等多个文件，坚持目标导向，建立月巡查督导制度，激发示范动能，加快项目推进。坚持先易后难、以人为本、分级建设和辐射带动四个标准，全年开展生态保遗项目 26 处，其中续建项目 10 处、新建项目 16 处，计划总投资 19.53 亿元；推动市财政尽快

预拨专项财政奖补资金，及时帮助各县（市）区解决“生态保遗工程”建设中出现的多方面问题。截至11月底，2017年项目投资完成8.55亿元，申报奖补金额2.45亿元，预拨奖补金额0.735亿元；2018年项目已完成投资12.36亿元，申报奖补金额4.31亿元，预拨奖补金额1.293亿元。目前已完成生态绿化面积1683.67亩（超额完成183.67亩），2018年推进的26个项目正在施工9处、即将施工6处，其余项目规划方案已编制完成或即将编制完成，全年各项目进度良好。

（三）考古前置改革全面实施

郑州市政府在《关于招标拍卖挂牌出让国有土地使用权考古调查勘探发掘前置改革方案》1月1日实施后，积极与市国土局、市财政局、市土储等有关单位加强协调沟通，商榷制定考古工作前置后工作流程、三方协议模本、收费方式及标准等各项措施，严格文物勘探、考古发掘工作程序，协调有关单位做好遗留项目处理与改革实施后项目推进工作，及时解决改革实施中遇到的困难与问题。强化服务省、市重点项目文物勘探考古发掘工作，进一步规范文物勘探、考古发掘工作程序，优先保障省、市重点项目的文物勘探发掘工作；完成省文物局对郑州市辖区内四家文物勘探单位的文物勘探资质审核。在经开区、自贸区等地建立文物勘探驻区工作站，进一步为推进考古调查勘探发掘前置改革“铺路搭桥”，优先服务省、市重大建设中多个项目的文物勘探、考古发掘工作。8月底前，完成自贸区郑州片区范围内国有土地供应前考古调查勘探工作。截至11月底，共签订城市基本建设项目文物勘探协议512个，协议面积2201万平方米，完成勘探面积1996.7万平方米，发现遗迹2563处；郑州市文物考古研究院完成发掘项目116个，完成考古发掘面积79900平方米，清理各时期遗迹4323个，共为476个项目出具《文物勘探、考古发掘备案意见书》。

（四）重点工程建设积极推动

落实市政府《郑州市2018年十件重点民生实事任务分解的通知》要

求，加强统筹协调，着力加快推进以“两院”（郑州商都遗址博物院和郑州市文物考古研究院）和“生态保遗工程”为重点的2018年郑州市“十件重点民生实事任务”的文化传承工程。做好2018年全国文化文物季度统计申报和2019年中央和省级文物保护专项经费的申报工作，加强对已下拨中央、省、市专项经费支出进度的管理。郑州博物馆新馆主体完工，启动陈展工作；大河村遗址公园一期工程开工建设；郑州市文化遗产综合信息系统开始运行；郑州运河遗产博物馆、郑州纺织工业遗址博物馆和“百年郑州”展览项目完成开工前准备工作。

二　夯实保护基础，提高文物管理保护水平

（一）世界文化遗产保护得到加强

严格按照《世界文化遗产保护管理办法》的要求，继续做好两处世界文化遗产的保护、管理及利用工作。持续加强登封“天地之中”历史建筑群保护管理工作，启动观星台保护维修工程，完成少林寺法堂、中岳庙东、西御碑亭及照壁维修工程招投标前期工作，指导登封市对少林寺塔林保护维修方案进行重新编制并上报评审。5月份，协助省文物局世界文化遗产巡视组对登封“天地之中”历史建筑群开展巡视。按照国家、省、市要求，继续做好大运河通济渠郑州段保护和管理，积极争取政策和资金支持，推动郑州大运河文化带建设工作，按照时间节点积极推进大运河沿岸节点多个展示项目工程建设；4月份由中国国土经济学会、河南省社会科学院等单位主办了“大运河文化论坛”，为推进大运河文化带建设提供有重要理论保障；加强大运河通济渠郑州段保护管理和研究工作，完成《郑州大运河文化带建设文物保护专项报告》并上报国家文物局审批。

（二）文物保护基础不断夯实

继续做好大遗址保护工作，持续推进文物保护专项规划方案编制工作，

完成南洼遗址保护规划上报和芦村河遗址、原武温穆王壁画墓保护规划核准工作。依据国家文物局《大遗址保护“十三五”专项规划》，加快提升郑韩故城、郑州商代遗址、大河村遗址等国家考古遗址公园建设层次，推进宋陵大遗址等考古遗址工程建设。扎实推进保护规划和保护方案编制工作，完成人和寨遗址、织机洞遗址等6个保护规划，完成无缘寘公禅师塔、清微宫等5个保护方案的报批和桧阳书院、史氏民居等4处市级文物保护单位维修方案评审。加大对文物本体保护工程的巡查力度，严格按照《全国重点文物保护单位文物保护工程竣工验收管理暂行办法》的要求，督促各项目单位做好文物本体保护工作。积极开展文物本体保护工程，苑陵故城内城墙本体保护工程、荥阳故城南城墙保护工程、新密古城寨南城墙保护工程、新密古城寨西城墙保护工程等多项已完成，启动并持续推进中牟老火车站、永泰寺塔等16处古建筑文物保护工程。推进港区、新郑、中牟、荥阳文保单位保护区划地图测绘项目；遴选推荐第八批国保单位项目26项，启动第三批市级文物保护单位名单推荐工作。

（三）文物科技保护成效明显

联合中国社会科学院考古研究所、北京大学考古文博学院、北京大学城市与环境学院、河南省科学院地理研究所、中国科学院大学、北京大学、首都师范大学、北京师范大学等科研院所持续开展“新郑裴李岗遗址发掘与研究”、“中国新石器时代出土彩陶整理与研究”、“中华文明腹心地带的青铜文化与东北地区夏家店下层文化的比较研究”、“中原腹心地区龙山至二里岗时期的碳十四年代研究”、“郑州地区环境考古研究”、“郑州地区仰韶文化人骨的生物考古学研究——体质与DNA数据库建设及共享”、“郑州地区仰韶文化中晚期的石器工业与社会复杂化”、“早期中国文化圈的形成研究——裴李岗文化与中华文明起源”、“郑州地区仰韶时代的天文学遗存研究”、“河南新郑后周皇陵的调查与研究”等十个项目的研究工作。完成织机洞遗址、秦王寨遗址等10个旧石器考古、中国丝绸起源考古、“中原地区中华文明探源工程”支撑项目的申报工作，积极为中原文明起源、中国文明起源和早期中国基本面貌研究提供学术支撑。组织考古专家与中国社会科学院考古研究所联合进行的埃及卡尔纳克北部孟图神庙考古发掘工作被纳入国家“中华文明走出去”战略规划，填补我国在埃及考古领域的空白。加强郑州市文化遗产综合管理信息系统建设。持续推进“郑州地区古环境演变与聚落分布研究”课题项目的研究，完成“嵩山地区历史水系变迁与文明起源的关系研究”课题项目合同签订。委托郑州大学历史文化学院和郑州大学产业技术研究院有限公司进行的“无人机航测在田野零散文物调查研究和日常巡查中普及、高效运用关键技术研究”、“金属类文物保护研究”等2018年文物科技保护研究项目已签订合同。先后举办中国传统文化研究座谈会、中原地区文明化进程研究座谈会、阿富汗国家宝藏展暨“一带一路”文化遗产保护学术报告会和“天中讲坛”等学术报告会，召开“中原地区文明化模式研究研讨会”和郑州中华之源与嵩山文明研究会第二届会员代表大会。

三　健全功能体系，提升公共文化服务水平

（一）博物馆公共文化服务功能得到提升

落实《中央补助地方博物馆、纪念馆免费开放专项资金管理暂行办法》，完成全市31家博物馆信息公开与享受国家免费开放财政补助的3家国有博物馆的免费开放绩效考评。围绕“5·18”国际博物馆日“超级连接的博物馆：新方法、新公众”的主题，组织全市文博单位推出涵盖书画、剪纸、戏曲、陶瓷、雕像等形式多样的展览宣传活动，传播效果突出，文化个性鲜明，社会教育功能发挥明显，有效缩短了博物馆与广大观众之间“最后一公里”。据统计，活动期间全市各类博物馆发放宣传彩页4万余张，制作宣传展板5000余张，开展免费讲解100场，推出特色展览10余个，组织巡展20余场（次），开展主题活动20余场，吸引市民群众参观达8万余人次。按照《河南省文物局关于开展2017年度河南省优秀陈列展览评选活动的通知》，实施文物陈列精品工程，积极鼓励各博物馆参加评选，其中郑州

市大河村遗址博物馆的“星空下的村落——大河村遗址博物馆基本陈列”被评为2017年度河南省优秀陈列展览。截至目前，全市博物馆共举办各类临时展览82个，接待观众286万人次。郑州市大河村遗址博物馆、郑州二七纪念馆、新郑市博物馆、巩义市博物馆等4家被定为国家二级博物馆，一家非国有博物馆郑州大象陶瓷博物馆被定为国家三级博物馆。

（二）非国有博物馆建设得到有效推进

围绕非国有博物馆的政策解读、非国有博物馆的现状及其管理、非国有博物馆发展的实践与探索、中原文化与中华文明的关系等内容，采取主题讲座、观摩教学、交流发言等形式，4月下旬，集中利用三天时间对全市20多名非国有博物馆的馆长进行了培训，进一步提高了非国有博物馆管理人员的业务能力和办馆水平。根据《郑州市非国有博物馆绩效考评办法（试行）》与各非国有博物馆日常开放情况，研究制定《郑州市非国有博物馆绩效考核细则》《郑州市2018年非国有博物馆绩效考核方案（草案）》，从馆舍与环境、藏品管理、陈列展览与社会教育、内部管理等方面对全市符合条件的非国有博物馆开展了绩效考核。加强对非国有博物馆的日常管理业务指导，先后协调指导郑州华夏文化艺术博物馆新址的选定和郑州市千秋犬文化博物馆申报工作，进一步帮助非国有博物馆解决实际问题，提升藏品和陈展水平。

（三）文物交流互鉴得到加强

受罗马尼亚雅西郡摩尔多瓦国家博物馆邀请，赴罗马尼亚进行彩陶文化学术交流，加强与罗马尼亚的文化交流与文明互鉴交流，启动以罗马尼亚和乌克兰为中心的古古特尼——特里波利文化彩陶文化研究项目。挖掘馆藏文化文物资源内涵，依托文物藏品、陈列展览等博物馆元素，推进文博科技创意研发工作，积极组织文博单位参加第八届全国“博博会”。举办“长渠缀珍——南水北调中线工程河南段文物保护成果展”、“天山下的来客——哈萨克民俗风情展”、“云霞霓裳——郑州博物馆藏中原服饰绣品展”、“阿富汗国家博物馆藏珍宝特展”等展览，共接待参观者35万人次，受到广大市民的广泛赞誉。“百年郑州”展览建设项目实施方案已根据专家意见修改完成。继续与中国社会科学院考古研究所、北京大学古代文明研究中心和中国考古学研究中心、水利部黄委会合作，开办“商都文明大讲堂”，办好《玉器考古通讯》《聚落考古通讯》《华夏文明》等专业学术期刊。积极配合成都金沙遗址博物馆、中国丝绸博物馆做好“玉汇金沙——夏商时期玉文化特展”“锦程——中国丝绸与丝绸之路”文物借展工作。

四　强化安全责任，筑牢文物安全底线

（一）扎实开展文物安全隐患排查

强化落实“一岗双责”“党政同责”“三管三必须”和文物安全领导、监管、主体和岗位责任，健全基层文物安全管理网络。深入推进文物安全整治专项行动，并与“文物安全年”各项工作相结合，加强文物安全督查，及时督促相关单位整改安全隐患，研究印发《2018 年郑州市文物安全年工作方案》。5 月，在习总书记就文物安全作出重要批示后，市政府及时召集文物、公安等部门听取文物安全工作和打击文物犯罪情况汇报，提出具体要求。省委常委、市委马懿书记批示强调“要从严、从快、从实贯彻中央和省委省政府指示精神要求，由副市长黄卿和副市长、市公安局局长马义中牵头负责督导抓好全市文物安全工作巡查落实”。随后，市政府召开全市文物安全工作联席会和文物安全工作专项会议，深入分析研判文物安全形势，研究部署全市文物安全隐患排查工作，切实把党中央、国务院和省、市领导的批示精神落到实处。6 月上旬，成立以黄卿副市长为组长工作专班，制定具体实施方案，抽调公安、工商、规划、财政、旅游、宗教、消防、文物等 8 个市直相关部门人员，分三组对全市 16 个县（市、区）文物安全工作进行集中排查，摸清安全底数，找准问题症结，对查出因政府文物安全保护主体责任落实不力、行政职能部门文物监管责任执行不力、保护单位直接管理责任履行不力，造成盗掘古墓葬古遗址和法人违法案件时有发生的，建立问题

台账，并一一下发检查整改清单，明确整改时限，并利用收听收看全省文物安全电视电话会议时机，对检查问题和整改情况在全市范围进行通报讲评，明确整改责任。8 月和 11 月，市政府 102 次常务会和 11 月市政府第五届 5 次常务会对文物安全保护工作进行专题研究，批准研究制定的《郑州市人民政府关于进一步加强文物安全工作的实施意见》、《郑州市人民政府关于加强文物保护利用工作三年行动方案（2019 ~ 2021）》正式印发。12 月 11 日，市政府组织召开了全市文物工作推进会，传达落实中央领导批示精神和全省文物保护工作推进会精神，总结工作，分析形势，强化责任，部署任务，进一步推进全市文物保护工作。

（二）大力开展四个专项行动

与公安机关协作配合，组织力量，精准打击。截至目前，共打掉文物犯罪团伙 3 个、抓获犯罪嫌疑人 18 人、破获案件 14 起，追缴被盗文物 9 件，抓获公安部通缉逃犯 3 人；破获 2 起省厅 A 级督办专项案件（巩义黄冶三彩遗址被盗案、荥阳陈沟遗址被故意破坏案）和 1 起“雷霆 5 号”重点案件（巩义刘某等人涉嫌盗掘古墓葬案），打击了文物犯罪，保护了文物安全。按照国家文物局要求，对新郑、登封、新密、管城等县（市、区）集中开展了文物执法巡查，严格查处文物法人违法案件，加大惩治力度。8 月中上旬，在郑州、洛阳两市开展了文物法人违法案件专项整治行动交叉检查；联合市工商局在全市开展了文物流通市场专项整治“百日行动”，组织执法人员对全市各大古玩市场进行排查，并对网络商家涉及此项经营活动的进行实时监管，检查各类市场商家 8685 户次，无一个文物非法经营商户。围绕依法全面履行政府职能、完善依法行政制度体系、健全依法决策机制等方面，制定印发《2018 年推进依法行政建设法治政府工作要点》、《2018 年推进服务型行政执法建设工作实施方案》、《2018 年领导干部学法计划的通知》，进一步推进服务型行政执法和落实行政执法责任制的落实，提升依法行政能力，落实行政执法责任制，规范行政执法程序，提升文物系统依法行政水平。遴选 2 份近两年办理案件中的文物行政处罚案卷，经过省文物局审评后推荐参加国家文物局“2018 年全国文物行政处罚案卷评查活动”，主导办理的 2 份案件被省政府法制办作为 2017 年度“河南省行政执法十大指导案例”典型案卷向全省推广。根据省局整改通知要求，分别对登封嵩阳书院、新郑轩辕庙、郑韩故城、二七纪念馆、古荥汉代冶铁遗址博物馆、圃田故城遗址、原日本驻郑州领事馆旧址等场馆存在的电线老化、消防通道不畅等问题进行跟踪督导整改，及时消除安全隐患。

（三）加强文物消防安全督查

吸取巴西国家博物馆失火的深刻教训，9 月下旬，按照国家应急管理部、国家文物局的要求，及时召开全市文物系统单位负责人紧急会议，研究部署文物建筑、博物馆火灾防控应急工作。结合中秋、国庆假期文物旅游场馆人流物流加大、火灾诱因风险增多、文物消防安全压力大等实际，各级文物行政部门积极配合文化、旅游、消防、宗教等部门，重点排查督查博物馆等公众聚集场所内部设施与装修装饰材料防火措施、展陈电气装置防火性能、消防疏散标志与应急照明装置布设等情况，对查出的私搭乱建、消防通道堵塞、电气线路老化、电器违规使用和违规燃香烧纸等突出问题，及时进行整治。同时，对各博物馆进行消防知识培训，组织消防演练，完善消防应急预案，有效增强了火灾防范处置能力，确保文物建筑安全。

五　激发活力动能，提升文物工作支撑保障

（一）文物宣传进一步加强

借助国际博物馆日、文化和自然遗产日等时机，组织全市文博单位和民营博物馆、社会团体等开展形式多样的专题展览、广场活动等，提高郑州文物的社会影响力。充分利用各类媒体平台和新媒体推介全市各级文博单位和全市文物资源及其价值内涵，大力宣传文物保护成果，推动保护成果为民共享。与郑州人民广播电台联合开展 10 场“文物知识进校园”宣讲巡演活

动，现场观看和网络点播达 10 多万人次，开创全国先例，收到良好效果。开展全市文物保护集中“六入”宣传活动成效明显，充分调动广大文物工作者、文物保护单位周边县乡政府、基层文物保护员、志愿者的文物保护意识和积极性。举办了以“新时代　新郑州　新征程”为主题的文庙迎新年撞钟活动、“中华文明探源——古代文明系列讲座”、“红色教育宣讲”、“第二届全国考古和文化遗产保护优秀漫画作品展”、第四届“天地之中杯”廉政暨文化遗产国际漫画大赛。开展公众考古学传播系列宣传片拍摄等工作，《发现郑州·先秦篇》、《巩义花地嘴遗址》、《新密新砦遗址》宣传片和《公众考古学传播系列宣传片》（第一阶段）已完成拍摄。编辑出版《郑州市文物志》、《天地之中——嵩山历史建筑群》、《郑州大遗址片区保护利用战略规划》、《郑州市文物概况》、《如是漫说——文化遗产保护法制主题创意绘本》、《郑州历史文明遗产丛书（12 本）》、《郑州近现代建筑测绘图集》等一批文物书籍。应邀参加“世界古都论坛”、“梦回丝路、盛唐文化：大唐建都长安 1400 年国际学术研讨会”、“大运河文化论坛”等多个全国性学术活动。按照要求在全市文博系统开展“大调研”活动，组织撰写调研报告（文章）52 篇，被市委宣传部表彰为“全市宣传思想文化系统调研工作先进单位”。加强门户网建设和舆情热点监测，积极回应市民关切的问题，积极推进政务信息公开，不断规范和完善政府信息公开的相关工作制度，做好政务舆情回应。

（二）加强队伍能力建设

围绕省、市人才发展战略和全市文博事业发展目标，不断加强系统干部职工队伍能力素质建设，依托湖南大学做好系统干部培训工作。认真落实领导干部有关个人事项报告制度，认真抓好干部各项综合目标考核工作。按照市委组织部的统一安排部署，完成全系统领导干部在企业、社团兼职专项清理工作和干部“带病提拔”、不作为不担当、因私出国境管理监督治理、档案再审核专项整治等工作。10 月份，市领导带队对新建设扩建文博单位人员编制情况进行了调研。

（三）优化服务保障

积极做好2018年中央级、省级和市级文物保护专项补助资金的申报和市级文物保护专项资金管理使用，跟踪抓好中央对地方专项转移支付项目资本性支出项目检查工作。完成2017年度全国文化文物统计申报和2018年全国文化文物季度统计申报工作，及2017年政府资产报告工作、政府财务报告编制工作、国保资金绩效目标自评工作和基本公共文化服务体系情况统计工作。积极做好“生态保遗工程”专项奖补资金的申报工作。持续推进政务督查、精神文明建设、平安建设、信访稳定、节能减排和老干部教育管理等工作。截至目前，办理省人大代表、政协委员议案提案4件，14件市政协提案、7件人大建议和1件议案正在办理过程中。

B.5
郑州市媒体融合发展研究报告

李军锋　范红娟*

摘　要： 面对舆论传播格局的深刻变化和新媒体蓬勃发展所带来的严峻挑战，郑州市主流媒体应该发挥主动性和自身优势，加大媒体融合发展力度，既要巩固传统舆论阵地，又要抢占互联网舆论的话语权，发挥主流媒体应有的舆论引导作用。在互联网＋的思路下，以可视化、数据化、智能化为重点来发展新媒体技术，从升级中央厨房、打造新媒体矩阵、转型为城市服务商和跨行业发展等方面探索多元化融合新模式。

关键词： 媒体融合　主流媒体　四全媒体

在新媒体的冲击下，传统媒体遭遇了巨大的危机。同时，相当一部分主流媒体在融合发展方面仍停留在“＋互联网”阶段，没有用互联网思维来实现传统媒体的“互联网＋”，没有以此为基础来推进媒体深度融合。在行业发展的推动下，传统主流媒体的融合发展不仅要在常规的内容生产层面进行创新，还要在指导思维、新闻产品生产、产品运营、网络营销、组织机构等方面进行更大的创新。

---

* 李军峰，郑州师范学院讲师，主要研究领域为新闻学。范红娟，郑州师范学院教授、博士，主要研究领域为传播学。

一　郑州市主流媒体媒体融合发展的现状

（一）第一阶段：建设新媒体

传统媒体接触互联网是从早期的报纸电子版开始的，逐步过渡到自办网站。

1. 报纸数字化

20 世纪 90 年代，为了应对新浪网等为首的门户网站的冲击，国内传统媒体开始探索报纸数字化的发展道路。1995 年 10 月 20 日，《中国贸易报·电子版》成为我国第一家在国际互联网上发行的电子报纸，随后越来越多的报纸把内容搬上了互联网。郑州的主流媒体在此阶段也纷纷把传统媒体的内容搬到了网上，开创数字报阅读平台，形成网络和纸质版齐头并进的阅读平台模式。1998 年，《郑州晚报》电子版上线，纸媒内容见报后再与网络平台共享内容，形成线上线下联动模式。进入 21 世纪后，国内纸媒的网络版逐渐突破了单纯“报纸上网”的局限，升级为综合性、专业化的综合信息门户网站。早在 1997 年 1 月 1 日，《人民日报》就开始建设人民网，最初以刊载新闻为主，现在已经发展为大型综合信息的门户网站。此阶段，郑州市的传统主流媒体还停留在报纸数字化的阶段，未发展为独立的门户网站。

2. 建立独立的网站

国家政策支持为报业的全媒体化发展提供了良好的政策环境。这一阶段，国务院新闻办公室批准了一批由各省主管的重点新闻网站，如“南方网”“大众网”“大河网”等。中原网也在这个时间段成立，成为国家一类新闻网站、中原地区最大的新闻门户网站。内容上由原来的社会新闻为主转向以严肃新闻为主，自觉承担主流媒体网站的重任。这一时段还出现了一种新的报网融合模式，即报业集团联合互联网公司创办新闻网站，最早的是《重庆商报》和腾讯合作于 2006 年创办的“腾讯·大渝网”。随后几年间，陆续开办了多家以“大”字开头的区域性门户网站，如大秦网、大燕网。“腾讯·大豫网”成立于 2011 年 8 月 26 日，是由腾讯科技（深圳）有限公司和河南日报报业集团联合打造的。这一阶段，郑州市传统主流媒体积极地进行了对全媒体的探索，试图实现“你中有我，我中有你”的报网互动和融合，但从现实效果来看，传统主流媒体只是将“内容生产”作为媒体融合的核心，但在传输、服务层面涉足尚浅。

（二）第二阶段：互动发展

1. 巩固宣传阵地

无论如何融合转型，主流媒体的核心本质不变，就是巩固宣传阵地、强化舆论引导。同时在经济压力下，郑州市主流媒体融合转型的具体目标比较务实，偏向追求市场效益。如何处理好正面宣传、舆论引导和新型盈利模式的关系是个重要问题。

2. 两微一端成为标配

2012 年以后，新浪微博和腾讯微信有投入少、见效快、互动强等优势，迅速成为传统媒体进行融合发展的首选。有实力的传统媒体还纷纷试水新闻客户端这种投资大、运行复杂的新媒体产品，“澎湃新闻”还做出了特色，成为极具特色的新媒体品牌。郑州主流媒体在这个阶段的新媒体探索主要有两大类产品：一是传统的数字化产品，即手机报、中原网等；二是社会化网络传播，主要以维护各社交平台上的官方账号为主，同时建立了“身边”新闻客户端。

3. 报道形式多样化

随着新闻生产流程的改造，主流媒体新闻内容的表达形式也日益变化、更趋多样。郑州市主流媒体制作多媒体报道作品已成为常态，能够熟练使用图文搭配、音视频组合等形式，频繁尝试数据新闻、H5、新闻直播等可视化产品。

二　郑州市主流媒体媒体融合中存在的问题

（一）传统媒体转型观念淡薄，定位不够清晰

郑州主流媒体已实施数字化转型战略，但上下没有形成转型共识。很多人没有意识到融合发展的紧迫性和必要性，对“媒体融合”持怀疑态度。

互联网思维不强，用传统的“办报思维”做网站、新闻客户端和微信、微博公众账号，单纯做内容提供商，没有考虑转型为信息服务商。主流媒体在融合定位、发展战略、考核激励等方面也未形成一致意见。

（二）新媒体产品重复建设，未能形成市场竞争力

传统媒体创办新闻网站已有20年的历史，但由于网站建设的技术、资金投入不足，未能有效依托传统媒体的优势资源联动运营，没有“现象级”产品，未能形成真正的传播力和市场竞争力。郑州报业集团下辖的中原网就是这种情况，一是与纸媒内容同质化严重；二是不能适应互联网媒体的发展特点，能够吸引受众的特色内容不多；三是与同城的大河网、大豫网同质竞争；四是没有拥抱移动互联网，没有移动端。

集团下辖新媒体产品很多，但官方网站、微博、微信、客户端各自为政，未实现体系化，只做到了信息传播，未实现真正的媒体深度融合。“身边”新闻客户端，虽有新媒体的形式，但某种程度上只是报纸的客户端化。新闻内容多以单一媒介形态呈现，内容大多出自纸媒记者的日常新闻采编，而且更新缓慢，无法满足新媒体受众的日常需求，用户黏性不强，无法与腾讯、今日头条等商业新闻客户端竞争。

（三）人员引进及激励力度不够，缺乏新媒体专业人才

一是缺乏真正的新媒体人才。新媒体的思维和运作方式与传统媒体截然不同，越是熟悉传统媒体越是不容易适应新媒体。新媒体对全媒体记者的要求是多方面的，需要掌握文字、图片、音频、视频、H5的融合技巧，需要掌握无人机、VR、AI等技术，需要涉猎广泛、成为多个领域的专家。二是传统媒体优秀人才流失严重，或跳槽或创业。三是软件、数据挖掘与分析、网络营销、产品经理、管理与战略等新媒体人才引进不足。究其原因，一是团队内部缺乏长效的长期激励机制来留住与激励新媒体人才；二是新媒体人才的职业发展通道单一，晋升机制不够完善，激励手段相对单一；三是缺乏多元化的模块培训体系，不能满足新媒体时代的新闻需求。

三　郑州市主流媒体深度融合路径探索

（一）坚定正确的政治方向，抢占舆论主阵地

1. 强化党的新闻舆论工作

郑州市主流媒体要进一步明确党性原则，坚定正确的政治方向，在思想上政治上行动上自觉同党中央保持高度一致，进一步强化意识形态工作的领导权和主动权，确保主流媒体占领郑州市宣传思想阵地。郑州市主流媒体凭借多年形成的品牌价值和公信力，打造郑州市权威的媒体融合平台，承担主流舆论引导、新闻宣传等党和国家赋予的重任。同时，郑州市主流媒体还承担政策解读、社会公共服务等重要职责，及时权威解读市政府的重大政策法规，通过实地采访、读者来信、心通桥等方式搜集社会民生民情，向政府反馈建设性意见，疏导社会情绪。郑州市主流媒体深耕地方，精心打造县级融媒体中心，组建集党报、都市报、广播、电视、互联网及新媒体于一体的全媒体矩阵的县级融媒体中心。通过舆情监测分析系统，及时为郑州党政部门提供集舆情监测、研判、分析于一体的舆情服务，提升郑州市社会治理能力。

2. 打造党报的新媒体端

《郑州日报》微信公众号是依托于《郑州日报》存在的，党报的性质决定了它不是一般的自媒体账号，是“党号”，与《郑州日报》的功能是一致的，要牢牢掌握网上意识形态的领导权。近年来，《郑州日报》通过改版等方式不断推进纸媒的发展，还把《郑州日报》微信公众账号作为党报在移动互联网上的延伸和发展，既把中央的精神传播到地方，又把省委和市委的政策传遍郑州，切实提高了主流媒体的网络影响力，发挥着巨大的作用。《郑州日报》微博、微信公众账号以及客户端已经成为受众学习十九大精神的重要信息源，成为获取时政信息与权威解读的重要信息源，成为郑州本地最权威的新媒体。

《郑州日报》微信公众号在传播内容上和《郑州日报》做出了一定的区分，在新闻的深度、广度上更进一步，更接地气。既然定位是报纸的延伸，《郑州日报》微信公众号借助新媒体的手段，对《郑州日报》上的重要时政新闻进行深度解读。它承担郑州市政策解读、社会公共服务等重要职责，及时权威解读市政府的重大政策法规，通过实地采访、读者来信、网络社区等方式搜集社会民生民情，向政府反馈建设性意见，充分发挥作为党和政府与群众沟通联系的重要渠道作用，听取群众呼声，疏导社会情绪。在解读的时候，一是注重本地化，将重大新闻与郑州本地化内容相结合，让新闻更接“地气”，进一步拉近与本地受众的关系。二是注重新媒体的表现方式，实现良好的传播效果。党报的深度报道，比如政府工作报告，出于篇幅等原因，不太适合新媒体的阅读和传播。《郑州日报》微信公众号采用摘录要点、化整为零等方式进行发布，还将关键信息提炼后进行图表化、可视化表达，同时对重点章节进行权威延伸解读，分析其背后的信息。

（二）强化互联网思维

1. 用户思维注重用户体验

在互联网领域中，“好的用户体验应该从细节开始，并贯穿于每个细节，让用户对每个细节都能有所感知，并且用户对产品的这种感知要超出用户预期才能给产品用户带来惊喜”。主流媒体要想获得用户的认可，必须能够满足用户的某方面实际需求，直至做到极致。郑州市主流媒体应该立足本地化、社区化，以地方特色为中心搭建O2O平台，注重本地的购物、旅游、住房、求职、交友、休闲娱乐等生活消费领域的经验交流和信息沟通，成为区域性媒体和服务平台。中原网最新一次改版，正是立足本地化和垂直化，在做大做强主流媒体新闻宣传功能的基础上把二手房交易、楼盘、牛孩、亲子、教育培训等便民服务当作发展重点。

2. 以个性化信息推荐满足用户需求

在大数据的基础上将主流媒体的核心用户和潜在用户进行细分，了解他们不同的需求，有针对性地进行信息整合，提供信息产品，以满足用户的个性化需求，从而提高传播效果。这里以今日头条为例。今日头条与传统的移动新闻资讯不同，其主张为用户打造千人千面的阅读界面。今日头条通过巨大的数据信息库，根据用户的注册信息（职业、年龄、地理位置等）、在线阅读行为、社交行为进行大数据挖掘和分析，建立用户兴趣图谱，完成千人千面的个性化的资讯推荐。郑州市主流媒体可以实行线上和线下的联动，针对用户的特点和使用习惯，打造以交互式、体验式、个性化为主要特征的内容资源库，打破单一的内容生产，为不同群体的用户推送不同的新闻产品和资讯，同时可以推出订制频道，提供定制化的内容。

（三）升级中央厨房系统

2017 年 1 月 5 日，中宣部部长刘奇葆在媒体深度融合工作座谈会上指出，“中央厨房”就是融媒体中心。推进媒体深度融合，“中央厨房”是标配、是龙头工程，一定要建好用好。此后，“中央厨房”进入大跨越发展期，无论是中央级媒体还是省级媒体、地级媒体甚至县级媒体，都在积极搭建“中央厨房”，积极发展融媒体中心。人民日报社的“中央厨房”系统于 2016 年 2 月 19 日正式上线，运作状况良好，不仅在人民日报社内部运用，还积极向多个省级、地市级媒体输出其模式。郑州报业集团中央厨房紧紧抓住“重构采编发网络、再造采编发流程”这个关键环节，在实际操作中从单一的纸媒编辑部向融合纸媒、网络、音频、视频以及手机网络等复合型媒体编辑部转型，走出了一条适合自身发展的融媒模式。郑州报业集团中央厨房的融媒体改革主要是实行“三个统一”，实现“三个转变”。三个统一是统一身份、统一指挥、统一考核，三个转变是记者从单一型向全媒体全技能型转变；工作重心从以报纸为主向做精报纸、做活新媒体转变；工作时序从以夜班为主向以全天候为主转变。同时，郑州报业集团充分领会习近平总书记“扎实抓好县级融媒体中心建设”的讲话精神，做好顶层设计，统一协调推进郑州市所属区县的融媒体中心建设，采用“一次采集、多次生成、多渠道传播”的方式，整合政务新闻、服务信息等的发布，不断提升县级媒体的传播力和影响力。

（四）打造新媒体矩阵

1. 确立差异化发展战略

在立体化的媒体矩阵中，要做好定位区分，形成差异化的发展思路。首先是定位区分。党报新媒体更重视舆论引导，融合转型更趋向于打造新型主流媒体，巩固执政党的合法性，具有很强的“政治”取向。都市报和晚报新媒体转型更强调本地服务，实现新业务收入和可持续发展。这使得党报、都市报和晚报的转型理念和路径将更加清晰。其次是推送内容的区分。一是推送的内容跟传统媒体的内容基本割裂，除非传统媒体所报道的内容本身很有话题性，这方面可参考《人民日报》和《人民日报》微信公众号在内容选择上的差异。二是风格上要选择更为口语化、网络化的语言，图片和视频使用的重要性等同于文字。三是除了官方微信公众号外，矩阵内其他新媒体更注重细分人群，找准特定领域。

2. 打造新媒体品牌

郑州报业集团积极进取，孵化出“冬呱视频”“郑直播”“三分钟读党报”等多个新媒体品牌。“冬呱视频”是郑州报业集团全力打造的视听品牌，既有传统媒体擅长深度策划的优势，又接轨当下流行的短视频浪潮，推出的“豫见北京”系列原创视频，反响强烈。“郑直播”是郑报融媒打造的专注于网络在线直播的直播品牌，已经推出“黄河小浪底调水调沙直播”“新乡特大暴雨直播”“全国两会河南代表委员进京直播”等大型直播活动。

（五）深度融合，跨行业发展

1. 推动转型为城市服务商

郑州市主流媒体作为优质传统媒体，完全可以利用自身较强的市场化能力，利用政府资源优势和本地化优势积极转型为城市服务商。党的十八届三中全会提出了“治理体系和治理能力现代化”的全面改革总目标。郑州市政府需要利用互联网等新技术手段，来实现自身治理和服务能力的升级，即通过互联网+智慧政务来实现治理体系和治理能力现代化。例如，郑州市借助互联网手段实现了“最多跑一次”改革，即借助互联网和大数据等方式，推行互联网政务服务改革，实现企业和群众办理事项“只进一扇门，最多跑一次”。毫无疑问，这种改革极大地提高了服务效率和服务能力，民众和企业的满意度和获得感更高。郑州市主流媒体承接以上社会服务是有天然优势的。首先，郑州市主流媒体是党的“喉舌”，是党和政府的新闻宣传工具；其次，郑州市主流媒体对政府部门的业务更为熟悉和了解，更能提供更高质量的服务；再次，郑州市主流媒体长期深耕本地，已经在群众心中建立了权威的口碑和品牌意识，本地化服务能力很强。

2. 依托“互联网+”跨行业发展

郑州报业集团的多元转型涉及多个领域，从报纸出版、印刷、广告、发行，扩展到现在的媒体经营、文化地产、连锁酒店、互联网金融、影视制作、文化创意、旅游电商、医疗保健、社区服务等多种业态。

（六）加强从业队伍建设

郑州市主流媒体要完成自身转型发展、走媒体融合之路，必须通过有效路径来推动传统采编队伍完成转型。首先是推动现有人员转型，通过名家讲座、内部系列培训等方式进行；其次是对外招聘人才，大量引进产品经理、数据分析师、UI设计师、舆情分析师、编程工程师、新媒体营销主管等与媒体融合发展相适应的岗位；最后是校媒共建，通过教学与实践共孵新人才。郑州主流媒体要继续抓住机遇，坚持移动优先战略，在“全程、全息、全员、全效”的深度融合目标指引下，努力切实推动报业、广播电台电视台等传统主流媒体与新媒体深度融合，积极打造具有强大赢利能力与发展能力的新型主流媒体，更多地表达国家话语，更好地体现社会主义核心价值观，讲好郑州故事，凝聚起全面建成小康社会、实现中华民族伟大复兴中国梦的正能量。

参考文献

李艳红：《重塑专业还是远离专业？——从认知维度解析网络新闻业的职业模式》，《新闻记者》2012 年第 12 期。

王维佳：《传播治理的市场化困境——从媒体融合政策谈起》，《新闻记者》2015 年第 1 期。

郭全中：《传统媒体转型路径的有效探索：城市服务商》，《新闻与写作》2018 年第 5 期。

郭全中：《“互联网 + 跨界”：传统媒体转型战略研究》，《新闻与写作》2018 年第 9 期。

石大东：《媒体融合发展的地方探索与实践——从郑州报业集团“中央厨房”谈起》，《新闻战线》2015 年第 17 期。

B.6
郑州市哲学社会科学事业发展报告

许颖杰*

摘　要： 回顾了2017年以来郑州市社科事业的发展情况，总结了社科工作的做法和经验，尤其是在宣传贯彻党的路线方针政策、加强应用性对策研究、开展社会科学普及等方面成效明显。分析了郑州市社科事业发展中存在的问题和不足，要通过加强对改革发展重大问题的研究，加强新型智库建设，为社科事业发展提供人才支撑，着力推进社科普及工作开展等，不断推进郑州市社科事业高质量发展。

关键词： 哲学社会科学　高质量发展　郑州市

2017年以来，在市委、市政府的正确领导下，在市委宣传部和省社科联的具体指导下，郑州市社科联主动围绕中心，自觉服务大局，充分发挥职能作用，以助推郑州国家中心城市建设为目标，团结和带领全市广大社科工作者，认真履行职责，扎实开展工作，社科普及深入广泛推进，学术活动日益活跃，机关自身建设逐步完善，全市哲学社会科学事业繁荣发展。

一　郑州市哲学社会科学事业发展成效

（一）坚持正确导向，深入宣传贯彻党的路线方针政策

坚持正确的政治方向，是繁荣发展社会科学事业的基础。全市社科工作

* 许颖杰，郑州市社科联副主席、社科院副院长，主要从事城市文化建设问题研究。

者坚持学习先行、思想先行、谋划先行、实践先行，围绕习近平总书记提出的一系列新思想、新观点、新论断和党的路线方针政策广泛开展宣传教育活动。

1. 服务重大部署，突出时代主题

围绕中央、省委、市委的重大方针政策和工作部署，积极开展学习研讨。围绕学习宣传贯彻党的十七大、十八大、十九大精神和中央、省、市宣传思想工作会议精神，组织召开了郑州市社科界学习宣传贯彻党的十七大、十八大、十九大精神和习近平新时代中国特色社会主义思想等方面座谈会、研讨会，全面解读和准确把握了党在新形势下的路线方针政策和习近平新时代中国特色社会主义思想的丰富内涵和精神实质。同时，围绕郑州市三化两型、新型城镇化、国家中心城市建设等发展目标开展组织理论研讨，共召开各种研讨会 30 多次，有力地推动了中央和省市委重大决策部署的学习贯彻。

2. 开展理论研究，做好思想引领

坚持把推进马克思主义中国化、时代化、大众化作为职责要求，把学习贯彻习近平新时代中国特色社会主义思想作为一项重要的政治任务，作为调研课题重要内容，广泛开展了对马克思主义毛泽东思想、中国特色社会主义道路、习近平治国理政的新理念新思想新战略、社会主义核心价值观等重大理论问题的研究。增强新思想新观点的吸引力、感召力和说服力，凝聚人民群众的思想共识。十九大后积极开展习近平新时代中国特色社会主义思想的学习研讨。在中宣部组织的纪念马克思诞辰 200 周年征文活动中，组织撰写的理论文章《习近平新时代治国理政的战略逻辑》，被省委宣传部上报中宣部。

3. 组织形势政策，宣讲凝聚民心

围绕不同时期的宣传重点，突出宣传主题，以采取“订单式”集中宣讲和“点单式”专题宣讲相结合的模式，把“群众想听什么”和“我们想讲什么”统一起来，组织社科理论专家深入农村、社区、学校、企业开展党的路线方针政策和中央、省委、市委重大决策部署的宣讲，帮助解答群众关注的热点难点问题，引导群众辩证看待问题，理解和支持党和政府的各项政策方针，让党和政府的方针政策深入人心、落地生根。

（二）坚持问题导向，加强应用性对策研究

1. 围绕中心，精心选题

每年年初，市社科联根据市委市政府中心工作，拟定课题指南，确定研究重点，组织专家在全市开展调研活动，坚持立项、研究、结项全过程跟踪，组织专家评委会严格评审，确保课题质量，推出了一批针对性强、理论水平高的研究成果，先后规划制作了“郑州市实施跨越式发展系列研究”、“郑州历史文化系列研究”、“郑州如何打造先进制造业基地”、“郑州华夏历史文明传承创新核心区建设问题研究”、“关于大郑东新区复合型城市建设问题研究”、郑州市航空港实验区建设问题研究和郑州建设国家中心城市问题研究等一批事关经济社会发展的重点课题。与市委宣传部在全市联合开展了郑州国家中心城市建设专题调研活动。围绕郑州市经济社会发展的热点、难点问题，编辑出版了《郑州历史文化系列丛书》、《郑州市跨越式发展问题研究》、《郑州市航空港试验区问题研究》、《郑州市‘十三五’经济社会发展战略研究》和《郑州市经济社会发展问题研究》等一系列研究专著。

2. 畅通渠道，转化成果

为拓宽社科成果进入市委、市政府决策的渠道，市社科联创办了《调查研究报告》和《社科内参》，把社科专家提出的对策建议呈送市领导。对一些重大课题或专题研讨活动的成果则以成果专报的形式，及时报送市领导和有关部门决策参考。不少课题受到市委、市政府领导关注，几任市委、市政府主要领导都曾给予批示，有的研究成果最多被批转 20 多个部门参阅，尤其是 2018 年围绕郑州市生态文明城市建设、乡村振兴、城市管理、文化传承等开展 20 多项研究，获得市主要领导批示 5 项，一些决策建议直接被纳入规划方案中。

（三）坚持创新载体，广泛开展社会科学普及活动

始终坚持以人民为中心的工作导向，以提高市民人文素质和城市文明程度为工作目标，努力提升与人民群众精神文化需求相适应的理论惠民能力。

1. “社科知识大篷车进基层活动蓬勃开展”

几年来，不断拓宽工作思路，创新工作形式，实现理论与实践的对接、专家与群众的对接，把大学课堂延伸到基层，把高雅文化在大众中普及，达到多领域、多层次、广覆盖的社会效果，到目前为止，共举办社科知识大篷车活动150多场，直接受众5万多人，受到基层群众欢迎，在社会上引起强烈反响。2009年以来，郑州市社科联与省社科联共同开展的“社科知识大篷车进基层活动”受到省、市领导高度评价。

2. 中原大讲堂 · 郑州讲堂活动持续推进

中原大讲堂·郑州讲堂是面向社会公众的大型公益讲座，已成为郑州市社会科学普及工作的重要品牌。市社科联先后与河南省图书馆、郑州市新华书店、郑州市松社书店等单位联合举办活动。先后以时政、历史文化、中原经济区战略及其影响、郑州航空港经济综合实验区规划与建设、郑州国家中心城市建设等为主题举办180余场讲座，听众达4万余人次。

3. 社会科学普及周活动有声有色

2017年开始的社科普及周活动是推进社科普及的重要平台。每年郑州市社科联都在市委宣传部的领导下，认真谋划活动内容，精心设计实施方案，协调各方合力推进，广泛宣传以扩大影响。2016年的首届社科普及周，共举办讲座、专题研讨、咨询、文艺展演、法制宣传一条街、展板、普及基地免费一日游等11项各种形式的宣传活动，并在绿城广场成功举办了河南省暨郑州市首届社科普及周开幕式。省市四大班子出席并给予高度评价。2018年社科普及周，以学习贯彻习近平新时代中国特色社会主义思想、加快郑州国家中心城市建设为主题，共举办12项宣传活动等。在港区后李村举办的美丽乡村文化基层行活动被社科联评为特色活动。

4. 社会科学普及基地建设有序推进

为了加强社科普及阵地建设，形成社会合力，2010年，市社科联与市委宣传部联合在全省首家开展了社科普及教育基地建设工作，并制定了管理办法。首批命名了二七纪念馆、郑州博物院等10个单位为郑州市社会科学普及教育基地。2017年又命名了郑州市大河村遗址博物馆、登封市观星台

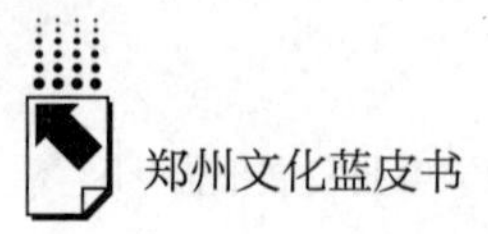

等10个单位为郑州市第二批社会科学普及教育基地，并予以挂牌，这些基地较好地发挥了示范和导向作用。

（四）坚持强化管理，积极发挥学会的社会服务功能

坚持一手抓规范管理、一手抓优质服务，不断推进学会建设的日常化、规范化、制度化，提升服务水平。一是加强学会管理。出台了《郑州市社会科学界联合会关于进一步加强社科学会管理工作的意见》，对有关程序和事项做出明确规定，促进了社科类学会健康有序发展，实现了学会管理工作的制度化、规范化。二是学会活动丰富多彩。根据各社科学会（协会、研究会）的不同职能，分类规划搞好咨询服务，组织社科学会根据各自职能、围绕全市中心工作开展宣传调研活动。全市各社科类学会结合各自实际，积极开展调查研究和宣传活动，撰写了不少有应用价值的调研成果，得到了各级领导的批示。据不完全统计，仅县（市）区及以上领导批示和新闻媒体等采用的就达650篇，部分文章被国家级报刊和省、市级报刊采用，对各级领导决策起到了重要作用，一批学会被评为全国先进社团组织。

（五）坚持完善机制，积极推进新型智库建设

一是认真贯彻落实市委关于加强新型智库建设的意见要求，建立健全党委统一领导、相关部门分工负责的郑州智库组织架构，设立智库建设协调联络办公室，负责统筹协调、组织规划、发布报送、征集评估、对外交流等，推进各类智库健康有序发展。组织课题组对郑州市智库建设的情况进行认真调研，深入了解基本情况，研究推进措施。以建设智库体系为目标，组织有关部门，整合各类资源，从增强党政机关所属政策研究机构决策服务能力，促进社科院、党校（行政学院）和高校智库创新发展，推动科技智库和企业智库发展完善，规范和引导社会智库健康发展，实施高端智库建设规划等几方面，对七类智库主体的建设提出要求，推动工作全面开展。搭建智库研究平台，出台郑州市社科规划项目管理办法，为社科专家参与重大课题研究提供渠道和指导，提升社科研究的组织化水平。搭建

智库成果交流转化平台，办好郑州社科学术年会。组织各类研究机构和党政研究部门围绕郑州国家中心城市建设开展专题调研活动，充分发挥智库服务的参谋作用。

二是畅通转化渠道，是社科成果发挥效益的基础，为搭建社科工作服务决策、促进成果转化的平台，市委宣传部、市社科联联合省会高校，组织举办了一年一度的郑州市社会科学学术年会，每年突出一个主题，开展专题研讨，举办专题讲座等系列学术活动。对年会上的专家发言，认真归纳整理，形成系列成果报告，以成果专报的形式报市委政府领导参阅，每年都受到市委、市政府领导好评并做出重要批示，被送给有关部门参阅。学术年会至今举办了6届，至今已举办专题研讨30多场，由最初的一场单一主题、涉及专家十几名变为系列主题研讨、涉及专家80多名。呈现内容丰富、参与面广、社会关注度高的良好态势，成为郑州市社科界的年度学术盛会，被列为郑州市智库建设重点打造的两大平台之一。

二　面临的形势和存在问题

近几年来，尤其是习近平总书记在全国哲学社会科学工作座谈会上的重要讲话发表后，中央先后印发了关于加强新型智库建设的意见和关于构建中国特色哲学社会科学的意见，对加强哲学社会科学工作做出了一系列部署，河南省出台了社科普及条例。习近平总书记的十九大报告，更是站在掌握意识形态领导权的高度，要求进一步深化马克思主义理论研究和建设，加快构建中国特色社会科学和新型智库建设。要进一步把习近平新时代中国特色社会主义思想和党的十九大精神的学习贯彻不断引向深入，充分发挥思想库和智囊团作用，更好地助推郑州国家中心城市建设，对社科工作提出了新的要求，使社科工作呈现新的发展趋势。为了适应形势的发展，这些年来，市委市政府高度重视社科工作，有关社科工作部门也进行了一些探索，但也存在一些问题，影响和制约着社科事业的更好发展和作用的更好发挥。

（一）哲学社会科学发展的推进体制机制建设不够

由于哲学社会科学的作用具有长期性、潜在性、间接性等特点，近年，尽管中央召开了专门会议，习近平总书记发表了重要讲话，中央下发了一系列有关文件，但理论上、口头上重视，实际工作中轻视的现象依然存在，缺乏系统的领导体制、发展规划、资金供给、资政平台、转化渠道等方面的顶层设计和统筹协调。无论是社科研究还是社科普及都还没有市级的专门小组和联席会议性质的领导协调机构，难以形成有力的工作推进机制。近年，中央关于文化大繁荣大发展、加强新型智库建设、构建中国特色哲学社会科学等要求的落实也不够到位，哲学社会科学的理论成果不被重视。同时，对社科知识和社科成果的宣传不够，也导致社会公众对社科工作、社科工作者的辛勤劳动、社科成果价值的了解不够，重视和大力推进哲学社会科学发展的社会氛围尚未形成，以致工作推进机制和发挥社会作用等各方面都受到影响。

（二）“思想库”和“智囊团”作用发挥不够

一方面研究水平不高，高质量、有价值成果较少。政治站位有待进一步提高，为党委政府服务的意识和能力还需进一步加强。主要表现为重形式轻效能、重阐释轻创新、重经验轻战略。对当前的政策形势和全市经济社会发展的重点和难点把握不够准确，研究成果与实际决策需求相脱节，围绕市委、市政府中心工作开展决策咨询服务成效不明显，社科研究中具有学术创新价值和应用价值的精品力作与省会郑州经济社会发展还不相适应。新型智库建设还处于起步阶段，社科研究的组织化程度不够，研究力量和资源分配上不尽合理，难以形成合力进行深入研究，以致每年出的成果不少，但标志性的成果，特别是具有前瞻性、战略性和可操作性的应用性对策成果不多，对市委、市政府决策发挥作用的不多，影响了社科研究的形象。另一方面，社科成果进入决策、转化交流的渠道不畅，许多研究成果的参考价值未能充分体现。被报送到领导机关和领导面前，是成果发挥作用的前提，在社科成果上报和送阅时，成果若被等同于一般工作简报和工作汇报，需要层层审批才能送到领导面前，或者根本不被接收和上报，就难以进入决策。成果二次转化应用更是难以实现。由于经费和平台的制约，一些社科重大研究成果完成后，一般较难以及时进行多形式的传播，造成时效性和社会影响力发挥不足。

（三）工作创新不够

在社科理论研究方面，一般性的分析比较多，有创新性、有深度的对策建议少，注重专业化的多，协调攻关创新的少。在社科普及工作中，教育形式、活动方式创新不够，社科普及工作还处于一般号召阶段，以照搬照抄省社科联的做法和要求为主，10 多年一直以社科知识大篷车和大讲堂为主要宣传教育形式，这种面对面的宣讲，是最直接、最有效的宣传教育方式，但随着新技术新媒体的出现，社科普及载体日益多样化，郑州市社科普及在互联网、手机客户端、微信公众号等方面的运用还没有起步，不利于扩大社科普及工作覆盖面和提升关注度、影响力。社科普及作品的创作和宣传也开展不够。整体工作缺乏有影响力的平台和品牌。

（四）队伍和人才建设推进力度不够

在市属社科队伍总体数量和高层次人才数量上，与省会城市地位不相称，与进入国家中心城市行列的其他几个省会城市相比，差距更大。郑州社科院在周边省会城市中人数最少，是武汉社科院的九分之一，研究力量严重不足，市社科联力量也较为薄弱。在基层社科队伍建设方面，郑州与省内外城市差距更大，郑州所有市属县区都没有成立社科联，能够管理的学会只有 12 个，全市还没有建立起社科普及的工作队伍和工作机制，影响着基层社科普及工作的开展。目前，多数省外城市已成立县区社科联，河南省已有 4 个省辖市在县区成立了社科联。在社科人才培养方面，缺乏人才培养规划和培训计划，教学研究骨干培训及社科普及、学会管理工作每年以组织参加省里培训为主，市级培训不多，特别是针对性新知识专题培训缺乏。高端人才和优秀青年人才培养激励措施没有建立。省里和其他省辖市都已连续多年开展优秀社科专家和青年社科专家评选表彰活动，郑州至今还没开展，对优秀社科专家的宣传不够，没有行之有效的激励措施。以至于在省里评选中符合条件的不多，申报的积极性也不高。在学会管理方面，社科联只对所属 12 个学会具有管理职责，对其余 60 多个无法履行业务指导和意识形态管理职责。

（五）社科发展经费投入不够

在社科研究方面，省里和其他省辖市已实施社科规划项目多年，外地省会城市已普遍开展社科规划项目研究工作，都设有哲学社会科学基金，推进重大社科研究项目开展，郑州市一直还没设立实施。在专项经费方面，各类专业培训、人才培养、普及作品创作、重点作品出版、社科普及基地建设、宣传活动开展都没有经费支持，无法举办。对省里按照条例要求设立了社科普及专项资金，但市里向市财政争取资金支持比较困难。对省里要求的咨询服务下基层和社科普及条例规定的工作任务难以按要求完全落实。

三　加快郑州哲学社会科学事业发展的思考

当前，郑州市经济发展处于结构调整阵痛期、增长速度换挡期，全面深化改革处于闯关克难攻坚期，社会建设处于深层次矛盾凸显期，决策需要考虑的因素越来越多，对决策的全局性、前瞻性、战略性、综合性和长期性问题提出了更高的要求，要实现发展目标需要在更大程度上打牢全市人民团结奋斗的思想根基，需要进一步繁荣发展哲学社会科学事业，以更高“含智量”推动改革创新发展，加快郑州国家中心城市建设。

（一）进一步提高认识，切实加强领导

一是制定市委《关于加快构建中国特色哲学社会科学的实施意见》。适应新时代、新任务、新要求，站在深入推进习近平新时代中国特色社会主义

思想的学习研究、宣传贯彻，提升城市人文社科素养，提升决策科学化水平，加快推进国家中心城市建设的高度，进一步提升对社科事业重要性的认识。提出把中央和省关于新型智库建设、优化学术环境、支持社科研究、省社科普及条例等一系列重大部署落到实处的具体措施，做到有举措、有督查、有问责。二是建立完善党委政府重大决策专家咨询制度、意见征集制度、政策评估制度，实施重大课题研究的引导和约束，形成党委政府重视、依靠社会科学发展的机制。三是建立市级社科工作领导协调机构，市委设立社科规划工作领导小组，市政府建立社科普及联席会议制度，形成行之有效的社科工作领导体制和工作推进机制。

（二）加强对改革发展重大问题的对策研究，以更高质量的服务助力郑州国家中心城市建设

建设小康社会的决胜期，也是加快国家中心城市建设、推动郑州大都市区建设的关键期，社科研究要加强组织协调，坚持问题导向，紧紧围绕郑州建设国家中心城市、郑州航空港试验区建设和“四重点一稳定一保证”工作总格局，集中力量联合攻关，通过学术活动、理论研讨、论坛交流等多种形式，开展接郑州“地气”，具有全局性、前瞻性、应用性和针对性的调查研究。要不断提升服务社会的意识和能力，找准理论研究与实际工作的结合点和切入点。按照郑州市委办公厅、市政府办公厅印发的《郑州市社科规划项目管理办法》和市政府通过的《郑州市促进文化事业发展的若干政策》，科学制定社科课题研究规划，坚持质量第一、求精不求多的原则，推动郑州市哲学社会科学研究从数量积累转变到注重质量提高。要按照专业特色，建立发展一批具有郑州特色的社会科学重点研究基地。要加大成果转化力度，探索社科成果报送、进入决策的机制和渠道，精心办好社科学术年会，切实发挥成果的社会效益。

（三）建立推进机制，加强新型智库建设

建立健全党委统一领导、相关部门分工负责的智库组织架构，充实市新

型智库建设协调联络办公室，统筹协调智库总体规划发展、制度机制建设、公共资源配置、项目推进等工作。一是要抓好顶层设计，实施法制化管理。根据智库的基本格局和优势等综合信息，明确其研究解决重大现实问题的导向及其功能定位，以强化科学民主决策、提升城市竞争软实力、加快国家中心城市建设为目标，制定《郑州市新型智库建设管理办法》，支持智库成员积极建言献策，为全市经济社会发展决策提供有力的智力支撑。二是要突出特色，构建郑州智库体系。重点抓好智库品牌专业特色研究、建立高校智库服务地方模式、加大民间智库支持力度、建立智库评价转化机制、健全智库发展的政策保障等工作。第一步可开展试点智库建设。要把推动智库建设和采纳智库研究成果纳入考核体系，推动各级党委政府为智库发挥作用创造良好条件。

（四）建立培养激励机制，为社科事业发展提供人才支撑

建设一支高素质的哲学社会科学人才队伍，是繁荣发展全市哲学社会科学事业的前提和基础。认真贯彻落实中央、省委关于构建中国特色哲学社会科学和加强中国特色新型智库建设的要求，遵循哲学社会科学队伍建设的特点和规律，进一步完善哲学社会科学人才培养和激励机制。要制定实施郑州社科学科带头人培养规划和社科青年骨干人才培养规划，做好哲学社会科学专家库的建设和管理，开展社科优秀专家和青年社科专家评选活动，努力营造有利于哲学社会科学繁荣发展、有利于优秀人才脱颖而出的环境。

（五）坚持重在建设，着力推进社科普及工作开展

用哲学社会科学知识浸润大众的社会文化生活，从而提升人文素养，是哲学社会科学部门必须自觉承担的举旗帜、聚民心、育新人、兴文化、展形象的使命任务。要坚持围绕贯彻落实习近平新时代中国特色社会主义思想，围绕市委、市政府中心工作，围绕广大干部群众关心的热点难点问题，深入开展社科普及宣传活动。河南省社科普及条例，是河南省推进社科普及工作的重大举措，是具有刚性约束的法律遵循，是推进工作的有力抓手。对社科

普及工作开展具有重要推动作用，要加大力度、深入落实《河南省社会科学普及条例》。一是要着力推动县以上人民政府建立由教育、文化、新闻出版广播电影电视、人力资源和社会保障等部门和社会科学界联合会参与的社会科学普及工作联席会议制度，统筹规划、组织协调社会科学普及工作，努力形成大社科普及工作格局。二是要打造社会科学普及周活动品牌，进一步组织好“社科知识大篷车进基层”和“中原大讲堂”活动，在形成合力、拓展宽度深度上下功夫，在提高参与度和影响力上见成效。三是要加大社科普及基地的建设和管理力度，切实发挥示范和辐射作用。四是要制定落实社科普及作品和活动的激励措施，激励广大社科工作者不断推出具有较高思想性、科学性、艺术性和实用性的社科理论作品，不断满足人民群众的精神需求。市社科联要转变工作思路，在“联”上下功夫，打造联合智库、联合推进工作、联合开展活动，工作开展由自我开展转到联合、融合并重上，工作推进由具体实施主体转到顶层设计、牵头抓总、调动全社会参与上，工作平台由主办主干转到搭台共唱上，形成全社会齐抓共管的合力。

参考文献

王霞：《繁荣发展青海省哲学社会科学事业的思考》，《青海社会科学》2016 年第 3 期。

雷猛发：《搞好新智库建设　推进决策的科学化——以广西社会科学院为研究个案》，《沿海企业与科技》2010 年第 12 期。

B.7

郑州市文艺事业发展报告

徐大庆*

摘　要： 党的十八大以来，郑州市文学艺术界深入学习贯彻习近平新时代中国特色社会主义思想，加强组织领导，创新发展思路，牢牢把握郑州文艺工作的正确方向，扎实开展系列主题文艺活动，切实做好文艺惠民工作，文艺事业发展成效显著。本文总结了郑州市文艺事业发展的做法及经验，并提出了深入推进郑州市文艺事业发展的对策及谋划，持续推动郑州市文艺事业的繁荣发展，不断满足人民群众精神文化生活的需要。

关键词： 文艺事业　文化惠民　郑州市

郑州市文艺事业坚持助力高质量建设国家中心城市，充分发挥文联“团结引导、联络协调、服务管理、自律维权”的基本职能，紧紧扭住“中原更加出彩”，始终坚持以人民为中心的工作导向，以出精品、出人才为工作目标，取得明显成效。

一　郑州市文艺事业发展情况

（一）深入开展调查研究

认真组织学习习近平总书记2019年3月4日在参加全国政协十三届二

* 徐大庆，郑州市文联主席，主要研究方向为文艺事业发展。

次会议文化艺术界、社会科学界联组会议上的讲话精神，聚焦高质量繁荣发展壮大郑州文艺事业，采取召开主席团扩大会、春节前看望老艺术家、春节后到各协会调研等多种形式，在编辑《七次文代会资料汇编》、出版《郑州文艺 2018》过程中，广泛听取各界对加强郑州文艺建设的意见建议，确立了“一二三四”原则：一是围绕文联职能，即团结引领、联络协调、服务管理、自律维权；二是突出两个基点，即出人才、出精品；三是打造三个平台，即语言平台（诗歌、散文、小说、戏剧文学）、演艺平台（音乐、舞蹈、戏剧、戏曲、曲艺）、展示平台（绘画、书法、摄影、电影、雕塑、民间工艺）；四是贯彻“四个坚持”，即“坚持与时代同步伐”“坚持以人民为中心”“坚持以精品奉献人民”“坚持用明德引领风尚”。

（二）服务经济社会中心工作

2019 年 4 月 4 日上午，己亥黄帝故里拜祖大典——全球华人书法绘画邀请展在升达艺术馆开幕。展览着眼弘扬民族文化，歌颂黄帝故里，以“同根同祖同源和平和睦和谐”为主题，共展出国内及海外著名华人书画家的作品 147 件，表达了华夏儿女对世界和平的祝福，在弘扬中华优秀传统文化、丰富拜祖大典形式内容方面增色添彩，得到海内外华人的广泛支持认同、广泛参与赞誉。4 月 4 日下午，2019 己亥年第五届“根亲中国”微电影大赛颁奖礼在河南省艺术中心如期举行。“根亲中国”微电影大赛是黄帝故里拜祖大典的重要系列活动，以根亲文化、亲情文化、人间大爱、家乡情怀为主题，面向全世界华语电影人征集作品。从 2015 温暖起步，到 2019 繁花似锦。五年来，大赛共征集作品 6000 余部，从天山大漠到胶东半岛、从祖国大陆到香港、台湾地区，透过光影，展示了一个温暖的中国、一个壮美的中国、一个充满希望的中国！

（三）文艺活动不断呈现

2019 年 1 月 15 日，作为市文联“向人民汇报”系列展演活动的重要部分，2019“出彩郑州”雕塑作品展在郑州升达艺术馆开幕。展览作品体现了更加出彩境界、改革发展新貌、中原风土人情，展现了魅力河南的新状态、出彩郑州的美形态、中原儿女的好姿态，既是一次雕塑名家作品荟萃的盛宴，也是一次发现培养雕塑后起之秀的检阅。1月22日，“出彩郑州”全国第五届中国画线描艺术展在升达艺术馆开幕。本次展览经评审委员会初评、复评严格甄选，最终评出238件作品入选，其中57件为加入中国美术家协会资格作品。展出的作品中，既有写实风格，又有表现性写意风格，既有展现中国传统绘画功力、以线勾勒的“十八描”，也有探索西方抽象派绘画技艺、展现情绪和节奏的新线法，题材广泛、主题鲜明、格调高雅，代表了中国线描艺术创作的最高成就和最新成果，展现了新时代美术工作者继承和弘扬优秀传统文化、巩固和创新中国绘画精神的崇高文化理想和美好艺术追求。

（四）品牌活动相继启动

2019年3月6日上午，“向人民汇报——省会油画名家作品展”开幕式暨“2020郑州影像双年展”启动仪式在升达艺术馆举行。本次展览主题为“守望共同家园”，该主题是前两届郑州影像双年展（郑州市人民政府、中国摄影家协会共同举办的2016、2018“中国国际摄影艺术节·郑州影像双年展”主题——从东方出发、与新时代同行）主题的延续，也是构建“人类命运共同体”的延伸，希望在全球化视域下的今天，通过2020郑州影像双年展，超越地域文化的羁绊，用影像建构和而不同的人类视觉艺术共同体，守望我们共同的家园。征稿启事发布后，得到海外媒体——美国捷讯网、阿根廷华通网、北美新侨网等广泛转载。3月22日，首届“北京国际艺术高峰论坛”（简称北京艺术峰会）在798艺术中心盛大开幕。郑州市文联、郑州文投的同志应邀出席首届“北京国际艺术高峰论坛”开幕式，并参加为期三天的主题论坛及专题论坛。

（五）文艺志愿者活动积极踊跃

2018年春节期间，县市两级文联积极踊跃开展“红色文艺轻骑兵”送欢乐、下基层活动，市文联组织书法家、美术家、民间艺术家、音乐家、戏曲家，先后到港区三官庙办事处教场王村等驻村点、市委市政府机关、街道社区、警营村镇开展义写春联和送万福进万家等活动，参加郑州市2019年科技文化卫生“三下乡”集中示范活动启动仪式。各县（市）文联组织多支“红色文艺轻骑兵”开展丰富多彩的戏剧、书法、美术进乡村进街道志愿服务活动，举办“放歌新时代、雅乐迎新春”音乐会、扶贫扶志迎新春文艺晚会，受到群众普遍好评。清明节期间，郑州市文艺志愿者协会开展“我们的节日·清明节唱红歌缅怀先烈歌颂祖国弘扬志愿精神”志愿服务活动。

二　2019年郑州市推动文艺事业发展的重点

2019年是决胜全面建成小康社会的关键之年，也是各项工作落实之年，我们要持续深化学习贯彻习近平新时代中国特色社会主义思想，紧紧扭住“中原更加出彩”的实践要求，按照“围绕一个职能、突出两个基点、打造三个平台、贯彻四个坚持”原则，深入生活、扎根人民，着力推动郑州文艺更加出彩。

（一）围绕一个职能，即文联职能

1. 充分发挥文联职能

围绕文联职能，即团结引导、联络协调、服务管理、自律维权，把握正确文艺工作方向，团结引导广大文艺工作者坚持以人民为中心的创作导向，弘扬社会主义核心价值观，加大人才培养力度，推动文艺精品创作，积极开展文艺活动和文艺惠民活动，为繁荣发展郑州文艺事业做出积极贡献。

2. 突出文艺工作创新

注重把新科技、新手段、新模式运用到文艺创作展示中，认真研究“互联网＋文联”的具体方式方法，全面展开市县两级文联文艺信息数据库建设工程，建立全市文艺家网上资料数据库、专家库，提高行业管理水平。强化“两微一端”等新媒体评论阵地建设，充分运用好郑州文艺网和公众号功能，紧紧抓住《小小说选刊》《百花园》等主载体，及时收集整理市、县两级文联和文艺家协会组织创作交流方面的信息资料，在汇总丰富郑州文艺数据库的同时，积极在各级各类媒体上传播郑州文艺声音。

3. 深化文联改革

以郑州市委批复的文联改革方案为抓手，通过深化改革，拓展文联基本职能，优化文联组织体系，改进文联干部队伍管理，使文联的联系范围更加广泛，服务管理能力显著提升，对网络文艺和新文艺群体的影响力显著扩大，在文艺行业建设中的主导作用显著增强，政治性、先进性、群众性更加突出，组织活力、向心力、吸引力和行业影响力不断提高，形成有利于多出精品、多出人才、多出品牌的体制机制，把文联组织建设成为覆盖面大、凝聚力强、温馨和谐的文艺工作者之家。推动成立区级文联组织（含郑东新区、经开区、航空港区、高新区），支持行业文联和产业文联建设，探索成立乡镇、街道组织。

（二）突出两个基点，即“出人才、出精品”

文艺精品创作和人才培养是文联工作重中之重，郑州市文联要当好党和政府联系广大文艺工作者的桥梁纽带，切实履行文联职能，最大力度团结引导广大文艺工作者扎根人民、扎根生活，坚持多出人才、多出精品，创作出更多思想性、艺术性、观赏性俱佳，为人民群众所喜闻乐见的精品力作。要大力发展会员、注重培训会员，将人才培训、作品研讨、项目扶持等统筹起来，共同推进人才培养工程。要着力整合郑州文艺创作资源，搭建文艺名家在郑州创作、交流、研究的平台，凝聚并形成有利于出精品、出人才的创作局面和整体实力。组织符合条件的文艺领军人才、中青年文艺骨干人才、新文艺群体拔尖人才申请认定郑州市高层次人才，符合条件的文艺类人才可按规定申报“郑州文艺名家”。

（三）打造三个平台，即郑州文艺语言、展示、演艺三个平台

站在新中国成立 70 周年的时间节点上，深刻反映 70 年来党和人民的奋斗实践，深刻解读新中国 70 年历史性变革中所蕴藏的内在逻辑，用中国理

论解读中国实践，用中国话语讲好中国故事、讲好中原故事。将集全市文艺工作者之力，努力打造三个平台，为郑州国家中心城市文化建设梳理出一个能够看得见、摸得着、能体验的文化工程。

1. 语言平台（诗歌、散文、小说、戏剧文学）

重点办好文学创作笔会，通过一个郑州故事或者几个故事来梳理郑州的历史文脉，讲述商都文化，讲述德化街商人和艺术家、文学家的故事；把历史上的名人轶事融入进去，将杜甫、白居易、刘禹锡、李商隐等唐诗文化巧妙地融合在一起，把城市及其周边的物产，比如特产、美食、非遗等，一起融入进去，变成植入产品，让文化贯穿郑州历史的核心内涵，进一步明晰郑州“文化传承，彰显特色”的文化形象定位，创意标志性的郑州文创综合体，形成郑州文化的新地标。市、县两级文联要团结带领全市文艺工作者。借助郑州充分发挥“区位＋枢纽”的优势，着力打造“空、陆、海、网”丝绸之路的大好机遇，充分挖掘、传承、弘扬郑州历史文化资源，结合社会发展，赋予其新的时代精神和内涵，坚定文化自信，找准构筑文艺高峰的导航仪和坐标系，凝聚发挥以郑州为中心的文艺力量，成为中国文艺中部输出的中坚力量。

2. 展示平台（绘画、书法、摄影、电影、雕塑、民间工艺）

借助郑州影像双年展和郑州设计周等重大活动，塑造郑州的美化系统，打造郑州文艺品牌，将郑州文艺的特色亮点推向世界。借助“根亲中国”微电影大赛，打造郑州主题微电影，把最能够代表郑州的元素做成系列微电影，传播郑州正能量。同时，积极推动金鸡百花电影节申办工作、市第九届美术作品展、书法“兰亭奖”大展、市第十一届摄影艺术展等。

3. 演艺平台（音乐、舞蹈、戏剧、戏曲、曲艺）

以市级各文艺家协会主题展赛为牵引，积极推进第二届“向人民汇报”主题展演活动、戏曲“梅花奖”大赛、“金钟奖”音乐大赛、“嵩岳奖”舞蹈创作研讨比赛、“木兰奖”杂技大赛、“月季奖”民间文艺精品展赛等活动。发挥音乐家、戏剧家、杂技家、民间艺术家、曲艺家特长和优势，积极参与和融入郑州经济夜生活，更好地展示郑州的中原文化魅力，持续打造彰显中原文化特色的文艺品牌，为国家中心城市建设增色添彩。

（四）贯彻四个坚持，即习总书记提出的文艺工作“四个坚持”

1. 坚持与时代同步伐

“文变染乎世情，兴废系乎时序。”文艺工作是时代前进的号角，最能代表一个时代的风貌，最能引领一个时代的风气。文艺创作要以扎根本土、深植时代为基础，立足中国特色社会主义伟大实践，才能把握时代脉搏，聆听时代声音，回答时代课题。我们广大文艺工作者要坚持与时代同步伐，围绕迎接新中国成立70周年、全面建成小康社会等重大主题，聚焦精准扶贫、郑州国家中心城市建设等重大战略，加强创作规划和选题策划，集中推出一批讴歌党、讴歌祖国、讴歌人民、讴歌英雄的优秀作品，为时代画像、为时代立传、为时代明德。

2. 坚持以人民为中心

“为谁创作、为谁立言”的问题，可以说是文艺工作的根本问题。正如习近平总书记在文艺工作座谈会上所说的三句话：人民需要文艺、文艺需要人民、文艺要热爱人民。要持续深入扎实开展“深入基层、扎根人民”主题实践活动，不断引导广大文艺工作者深入生活实践，深入农村社区、革命老区和生产建设一线采风，从人民群众的伟大实践和丰富多彩的生活中汲取营养，为人民群众提供更好更多地精神食粮，满足人民对美好生活的新期待。加强优秀文艺家和文艺作品的网上推介及网上评论，倡导转作风、树新风，用健康和具有正能量的文艺作品占领网上文艺空间。推动成立郑州文艺评论专业委员会，积极发挥文艺评论引领作用，发挥文艺评论的批评功能，抵制文艺创作的低俗趣味、庸俗做法和媚俗倾向。努力加强对重点文艺作品、文艺现象的评论引导，开展网络文艺评论，催生精品力作，推出优秀人才。

3. 坚持以精品奉献人民

要引导广大文艺工作者聚焦到郑州深厚的历史文化底蕴和当前加快国家中心城市建设的火热实践上来，创作生产一批具有本土特色的风格，具有全国影响力的文艺精品。要持续加大对文艺名家和优秀文艺作品的宣传推荐力度，鼓励支持名家、大家踊跃到省级和国家级层面乃至国际舞台上登场亮相。要继续举办好郑州影像双年展、郑州设计周、“根亲中国”徽电影大赛、“一带一路”郑州国际电影交流展，以及“牡丹奖”曲艺大赛、戏曲艺术进校园、原创音乐大赛等文艺精品的展演展示和宣传推介，持续开展廉政小小说、党徽闪耀中原、喷空等一系列有特色有声势有影响及引导性示范性较强的重大主题文艺活动，持续办好《小小说选刊》优秀作品颁奖及研讨会等系列活动，力争在更大范围、更高平台发出郑州文艺的声音，叫响郑州文艺的品牌。

4. 坚持以明德引领风尚

习近平总书记指出，文化文艺工作者肩负着启迪思想、陶冶情操、温润心灵的重要职责，承担着以文化人、以文育人、以文培元的使命。要引导广大文艺工作者自觉践行“爱国、为民、崇德、尚艺”文艺界核心价值观，自觉遵守《中国文艺工作者职业道德公约》和行业自律公约、守则，做有信仰、有情怀、有担当的文艺工作者，坚守高尚职业道德，自尊自重、自珍自爱，讲品位、讲格调、讲责任，以高远志向、良好品德、高尚情操为社会作出表率。市、县两级文联都要加强文艺工作中的意识形态工作尤其是网络意识形态工作，引导广大文艺工作者坚持马克思主义文艺观，确保文艺界的思想修养、道德水准，文艺作品创作的价值取向，以及文艺活动的服务对象和作品格调，符合新时代的历史方位，符合文艺界承担的使命任务。要始终坚持弘扬主旋律、追求真善美、倡导正能量，无论是接受采访、讲话讲课，还是展览前言序言的表述，都要细心谨慎，既不能有违反规定的说法，又不能有违反中央精神的言论，绝不能在“为谁代言、为谁服务”上出问题。

参考文献

白烨：《文艺新时代的行动新指南——习近平文艺论述的总体性特征探悉》，《中国当代文学研究》2019 年第 5 期。

杜淑菁：《习近平文艺育德思想探析》，《理论观察》2019 年第 6 期。

热 点 篇

Hot Topics

B.8

国家中心城市背景下郑州城市文化主题建设研究

蒋丽珠　李　毅*

摘　要： 郑州建设国家中心城市需要有鲜明的城市主题文化。应该在尊重郑州的自然环境、历史文化、地域特色和现实发展等资源基础上，提炼出特质资源，而后确立郑州的城市文化主题。建议将“天地之中·华夏之源·大河之魂”作为郑州的城市主题文化，并建议围绕此主题开展国家中心城市的文化建设。在城市主题文化确立之后，还有城市主题文化功能的培养、城市主题文化视觉符号建构、城市主题文化传播体系构建等一系列工作需要去进行。郑州城市主题文化建设是一个复杂

* 蒋丽珠，郑州师范学院副校长，教授，博士，主要研究方向为教育学和河南地方文化；李毅，韩国庆尚国立大学在读博士，主要研究方向为经济伦理学。

而系统的工程，需要政府部门、全体市民、市域外关心郑州的人士的共同努力。

关键词： 城市主题文化 国家中心城市 郑州市

随着城市竞争的加剧，很多城市都在积极推动主题文化的建设，坚持以鲜明的主题文化引领城市的发展，如“东方休闲之都，生活品质之城”的杭州，“帆船之都”青岛，“盛唐文化”西安，“三城三都”成都等都以鲜明的城市文化主题来提升城市文化软实力。但是，也有更多的城市因为忽略了城市文化主题建设，导致城市建筑、城市文化同质化的现象突出：林立的高楼大厦，千篇一律的城市面孔，不断地挤压着城市原有的灵魂，也让城市的个性不断丧失。这种状况，让市民在心理上越来越找不到归属感，让外来者对这个城市的辨识度不断降低，更为严重的后果是城市因为缺乏文化特色而导致城市核心竞争力的下降。实践证明，鲜明的城市主题文化，对内将提高城市的综合实力，带来良好的社会效益和经济效益，对外将全面提升城市形象，增加城市的文化辐射力、竞争力和影响力。郑州市近年来高度重视城市主题文化建设，城市文化形象日益凸显，但是也存在主题不明确、文化特色不清晰等问题，在国家中心城市建设背景下，加快推动城市主体文化、塑造特色文化形成刻不容缓。

一 郑州建设国家中心城市应有明确的城市主题文化

国家中心城市建设是国家战略。2007 年，《全国城市核心体现规划（2006～2020 年）》就明确指出：“国家中心城市是全国城镇体现的核心城市，在我国的金融、管理、文化和交通等方面都发挥着重要的中心和枢纽作用，在推动国际经济发展和文化交流方面也发挥着重要的门户作用。”这说明了国家中心城市在全国城市序列中处于顶尖地位。

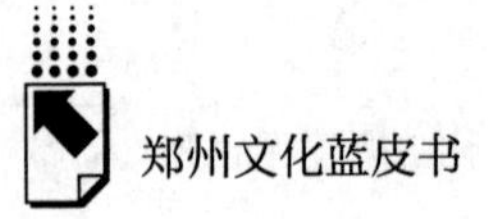

（一）郑州城市主题文化建设刻不容缓

近年来郑州城市快速发展，城市建设取得的成绩全国瞩目。2017 年国家发改委出台的《关于支持郑州建设国家级中心城市的指导意见》，形成了国家层面支持郑州建设国家中心城市的政策体系。对郑州来说，这是具有里程碑意义的大事件，标志着郑州的发展站在了新的历史起点上，开启了向全国乃至全球城市体系中更高层级城市迈进的新历程。郑州建设国家中心城市，肩负着国家战略的使命。2019 年中共河南省委出台的《河南省人民政府关于支持郑州建设国家中心城市的若干意见》明确提出郑州国家中心城市建设的“三中心一枢纽一门户”的定位（即打造国家重要的经济增长中心、打造极具活力的创新创业中心，打造华夏历史文明传承创新中心，打造国际综合交通和物流枢纽，打造内陆地区对外开放门户）。郑州作为国家中心城市，在这一定位下，将引领中原城市群发展，引领郑州大都市区建设等。

在郑州国家中心城市建设的诸多工作中，城市主题文化建设是以主题文化来统领城市经济和文化规划等，使城市建设围绕同一个主题来展开，彰显城市个性，提升城市形象，提升城市的核心竞争力，增强城市的软实力，是推动国家中心城市建设的重要抓手和不可缺少的环节。郑州建设鲜明的城市主题文化，需要对郑州城市特质资源准确定位，即将郑州的自然景观、社会环境、建筑风格、经济形态、文化形态和管理形态等进行充分提炼，使之变成一种显性化的特质资源，然后根据这种显性特质资源确立城市主题文化或者城市文化的主题性。

要对郑州城市特质资源定位，需要先对郑州这个城市历史和现状有所了解。郑州这座城的兴起，与近代以来的铁路建设有关。1904 年，清廷在郑州建立了卢汉铁路中段甲等业务站——郑州站。1906 年，京汉铁路正式开通，郑州因铁路建设从一个小小的郑县变成郑州这个“火车拉来的城市”。20 世纪 50 年代京广铁路和陇海铁路全线通车奠定了郑州全国交通枢纽的地位。对郑州城市发展影响大的还有轻工业，尤其是纺织业。20 世纪 50 年代后期，由于国家经济战略发展需要，郑州成为国家纺织工业的重镇。为了发展以纺织业为主的轻工业，大量的技术人员和工人纷纷从外地来到郑州，让郑州成为著名的纺织城，也成为著名的移民城市，郑州的纺织业也为国家经济发展做出了突出贡献。20 世纪 90 年代初，伴随全国商业大潮，二七广场周边的大型商场——亚细亚、华联商厦、商城大厦、郑州百货大楼等展开了激烈竞争，郑州的商战闻名全国，郑州成为名副其实的“商城”。纵观 1906 年到 20 世纪 90 年代，郑州城市发展是围绕着铁路、纺织业、商业进行的，郑州的城市主题文化都是自发形成的。当时城市的地标是火车站、德化街、二七塔、几个国棉厂等。总体上看，城市属于功能性城市，城市空间变化也不是很大，整个城市着力于经济发展，不太重视城市文化建设，致使郑州虽有特色但主题文化并不突出。这使郑州给许多人的印象是一个没有文化、城市历史短暂的城市。

但是，事实并非人们原来印象中的那样。实际上，郑州不仅是一个有文化的城市，而且是一个历史文化非常久远和深厚的城市。当代考古学、文献学和历史文化研究等一系列研究成果的出现，还原了郑州的历史真面目，提供了重新认识郑州的视角：考古学家在郑州陆续挖掘出商代早期的都城——亳都，这一重大发现改变了人们认为郑州没有历史文化的偏见；从 20 世纪 90 年代开始，随着专家们对中原文化研究的深入，人们对郑州城市历史的认识也不断加深。现在，学界基本在如下问题上达成共识：郑州地区是中华文明的主干——华夏文明发源地的核心区域，如考古学家在郑州发掘出的古代大型遗址除了商代遗址外，还有西山古城遗址、大河村遗址、小双桥遗址等，这些考古成果包括了从旧石器时代到新石器时代再到夏商周时代各种考古类型的遗址。通过历史文献和史料的整理研究，郑州历史上五次为都八代为州的辉煌历史逐渐浮出水面。2008 年，由郑州市社科联和郑州市社会科学院出面组织，河南人民出版社出版的《郑州历史文化系列研究丛书》对郑州历史文化资源的挖掘整理，可以更全面认识郑州在华夏文明乃至中华文明中的地位。此后的 11 年间，关于郑州历史文化研究成果不断出现。这些研究成果也推动了郑州文化的发展，2010 年，登封“天地之中”历史建筑群申遗成功，2014 年大运河通济渠郑州段申遗成功，2016 年郑州有关东赵遗址的重大考古发现等，再次让世人认识到郑州这座城市历史文化厚重和文化价值的宝贵。

从 20 世纪末至今，随着全国城市化进程，郑州也快速进入城市化发展。到 2018 年，郑州人口达到了 1000 万人，城市面积扩展到 7446 平方千米。按照我国官方划分的城市人口达到 1000 万人即为“超大城市”这个分类标准，郑州已经跨入特大城市行列。郑州城市人口急剧增加和城市面积不断扩张，使郑州原有的人口结构和城市空间发生了巨大变化。在这样的大背景下，如郑州原有的“纺织城”“二七名城”“绿城”“商城”等名称都不再能够概括郑州的发展实际情况，更不能揭示郑州发展的发展方向和前景。同时，郑州与国内很多大城市一样，城市发展也一定程度上面临和存在着城市同质化的矛盾和困境。越盖越高的城市建筑毫无个性地矗立在天空，让这个城市越来越找不到天际线；小区的名字越来越洋气，小区的建筑风格也在不断追求异域风格，特别是西方风格——法国、西班牙、英伦、意大利……住进这样的小区，感觉走进了另外一个国度。整个城市仿佛都在国际化，其实造成的结果是城市个性的丧失，市民对城市的认同感越来越低。郑州以外的人对郑州的辨识度也越来越差。从长远看，城市个性的丧失将会降低城市的文化软实力和经济硬实力，最终会降低城市的核心竞争力。

郑州建设国家中心城市，建设郑州大都市区，承担国家赋予的经济使命和文化使命，就不能没有一个能够引领城市发展城市主题文化。如果再考虑郑州与周边城市的联动关系，如郑汴洛一体化、郑新一体化等，特别是郑州大都市区建设，更要求郑州通过鲜明的城市主题文化来引领城市的建设和发展。

（二）郑州该如何确立城市主题文化

确立郑州城市主题文化，首先，应该尊重这个城市的历史。前面提到的一系列考古学、文献学和历史文化学研究的重大发现，是确定郑州城市文化主题不能不考虑的。中国的正史从黄帝开始，郑州的新郑是黄帝的出生地、建都地，考古学上的西山遗址据说是黄帝的都城之一，登封的阳城是夏代大禹的都城，郑州城区的商代遗址亳都是商代早期都城，周朝实行分封制，在郑州的封国有管、祭、虢、郑……可以说，中华民族每一个阶段的历史里，都有郑州的身影。其次，要尊重郑州的现当代文化。从城市本身的历史看，近代以来的郑州历史对城市发展的影响更大些，如百年德化街、二七塔、几个棉纺厂等已经成为城市的地标，早已被市民和外地人所认同。郑州近十几年发展中也有一些逐渐被认同的文化事项，如中原福塔、千禧广场等成为郑州新地标，正在被市民所熟悉和认可。郑州市委市政府这些年为了郑州文化发展倾力打造和建设的一些文化园区、文化景观、文化名片等，都影响着郑州文化主题的确立。再次，要考虑城市发展的战略需要。国家中心城市在我国城市发展中具有重要地位，影响力大，具有示范性、带动性、引领性作用，所以，郑州城市主题文化的确立也需要从国家城市发展战略去考虑，即郑州在国家中心城市中的经济、政治、文化等多方面的功能。最后，郑州文化资源具有复杂性，其复杂性现实决定了郑州主题文化需要对多种文化资源进行整合，需要对郑州现有主要文化要素进行提炼和凝聚之后才能最终确定哪个应该成为郑州的主题文化。

二　依托资源优势确立城市主题文化

一个城市主题文化的确定并不是某个人主观想象出来的，而是根据该城市所拥有的特质资源决定的。这样的特质资源应该涵盖这个城市的自然地理、文化底蕴、民风民俗、产业特色、大型活动等多方面内容。具体到郑州而言，确立城市主题文化需要提炼郑州的特质资源，以宏大的视野和更开阔的思路来看待郑州在整个中国乃至世界文化中所代表的形象、所肩负的文化使命，而后才能以稳定的城市主题文化、鲜明的城市文化空间及丰富的城市文化载体来推进郑州国家中心城市的文化建设。郑州的特质资源包括郑州华夏文明重要发源地之一的历史，郑州作为八大古都之一的历史，郑州的近现代发展史上纺织城、商城、二七名城的近现代历史，郑州历史上居天下之中的地理位置和综合交通枢纽地位，郑州在黄河文明中核心地位的文化属性，郑州在国家中心城市建设中的城市序列站位，等等，都属于郑州的特色资源。

（一）“天下之中”的无可取代的地理位置优势

从地理位置看，郑州位于中华腹地，九州之中，十省通衢，八方辐辏。这里不仅是古代的陆地和水上交通枢纽，也是近现代以来铁路、陆路交通枢纽。今天的郑州，是国家铁路、公路、航空、通讯综合交通枢纽，具有贯通东西、连接南北的战略作用。正是这样的地理位置，让历史上的郑州曾经多次成为国都，成为当时国家的政治、经济和文化中心。近现代以来至今，郑州的地理位置也是独一无二、无可替代的。从文化上看，天地之中凝聚了中国人的宇宙观、政治观、价值观、民俗观等、都体现了以“中”为核心的理念。世界文化遗产“天地之中历史文化建筑群”也是独一无二的。天地之中的“中”字，也与郑州（河南）地方文化如民俗、语言、处世态度等有密切的关联度。基于上述原因，应该以“天地之中”作为郑州城市主题文化的一个组成部分。

（二）华夏文明之源的源头优势

以“华夏之源”——华夏文明的源头作为郑州城市主题文化的一部分，是强调郑州这座城市的文化渊源具有厚重性特点。郑州是华夏文明的重要发源地之一，郑州现有的历史文化遗产多与此有关。中国最古老的村落在郑州，中国最古老的城池在郑州，中国最古老的王都在郑州，中国最引人骄傲的文明标志——丝绸、瓷器最早遗存在郑州。历史上，从旧石器到新石器，从游牧穴居到聚落城池，从农业形成到行业分工，从城邦国家到一统王朝，郑州完整经历并参与创造了这一文明的历史进程。悠久的历史积淀了郑州灿烂的文化，黄河文化、嵩山文化、少林文化、姓氏文化在这里交相辉映；黄帝故里、商城遗址、中岳嵩山等人文自然景观名扬四海。郑州地区不仅是华夏文明起源与形成的核心地区，也是中国城市文明最早走向繁盛的核心地区，是华夏文明的核心区域。郑州现有的文化遗产不仅数量较多，价值也较高，是中华文明早期文化的历史见证。从现实基础看，从 2011 年中原经济区上升为国家战略后，河南为华夏历史文明传承创新区建设做出了很多实实在在的工作，郑州市委市政府也为倾力建设华夏历史文化传承创新核心区做了很多工作。经过上述努力，以华夏之源作为郑州主题文化的组成部分是顺理成章的。

（三）大河之魂的黄河文明核心地位

在中国很长一段历史上，“河”是黄河的专属名称。黄河是母亲河，是中华文明的摇篮。郑州是真正体现和凝聚了黄河文化之魂的城市，郑州的地理位置没有哪个城市能取代。郑州位于黄河中、下游之交，具有独特的地理位置，它是华北平原的轴心，又是千里黄河的起点。相比之下，黄河上游的兰州、下游的济南这两个省会城市与黄河文化的关联度就不如郑州。从某种意义上，黄河文明是郑州城市形成与发展之魂。黄河沿岸有数量众多的城市，而能够代表中国黄河文化、又具有适当黄河地理位置的只有郑州。郑州城市的发展历经 3600 余载，城址不移、人脉不息，是当今世界城市群中年龄最长的城市，在世界城市发展历史上的也是绝无仅有的。郑州历史上从没有离开过黄河的滋养，无论是在资源赋予上，还是在文化的形成中。郑州是黄河中下游分界区，是“悬河”的起点，是黄河文明的发源地与文化核心区。因此，无论从黄河自然景观，还是从历史文化渊薮来看，郑州都是一座名副其实的黄河之城。可以说，郑州是一座承载了数千年中华文明，也是承载了母亲河文明——黄河文明、能够彰显大河之魂的城市。黄河也是郑州重要的文化资源，对郑州文化产业与旅游产业发展都具有极大现实意义与开发价值。因此，以“大河之魂”作为郑州城市文化主题的一个重要组成部分，也是尊重郑州城市的黄河文化属性。以上几点是郑州最重要的特质资源，概括起来说，就是三个字：中、源、魂。

三　建议将“天地之中 · 华夏之源 · 大河之魂”作为郑州城市主题文化

郑州应该确立“天地之中 · 华夏之源 · 大河之魂”的主题文化，城市文化建设也应在中、源、魂三方面做大文章，以“天地之中 · 华夏之源 · 大河之魂”作为郑州城市主题文化，既体现了郑州在国家中心城市建设中所承担的经济功能，还体现了郑州在中华文化中的地位和价值。

（一）以“天地之中 · 华夏之源 · 大河之魂”为郑州主题文化的理论支撑

以“天地之中 · 华夏之源 · 大河之魂”作为郑州城市主题文化，不仅可以体现郑州的区位优势、资源优势、文化优势、产业优势、人口优势等，还考虑到其能够涵盖郑州的现有和将来的发展空间及时间。

1. 从城市市域看“天地之中 · 华夏之源 · 大河之魂”

从宏观方面看，郑州城市空间可以用三个同心圆——主城区（中心城区）、郑州辖区、郑州大都市区来包括，以“天地之中 · 华夏之源 · 大河之魂”作为郑州的城市主题文化也能体现郑州文化建设的连续性。

郑州的主城区，也就是原来行政规划的几个老城区，主要是指金水区、二七区、管城回族区、中原区、惠济区、上街区。这是郑州近现代以来城市发展的核心区。需要说明的是，在现有主城区内有一些古代遗址，如商代都城遗址、西山遗址、大河村遗址、东赵遗址等大部分都被埋在地下。目前在现有主城区能看得到的主要是近一百多年的历史文化，其中代表性的地标有百年德化街、二七塔、几个国棉厂等。可以说，主城区既有古代郑州的城市文化积淀，又有近现代以来的城市发展历程留下的痕迹和明显的地标。

郑州辖区主要是指郑州所辖的巩义市、登封市、新郑市、荥阳市、新密市、中牟县和郑州新区（含郑东新区），国家级高新技术产业开发区，国家级经济技术开发区，国家级综合保税区，国家级航空经济综合实验区。郑州现在享誉全国和世界的重要历史文化遗产及重要的自然景观多分布在这里，如新郑有黄帝故里、郑韩故城等，登封有嵩山、有天地之中历史建筑群等，新密有黄帝宫等，荥阳有鸿沟等楚汉文化遗址等，中牟有列子文化等。能够支持郑州“天地之中·华夏之源”城市文化主题的资源大部分分布在这里。

郑州大都市区是指以郑州为核心，包括郑州市域，开封、新乡、焦作、许昌四市中心城区，巩义市、武陟县、原阳县、新乡县、尉氏县、长葛市、平原城乡一体化示范区。郑州大都市区土地面积约1.59万平方公里，占全省土地面积的9.6%，集聚了全省近20%的人口和超过30%的经济总量，是中原城市群中经济实力最强、发展速度最快的区域，是新亚欧大陆桥经济走廊上最具发展活力的区域。郑州大都市区不仅内部经济关联度大，在文化上大多受到黄河文化的滋养，都有黄河文化的属性。支撑起郑州城市文化主题的“大河之魂”主要分布在这里。

郑州市区、郑州辖区、郑州大都市区这三个同心圆可以共同承载郑州的城市主题文化——“天地之中·华夏之源·大河之魂”。

2. 从时间轴看“天地之中·华夏之源·大河之魂”

从时间轴看，用“天地之中·华夏之源·大河之魂”可以涵盖郑州历史文化发展脉络。中华文明肇始于黄帝，从黄帝文化到近代、现代和当代，郑州每个阶段都有考古学和文献学、文化学支撑。黄帝文化、夏代文化、商代文化、周代文化、战国文化、魏晋文化、北朝文化、隋唐宋明清文化，一直到近代、现代和当代，郑州文化不绝如缕，文脉从未有断绝过。将“天地之中·华夏之源·大河之魂”作为郑州城市文化主题，能够折射出中华文明五千年历史文化，让郑州在中华文明中的重要地位更为突出，更有利于让郑州成为中华文化与世界各国文化重要交流平台和代表中华优秀文化“走出去”的重要窗口。

3. 从城市空间整体性看“天地之中·华夏之源·大河之魂

城市空间是城市文化构成的重要组成部分。城市空间整体性地反映了城市的文化品质、精神风度、历史演化和生活方式。按照此理念，“天地之中·华夏之源·大河之魂”是一个最能够符合郑州历史发展实际，也能够

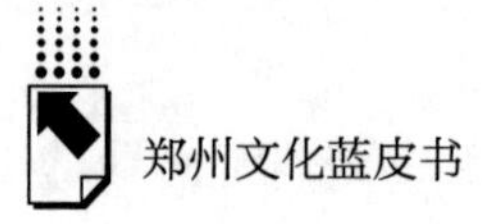

适应郑州城市发展方向的，还是一个最有可能为郑州市民所认同的、能得到国内外各界人士普遍认可的城市主题文化。推动“中·源·魂”真正成为郑州城市文化主题，还要看它们被认可城市的主体——郑州人认识的程度。一个城市文化主题的确立需要充分征集来自城市各阶层包括政府、知识界、文化界、市民、工商界等的意见和建议，需要获得这个城市绝大多数人最大限度的认可。为了达到这个目的，也需要进行各种大规模的社会调查，包括征集市民意见的网上调查、在互联网上向全国各地网民进行调查、组织行内专家进行咨询和讨论等。只有经过调查之后，将调查结果进行分类总结，才能将调研结果报呈郑州市委市政府、河南省委省政府，并在征得市委市政府同意之后，再通过对一系列信息反馈的分析，不断修正原有的提议等工作程序，再真正确定郑州的城市文化主题。

（二）郑州城市文化主题建设要有社会各界参与

城市主题文化的确定，只是城市文化主题建设的第一步。正如前面反复强调的那样，城市文化主题建设是一个复杂而系统的工程。第一，它涉及多个行业、多个领域，如城市管理学、城市规划学、城市建筑学、城市社会学、城市发展学、文化学、历史学、文化地理学、旅游学、艺术学、传播学、统计学、文化产业等。第二，城市文化主题建设不是靠单纯的学术研究就能做到和完成的，必须有广大市民的积极参与，有关心郑州发展的人士提供良好的建议。第三，也是更重要的，必须由市委市政府在战略性思考中来制定宏观规划，才能具体实施。第四，具体实施时，需要在市委市政府统一领导下，市政府各个职能部门的积极配合下才能完成。第五，要看到城市文化主题建设的过程不是单线型和直线型的，也不是一次能够完成的，而是需要一个长时间的规划、培育、宣传和传播的过程。在确定了城市文化主题之后，城市文化主题建设战略还有以下任务要去完成：城市主题文化功能培育、城市主题文化视觉识别、城市主题文化沟通传播等。

为此，要促进郑州城市文化主题功能培育。从城市文化定位出发，加强城市文化主题功能支持体系的建设，主要包括建设主题文化功能区、产业功能区、商业功能区、旅游功能区、教育功能区、行政管理区等。政府在城市文化主题建设中具有无可取代的地位，因为城市各个功能区的划分，主要是由政府出面组织和引导，要由市政进行统一规划。但是政府的规划又是在科学规划并充分尊重市民意见的基础上进行的。

同时，也要推动城市文化主题视觉识别系统建设。主要是指主题城市标志设计及其延伸、主题城市标志性景观、主题公共基础设施等。城市主题文化视觉识别系统主要是指那些给人第一印象的城市建筑、城市标志物、城市主题公共设施等。要知道，人类信息的83%来自视觉。如二七塔一直是郑州市标志性的建筑，郑州也因此有了二七名城的称号。早些年的郑州人和到郑州来的外地人总是把郑州与二七塔联系起来。但是由于城市发展，二七塔逐渐淹没在周边不断新建起的高楼大厦之中，郑州与二七塔之间的关联度也因此在不断减弱。这些年新建的中原福塔、“大玉米”等也被认为是郑州的标志性景观，但是这样的标志景观能不能得到认可，会不会被更高更新的城市建筑所取代，还有待时间来验证。城市的公共基础设施如广场、火车站、汽车站、街心公园、公交站、公共厕所等是城市视觉系统的一部分，这些公共设施的建设就要与城市主题文化视觉识别系统保持一致。总之，建设鲜明的郑州城市主题文化，使之适应郑州国家中心城市建设背景，需要政府部门、全体市民、市域外关心郑州的人士共同努力。

参考文献

付宝华：《城市主题文化与市长高端谋划城市》，九州出版社，2010。

汪德宁：《城市主题文化的战略选择与空间建构》，《前沿》2014年第5期。

胡惠林：《城市文化空间建构：城市化进程中的文化问题》，《思想战线》2018年第4期。

仇保兴：《超大城市的空间优化之道》，载《国家中心城市建设报告》，社会科学文献出版社，2018。

王星光、李秋芳：《郑州与黄河文明》，河南人民出版社，2008。

B.9

郑州国家中心城市文化软实力提升对策研究

王东杰*

摘　要： 作为国家中心城市，建设国际文化大都市，要把文化软实力的提升放在更加重要的位置，以更加开放的思路和开拓的视野推进文化发展，充分挖掘郑州市文化内涵，通过提炼城市精神、强化文化创意、构建都市文化圈，打造城市文化品牌等方式，不断提升城市影响力、竞争力和感召力，为国家中心城市和国际文化大都市建设提供内在支撑。

关键词： 国家中心城市　文化软实力　国际文化都市

国家中心城市是在全国具备引领、辐射、集散功能的城市，其中文化软实力是国家中心城市综合实力和竞争力的重要组成部分，建设国家中心城市必须高度注重文化软实力的提升。通过传承弘扬优秀历史文化，塑造城市文化形象，提升文化产业发展质量，塑造良好社会风气，引导文化走出去，不断增强郑州城市文化的影响力、辐射力、带动力和发展力，为国家中心城市建设提供坚实的文化基础，为城市经济社会的发展塑造良好的生态环境，形成国家中心城市建设的内生动力。

* 王东杰，中共郑州市委党校讲师，主要研究方向为城市文化建设与文化传播。

一　文化软实力内涵和提升意义

（一）文化软实力的构成要素

城市文化软实力的构成相对多元，也是增强城市吸引力、凝聚力，推进国家中心城市和国际文化大都市的必然路径。主要包含以城市精神为核心的价值创造力、以城市智慧和创意为核心的文化创新力、以文化输出和传播能力为核心的城市文化辐射力、以聚民心民意为核心的城市凝聚力、以城市品位、品牌、形象等要素构成的城市影响力。可以说，城市文化软实力是城市综合竞争力的内在体现，彰显城市魅力、特色和底蕴，是城市品质和气质的综合表达。

（二）提升城市文化软实力的现实意义

建设与国家中心城市相适应的文化强市，提升城市文化软实力，能够有力推动华夏历史文明传承弘扬，塑造城市文化形象，推动经济转型升级，从而不断提升城市竞争力。一是提升城市综合竞争力，增强城市的发展层级。国家中心城市的竞争力，不仅体现在经济层面，还体现在文化辐射力、带动力上，文化软实力则是文化内涵的综合表达，通过挖掘优秀历史文化资源，融入城市经济社会发展中，有助于全面提升城市文化品质，增强城市吸引力和竞争力。二是引领中原城市群的协同发展，促进区域经济社会的整体提升。郑州作为河南省省会，通过创新文化发展的体制机制，建立与洛阳、开封及中部省会城市的联动发展体系，构建区域文化发展圈，形成区域文化发展大格局，从而文化联动支撑中部崛起。三是推动文化“走出去”，构建具有国际文化的大都市。通过打造文化品牌、培育文化精品、扩大对外开放等，积极推动优秀的城市文化“走出去”，增强文化的全球渗透性和传导力，提高国际知名度和影响力，推动建设郑州国家文化大都市。四是文化支撑国家中心城市建设。通过创新文化发展思路，谋划文化

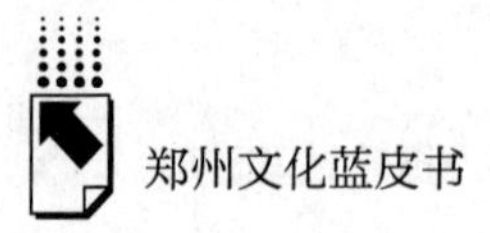

发展大格局，以文化引领经济、社会和城市建设，推动国家中心城市全面上水平。

二　郑州文化软实力提升的基础条件

（一）悠久的历史文化将为国家中心城市构筑深厚的底蕴

历史文化资源是一个城市文化个性的生动体现，也是一个城市成为文化名城的一种最独特的文化优势。郑州地处中原文化的核心区域，历史文化资源丰富，历史上夏、商、管、郑、韩都曾建都于此，历史文化遗存十分丰富。中原文化丰富，黄河文化、黄帝文化、嵩山文化和商都文化等构成了文化的内核。其中，黄河文化是中华民族文化主体部分，培育了中华民族的民族精神。郑州作为“黄河之都”，在发扬黄河文化上具有独特的区位优势、历史文化资源优势。诸如郑州黄河风景名胜区、郑州黄河国家地质公园、郑州黄河湿地自然保护区等文化旅游资源丰富。目前郑州拥有登封“天地之中”历史建筑群、大运河通济渠郑州段两项世界文化遗产，丰富的文化资源对城市文化品牌培育、城市文化软实力的建设都具有重要支撑作用。

（二）丰富的历史文物为文化软实力提供内在支撑

郑州市历史文物遗产丰富，拥有商代遗址、大河村遗址等全国重点文物保护单位 74 处 80 项，还有文庙、城隍庙等省级文物保护单位 131 处，市级文物保护单位 246 处，不可移动文物近万处，居河南省首位，位于全国城市前列。特别是国保级文物单位仅次于北京，位居全国第二。而拥有这一数量的城市，全国也屈指可数。同时，郑州民风民俗、饮食习惯、姓氏根源等都构成了有效的历史文化资源。这些丰富历史文物遗产和民风民俗是郑州文化底蕴的展现，是人民辛勤劳动的结晶，是华夏历史文明的重要承载体，通过挖掘优秀的历史文化元素，创新传承弘扬的方式，推动优秀文化资源的产业转化，可以充分展现郑州历史文化的魅力，提升城市文化感染力和影响力，构造起文化软实力的内在结构，为郑州城市文化繁荣发展提供坚实支撑。

（三）完善的政策支撑体系给予软实力建设有力保证

郑州市以文化政策创作为突破点，结合城市文化发展实际，相继出台系列扶持和引导政策，涉及文化产业、文化事业、农村文化、文化体制等多领域，提升文化建设的水平，为文化软实力提升奠定坚实基础。自 2006 年以来，相继出台了《郑州市文化发展“十一五”规划》、《关于加快文化产业发展的意见》、《关于深化文化体制改革，加快文化产业发展的实现意见》、《关于加快农村文化建设的意见》、《关于扶持动漫产业发展的若干意见》、《关于进一步深化文化体制改革，加快文化资源大市向文化强市跨越的实施意见》、《郑州市加快文化产业发展若干政策》等一系列政策文件，这些文件明确了文化建设的发展战略、发展思路、发展方向和发展重点，培植了郑州文化产业发展的沃土，也必将为郑州未来文化产业发展发挥推动作用。2018 年出台了《郑州市加快文化产业发展若干政策》，设立 2 亿元的文化产业专项资金，用于推动文化企业的发展。此后，相继出台了《郑州市加快文化产业发展若干政策实施细则》、《郑州市文化产业发展专项资金“一事一议”项目申报指南》，规范资金使用，提高扶持绩效。此外，为引导和扩大居民文化消费，出台了《郑州市开展引导城乡居民扩大文化消费试点工作实施方案》、《关于支持戏曲传承发展的实施方案》等系列文件，文化产业扶持政策日益健全。郑州市积极探索建立了郑州市文化及相关产业统计指标体系和宏观监测体系，每年都开展年度文化及相关产业统计工作，为监测文化产业的发展进程、解决发展过程中出现的问题、实施有效宏观调控提供了较为及时有效的统计数据和研究报告。

（四）不断走向开放的多元文化有助于形成充满活力的都市品格

郑州作为国家综合性枢纽和中部重要的中心城市，人流在这里汇集，各种地域文化在这里碰撞，形成了郑州开放、多元的包容性文化。郑州交通四

通八达，经济发展已有相当基础，粮食交易市场为全球瞩目，物流业的发展全国领先，具备了承接沿海地区产业转移和全球500强入驻的优势条件。目前，郑州现有常住人口1014万人，人口的吸纳力较强，59.8%省内流动人口进入郑州，有36.8%省外人口流入郑州。在这些外来人口中，职业和身份是多元化的，其中有高科技人才，也有较多的农民工；有的来自发达地区，也有的来自边远少数民族地区，他们对郑州的经济社会发展起着重要的作用。更重要的是，外来人口会带来各自区域和民族的独特文化，这些特质文化在郑州的经济文化交往中相互碰撞、相互补充，使得郑州文化在充分吸收中国各民族文化、各区域文化的基础上，又有新的升华。从世界文化交流视野来看，随着郑州对文化发展的重视，也逐渐成为各地区文化传播的重要集聚地。从2006年开始，连续举办了13年的高规格新郑黄帝故里拜祖大典，提高了郑州在全世界的知名度。世界传统武术节、国际少林武术节、国际街舞大赛、国际马拉松、国际摄影艺术节等国际节会的组织开展，为世界文化交流提供了重要的平台，许多初到郑州的外国人，都为郑州文化内涵所触动，他们表达着自己的文化价值，也从郑州文化气质中找到新的灵慧。郑州这个现代城市的包容性为不同文化的相互交流提供了平台，多样性的文化也让郑州文化不断变的厚重，这有利于加快郑州文化品格的打造和文化软实力的提升。

三　提升国家中心城市文化软实力的重点和关键

增强城市文化软实力，要把文化与城市建设有机结合起来，站在国际文化城市的视角，解读城市软实力的目标和内涵，把文化全面融入城市体系中，从而打造高质量的现代国际文化都市。郑州获批国家中心城市以来，处在新的时代经纬点，必须认清现状、把握优势、明确方向，努力把文化资源优势化为城市文化气质，推动国际文化大都市建设。

（一）城市文化软实力提升的重点

当前郑州城市文化主题不明确，文化形象不突出，城市文化软实力不强，为此需要确立城市文化软实力提升的突破点、立足点和着力点，在重点环节和关键领域突破。一是把文化品牌作为突破点。经过长期的培育和建设，郑州市文化品牌并不缺乏，以嵩山文化为代表的品牌在世界范围内都具有极强影响力，黄帝文化、运河文化等在国内外也有较强影响力，但是文化品牌缺乏体系，仍然相对分散和碎片化，导致品牌与城市的融合度不高，品牌的集聚效应不强，需要充分挖掘核心文化资源，由此打造特色文化品牌，形成城市品牌体系，借助文化品牌来提升城市文化软实力。二是把智慧资源开发作为立足点。城市的智慧聚合和创新能力很大程度上是由城市的智慧资源决定，开发城市智慧资源对于提升郑州的自主创新能力、战略研究能力、决策咨询能力、信息服务能力和国际交流能力都极为重要。智慧资源的重要体现就是人才、创新和成果转化，而目前郑州公共智库、思想库、创意研究机构少，优秀的文化创意人才、公共政策研究人才严重短缺。要充分发挥高校、科研机构、职能部门的优势，进一步整合智慧资源，打造文化发展的智库联盟，形成智慧资源集聚优势，为城市文化软实力提供内在基础支撑。三是把战略布局作为着力点。在文化领域，郑州是国家历史文化名城、世界历史都市联盟成员城市、国家重点支持的六个大遗址片区之一；在经济层面，郑州是跨境电子商务综合实验区、国家自主创新示范区、自由贸易实验区等，郑州的国家政策叠加效应明显。随着郑州经济社会快速发展，国家给予郑州更多的政策和空间，郑州获批国家中心城市，并明确推动郑州建设华夏历史文明传承创新中心。郑州要充分利用好战略布局和发展机遇，把资源优势转化为发展优势、资本优势和发展效益，肩负起引领区域发展、跻身国际竞争的使命，开启向全球城市迈进的新征程。

（二）文化软实力提升的目标

要立足国家文化中心城市、华夏历史文明传承创新中心建设的总目标，以国家先进文化城市为基准，建立起文化多元、创新能力强的公共文化空间，搭建在国内外有影响力的文化机构和文化发展平台，创造能够展现华夏历史文明、中原特色的国际性文化产品和品牌，建成国家级高端文化人才集聚中心，建成城市特色文化形象突出、文化综合实力和竞争力达到国际先进水平的大都市。具体而言，一是特色突出的城市文化形象。确立郑州核心文化主题，塑造城市特色文化形象，培育氛围文化浓厚，让城市能够给人深刻的记忆和感触，特色城市形象深入人心，并在世界范围内产生积极影响。二是极强的自主创新能力。在创新型城市建设过程中，自主创新能力迅速提高，中原文化、华夏文明的优秀元素，借助现代科技不断地向国内外展现，创新元素不断融入郑州的发展中，创新不仅是企业的共识，而且成为城市的集体意识，成为区域创新高地，展现出巨大的辐射力和带动力。三是不断增强的文化集聚能力。随着国际影响力的文化城市的建设，各种文化资源不断向大都市区内积聚，资源集聚型文化城市的能量迅速扩大，不断向外扩展，并成为国家级的文化中心，让郑州不仅具有良好的亲和力、凝聚力，而且具有强大的竞争力和影响力。四是全方位的文化引领效益。文化资本优良的效益型文化城市形成，确保文化的价值和潜力得到有效开发，文化对经济社会发展的贡献率不断提高，全面引领城市建设。

四　国家中心城市文化软实力提升的对策

文化软实力是国家中心城市建设的内在动力，能够全面推进城市品质和内涵的提升，彰显国家中心城市的魅力。要切实抓住多项政策叠加的契机，塑造城市的文化内涵，培育文化软实力的客观环境，在全面提升城市竞争力和打造城市品牌上下足功夫，真正建成具有国际影响力的文化都市区。

（一）提炼城市精神，增强城市影响力

城市精神是一种内在的气质感召，核心作用就在于凝聚城市市民的意志，协力建设并发展城市的物质文明和精神文明。各城市在发展过程中，都非常重视城市精神的建设和宣传，但是郑州市城市精神尚未构建，这与国家中心城市还不匹配。城市精神绝不是空洞的口号和形式，而是郑州城市发展的诉求和真实写照，是城市的灵魂所在。需要结合历史渊源、文化底蕴，对

郑州城市精神进行提炼，系统地提炼与概括，真正反映出郑州国家中心城市的文化底色。政府要采取强有力的手段，广为宣传，要利用新闻媒体、信息网络、在公共场所设立醒目标牌等多种形式，营造一种强烈的氛围，做到家喻户晓，人所共知，把“城市精神”渗透到全市每一个角落、每一个市民当中，使之入心、入脑，见诸行动。所有市民都要顺乎大势，在已经规范的“城市精神”的统领和要求下，在各自的工作岗位上，自觉主动地去信守、去履行。要把落实好国家中心城市的“精神”同每个人的具体生活、具体工作、干事创业、荣誉地位等紧密地结合起来，把经营城市、弘扬“城市精神”看作自己的事，切实有一种“一荣俱荣，一损俱损”的自豪感、荣辱感、责任感和使命感，塑造国家中心城市良好文化形象。

（二）培育品牌智库，强化智力支持

城市文化软实力的推进需要高质量的智库支持，智库品牌也是软实力的重要组成部分。国家中心城市建设过程中，涉及大都市管理、社会治理及现代化城市发展战略等问题，这些问题的决策尤其需要发挥智库力量。但是总体来看郑州市的公共智库仍然缺乏，需要从以下方面加强建设。一是加强哲学社会科学阵地工程建设。加强市社科院、市委党校、市委党史研究室、市属高等科研机构的智库建设，整合社科资源，加强区域经济、城市发展、历史文化等学科的研究。逐步建立郑州市商都历史研究基地、炎黄文化研究基地、嵩山文化研究基地、产业经济研究中心、旅游资源开发研究中心、城市发展与环境中心、现代物流业发展研究中心、动漫文化产业研究中心等科研基地。增设人文研究和咨询研究机构，形成与国家中心城市发展相适应的、面向全国的思想库和智囊团。二是强化学术交流平台建设。加大对哲学社会科学事业大投入力度，安排专项资金用于社科评奖、出版资助、课题调研及学术交流会。积极推动学科建设，依托优势学科，培育学科和学术品牌，提升郑州哲学社会科学的发展潜力，积极打造具备一定影响力的学术交流平台。建议创办郑州国家中心城市研究中心，并投入一定资金，设置郑州市城市发展创新奖和政府奖，为郑州国家中心城市建设提供必要的阵地和平台。

三是加大人才引进力度。将“人才引进”作为国家中心城市建设的重要支撑，落实好“智汇郑州”人才一斤计划，通过给予高层次、紧缺型文化人才重大项目，充分发挥人才的创新、创造力，进而带动文化人才团队建设。通过利用省会高校和研究机构，重点培育文化研究和咨询人才，形成一批水平较高的文化创新人才、文化管理人才和文化宣传人才。增加文化事业单位的人才职称比例，对有突出贡献的文化人才，适度放宽职称评定条件。

（三）构建大都市区文化圈，增强郑州文化带动力

积极培育以郑州大都市区为中心的文化圈，提升大都市区文化的集聚性和辐射性，形成以郑州为核心，中原经济区为主要圈域，中部主要省份为外围圈层的中部文化发展体系带和真正意义上的华夏历史文明传承中心，不断发挥国家中心城市的核心能力，让文化发展成为推动经济社会发展的驱动力和人文精神传承的内生力。一是加快文化事业和文化产业的发展，形成城市内的文化服务体系，从精品文化到大众文化不断地进行扩散，形成郑州文化发展集聚中心，提升对河南省范围内主要城市的吸纳力，提升郑州国家中心城市在河南省内的核心带动作用，让郑州真正成为文化传承创新中心。二是郑州核心带动能力提升后，加快推进中原经济区内洛阳、开封、安阳等主要城市的文化发展合作，打造中部地区的核心文化发展区、创新区和示范区，提升整个中原经济区在中部省份的文化发展带动力。三是通过大都市区的带动及中原城市群的建设，让郑州与中部主要城市合作，达成文化交流与发展联盟城市圈，最终形成中部地区的文化合作发展格局，真正地实现中部崛起，进而承东联西，实现全国文化发展一盘棋的局势。

（四）以文化创意推进文化传承，彰显城市文化底蕴

在城市文化软实力提升过程中，文化创意是推进文化传承的重要形式，加快文化创意传承，可以增强郑州的自主创新能力，提高产业发展潜力和竞争力，树立良好的国家中心城市形象，增强城市在国内外的影响力。一是提升文化创意水平。依托省、市科研机构和高校，尽快建立“城市创意发展

研究中心”和创意人才发展联盟，通过吸引优秀的创意人才，打造国内具有较高水平的创意研发平台和创意人才培育基地。通过创意基地的建设与发展，提升创意水平，把创意融入旅游、服务、休闲、竞技等各产业中，形成文化创意产业引领经济转型的总体势态。提升重大节庆活动的品牌效应。在做好少林武术节、拜祖大典外，要加强专业性高端艺术活动的合作与交流，积极整合郑州市内的各类节庆活动和艺术活动，共同打造高层次、具有世界影响力的节庆活动，形成强大的品牌效应，带动国家中心城市文化艺术事业的发展。二是推进文化传承传播。依托郑州主要媒体，形成系统的文化传播体系，提升优秀传统文化的传播和输出能力。加快郑州报业数字化进程，提高媒体的传播能力。深入挖掘优秀传统文化资源，通过技术、媒体和创新，推动传统文化的创造性转化和创新性发展，全面融入经济、社会发展的体系中，以新形式展现传统文化的魅力，表达文化的内涵，塑造文化的气质，让文化融入城市根脉中，引领城市发展。

（五）培育文化品牌，提升城市影响力

城市文化品牌是城市文化底蕴、文化环境、人文理念的综合反映，决定着一座城市的文化品位、人文魅力和发展方向。良好的城市文化品牌凝聚着城市的灵魂，能够充分展现该城市所在地域的文化特色，成为推动城市经济发展的内在动力。必须高度重视城市文化品牌的建设，以此塑造城市形象，提升城市文化影响力。一是加快对城市品牌的现状进行调查。全面掌握城市成熟品牌、成长性品牌和潜力品牌的基本情况，通过对市民、企事业单位进行调研，了解群众对这些品牌的认知度，并通过网络调查这些品牌在郑州大都市区、中原城市群及国内外的综合影响力。通过系统调查，分析城市品牌发展中的问题及成因。二是尽快对城市品牌进行定位。城市品牌定位和企业品牌定位要在潜在顾客的心目中形成独特的印象，与竞争者形成差异，最终提升城市竞争力。因此，要尽快对郑州的既有资源进行挖掘，依据这些资源和城市品牌的设计标准，通过征集、研究、开发，确立郑州主题文化，并由此定制郑州城市品牌的核心要素、主体口号、识别符号、认定程序和认定标

准等，建立城市品牌视觉识别系统。三是加快城市品牌的宣传与推广。在全面调查和准确定位后，全面制定城市品牌的宣传方案，提升城市品牌的价值。通过国内外媒体，推介特色文化品牌，并对文化建设的成绩进行广泛的宣传，提升国家中心城市在国内外的影响力。积极通过各类公共性的活动和事件来推荐郑州的文化品牌，提升品牌的印象和内涵。

参考文献

石泌禾：《文化软实力发展与社会主义核心价值观培育》，《南京社会科学》2018 年第 11 期。

易小明：《文化软实力的“硬核”》，《吉首大学学报》2018 年第 4 期。

王国华等：《文化软实力的提升路径》，《人民论坛》2018 年第 16 期。

杨文才：《提升文化软实力　打造文化新高地》，《决策探索》2017 年第 3 期。

徐西平等：《弘扬中原文明　提升河南文化软实力》，《中共郑州市委党校学报》2015 年第 3 期。

B.10

郑州推进华夏历史文明传承创新中心建设研究

孙晓燕　刘 涛*

摘　要： 推进华夏历史文明传承创新中心建设是落实党的十九大部署，深入推进优秀传统文化传承弘扬的重要举措。在新时代下，建设华夏历史文明传承创新中心，必须要立足郑州的文化优势和底蕴，加强重大文化问题的研究，创新传播弘扬方式，打造优势文化品牌，塑造城市文化形象，构建起文化传承创新的时代体系，全面推动传承创新中心建设。

关键词： 华夏历史文明　传承创新　郑州市

文化是民族的血脉，是人民的精神家园，文化建设已经成为新时期国家重大发展战略之一。党的十九大确立提出“要坚持中国特色社会主义文化发展道路，激发全民族文化创新创造活力，建设社会主义文化强国”。郑州市作为华夏文明的重要发源地，明确要建设华夏历史文明传承创新中心，不断提升华夏历史文明传承创新核心区建设水平，深度挖掘历史文化资源，扩大国内外文化交流，传承历史文脉，塑造现代都市人文精神。在国家高度重视传统文化传承弘扬的背景下，郑州作为国家中心城市，主动对接国家和省区域发展战略，推动华夏历史文明传承创新中心建设，对于

* 孙晓燕，河南工业大学副教授，主要研究方向为传统民间技艺和非遗文化研究；刘涛，郑州市社会科学院副研究员，主要研究方向为文化传承弘扬、城乡文化建设等。

优秀传统文化的传承弘扬，提升郑州城市文化影响力和竞争力具有重要意义。

一 建设华夏历史文明传承创新中心的基础及制约因素

（一）建设华夏历史文明传承创新中心的文化基础

郑州在中国五千年的文明史中曾五次为都八代为州，自上古时期历经夏商周一直到北宋时期，长期处于我国的政治、经济、文化中心地位。郑州是华夏文明的重要发祥地，是黄河文化的中心，是中国八大古都之一，国家历史文化名城，国家文明城市，国家中心城市，世界历史都市景观联盟成员城市，国家重点支持的六个大遗址片区之一。悠久的历史使得郑州地区汇聚和留存了厚重的文化资源。全市拥有裴李岗遗址、轩辕黄帝故里、商城遗址、北魏石窟寺、北宋皇陵、杜甫故里等各类文物遗存万余处，其中国家级保护单位 38 处 43 项，省级保护单位 128 处。郑州还拥有“天地之中历史建筑群”、大运河（郑州段）等世界文化遗产，有黄帝拜祖大典、少林拳、超化吹歌、苌家拳等国家级非物质文化遗产。郑州无论是文物古迹的总量，还是全国重点文物保护单位的数量，不仅在河南远远排在第一，而且在全国也位居前列。丰富而巨大的文化遗产优势让郑州建设华夏历史文明传承创新核心区具有无可比拟的文化优势。

郑州市居“天下”之中，历来有九州腹地、十省通衢之誉，拥有得天独厚的区位优势。它位于中国东、西部地区之间，处在陇海经济带和京广经济带的交汇点上，具有承东启西、贯通南北的桥梁和纽带作用，区域战略地位十分重要，古有“雄峙中枢，控御险要”、“得中原者得天下”之说，在中原经济区的空间格局中，郑州市也处于相对居中的地理位置，为其在中原经济区建设中发挥辐射带动作用提供了有利的空间区位条件。优越的区位条件使郑州交通极为发达，是中国铁路、公路、航空、通信兼具的重要综合性交通通信枢纽。四面辐射的各种交通通达条件，有利于吸引全国东西南北的文化资源在此汇集和扩散，构成了郑州建设核心区最具竞争力的优势。

（二）建设华夏历史文明传承创新中心的制约因素

1. 优秀历史文化的传承展示方式滞后

传承创新关键在于创新文化的传承展示方式，文化的传承展示是展现城市文化脉络、增强城市记忆、提升城市魅力的重要形式。总体来看，郑州的文化传承展示方式相对滞后，传承展示的内容不明确、方式单一、技术落后等问题突出。主要表现在：一是传承展示的内容不明确。郑州虽然文化资源丰富、类型众多，但是并未进行系统梳理，传承内容缺乏统筹规划。文化传承内容不明确，丰富的文化遗产仍然处于半封存状态，具有超前性、系统性、科学性的传承展示的体系未建立，以至于郑州虽然有悠久的历史文化遗产，但郑州的文化在全国和国际上的影响力却明显不足。二是文化传承展示的方式创新不足。文化与科技融合度较低，文化的现场体验区缺少，文化遗产的展示方式单一，历史文化的整体感受力和冲击力薄弱。三是非物质文化遗产传承展示能力不足。非物质文化遗产保护制度和工作机制尚未建立健全、保护工作缺钱少人、传承缺乏良策、展示方式单一，县（市）区保护展示的主动性和力度不够，加上大多数非物质文化遗产后继乏人，有的甚至面临失传的危险。

2. 文化产业创新发展缓慢

郑州市文化产业虽然初具规模，但是文化产业比重低于一些省会城市，也低于全国平均水平。以 2016 年郑州文化产业发展情况为例可以说明这个问题。2016 年郑州市文化产业增加值为 281 亿元，占 GDP 的比重为 3.83%。2016 年郑州市法人单位文化产业增加值为 288 亿元，占全市 GDP 比重为 3.56%，而 2016 年全国文化产业增加值占 GDP 的比重为 3.97%，郑州文化产业增加值不仅低于全国水平，上一年也即 2015 年还有所下降。郑州文化产业增加值与开封相比也有差距，2016 年开封文化产业增加值占 GDP 的比重达到 5.6%，高出郑州 2.1 个百分点。2016 年郑州与全国同类城市相比也存在一定差距，郑州市文化产业增加值总量位居武汉、长沙之后，也远落后于西安的460亿元，与发达地区的广州、上海等地差距更大。之所以出现这种情况，一是文化产业创意能力不足，对文化特有的元素、内涵与功能挖掘不充分，资源与创意的融合程度低，文化产品的竞争力不强。二是文化与科技结合不充分。推动文化创新的重点实验室、工程技术研究中心、企业技术中心较少，文化领域的关键技术、重点技术的研发能力不足。三是缺少文化创新支撑体系。目前，仍未形成完善的创新支撑体系，尤其是文化领域的文化科技创新体系、文化标准体系、文化科技管理体系等体系没有建立起来。

3. 文化品牌的影响力不足

文化品牌是城市文化参与经济建设的重要组成部分，是提升城市品位及影响力的重要力量之一。郑州市近年来对城市文化品牌建设高度重视，也采取了一系列措施提高文化品牌的知名度，但目前仍缺少具有全国性和世界性影响力的特色品牌。主要表现为：一是文化品牌的构建体系缺乏，完整的培育、宣传、管理的品牌体系并未建立。其结果是郑州的“天地之中”历史建筑群、少林武术、黄帝故里等文化品牌虽然具有一定的影响，但是单个品牌难以提升城市的整体影响力。二是文化品牌的定位不清晰。郑州市文化品牌虽然较多，但是由于缺少核心定位，品牌呈现散、弱、偏的特征，品牌的市场竞争力不足，经济与社会效益较低。三是文化品牌开发缺乏层次。目前品牌的打造主要集中在已经成熟的品牌上，对潜在特色品牌的培育重视程度不够，品牌梯次培育建设的理念欠缺。四是文化品牌的宣传推广力度不够。文化品牌宣传推广的方式、理念、力度不够，缺少系统规划，宣传推广方式的创新能力不足等。

4. 标志性的文化设施缺乏

标志性文化设施是城市的独特标识，是一座城市个性、色彩和底蕴的展现。由于标志性文化设施缺乏，郑州深厚的历史文化底蕴、突出的特色文化并未能够充分展现在城市建设中。一是文化与城市融合的意识不强。在城市建设中缺乏研究论证和规划，文化规划的理念、特色文化元素未融合到城市设施中，具有时代特征和地方特色的标志性文化设施缺乏。二是公共性标志文化设施落后。郑州市公共性文化设施普遍规模小、设备落后陈旧，市博物馆、美术馆的展馆面积及功能已经严重落后于经济社会发展需求。街头游园标志性艺术品雕塑太少，文化氛围不浓。音乐厅、图书馆、科技馆等技术设备落后，功能体系不健全。市豫剧院、杂技团、曲剧团缺少合格的排练演出场所和专业舞台设备，没有专业、统一、规范的剧场，难以产生有影响力和知名度的新作品。三是文化设施特色不突出。郑州建筑的造型、风格、色彩还不够协调，地标性建筑不突出，标志性文化设施不足，让郑州失去了城市文化亮点，形成了城市形象不突出、城市记忆淡化、城市内涵不够丰富等问题。

5. 城市文化形象定位不清

城市文化形象是打造特色城市、展现城市个性的关键，郑州作为国家历史文化名城，历史文化底蕴深厚，文化资源特色突出，但是城市的文化主题缺失，城市文化形象并不清晰，以至于城市记忆不强，逐渐失去个性和色彩。主要表现为：一是文化与城市发展的融合度低。郑州城市建设中的文化元素融入不足，经济、交通、产业等各项发展规划与文化规划的融合程度也较低，以至于文化的渗透力、影响力较低，系统发展的能力不足，导致城市主题文化形象模糊；二是城市文化形象定位不清晰。如北京“千年古韵”的定位，上海“世界博览”彰显，西安“东方神韵”的选题等，都是立足现实、面向未来的战略定位，而郑州缺少具有世界眼光和国际视野的形象定位，以至于城市标示缺乏、建筑没有特色、形象模糊、品味不突出，这与世界文化名城建设的基本要求存在差距，研究城市文化发展定位，加快城市文化形象建设势在必行。

二　郑州建设华夏历史文明传承创新中心的思路与支撑点

（一）建设思路

按照国家、省委的总体部署和国家中心城市建设的要求，统筹全市文化资源和各类生产要素，以建设先进文化和郑州特色文化为导向，以文化传承与创新为主题，以传承创新少林文化、嵩山文化、黄河文化、黄帝文化、商都文化、名人文化为主线，以重大文化项目为载体，强化创新驱动，积极推动文化与旅游、科技、创意、城市建设等深度融合，把华夏历史文明的传承、展示、创新、提升、发展有机融合在一起，使之与时代精神相结合，与国家中心城市的功能定位相融合，与人民群众的文化需求相结合，最终建成具有郑州特色、展示中原文化、凝练华夏文明内涵的文化传承创新中心。

（二）建设的支撑点

要建设华夏历史文明传承创新中心，必须要建设标志性的文化设施，打造特色文化品牌，构建文化的亮点，从而能够展现郑州文化特色，塑造郑州城市形象，展现郑州城市文化内涵，从而构筑起文化传承创新的支撑点和立足点，让郑州成为功能齐全、示范充分、特色突出、发展超前的区域性文化传承创新中心。

1. 标志性文化设施建设

建成一批文化传承标志设施，使都市区文化发展的示范效应充分体现。郑州图书馆新馆、郑州档案馆新馆、商城遗址公园、非物质文化遗产博览馆等文化项目相继建成并投入使用，逐步形成以城市标志性文化设施为龙头，多类文化设施为基础，地方历史文化设施为特色的郑州城市文化亮点。

2. 特色文化品牌打造

通过挖掘历史文化资源，推出一批体现郑州特色、反映中原优势的全国性文化品牌。建立在郑州文化资源优势之上的广播影视、新闻出版、文化艺术与休闲娱乐产业、网络新媒体、动漫与网游、创意设计等大文化产业领域相互支持和融合发展的格局，推出一批能够有效展现华夏历史文明内涵丰富的文化产品，形成一批能够展现郑州特色城市风貌、人文景观和历史文化内涵的文化品牌。给予具有中原风貌、中国特色、时代特征和国际影响力的文化品牌，提升文化软实力，增强中华民族凝聚力的文化大目标。

3. 现代公共文化服务的全覆盖

基本建成全省领跑、全国领先、覆盖城乡、分布合理、发展均衡、网络健全、服务优质、管理有效的公共文化服务设施，构建城市十分钟“文化圈”，农村十公里“文化圈”，供给项目多、供给对象广、供给模式优的公共文化服务体系。建成群众文化生活内容丰富、文化生活品质高、文化活动形式多样，先进文化渗透力、感召力、辐射力和凝聚力强，公共文化发展主要指标位居全国前列的国家公共文化服务体系示范区。

4. 建设中原文化高地

按照河南省委建设国家文化高地的战略部署，把郑州建设成文明标志高地、文艺名城重地、文化产品集聚地、区域性文化创新发源地。依托郑州优越的区位优势、资源优势和交通优势，搭建全国文艺名人名家、优秀人文精神和文化产品的交流平台，促进优势集中、产业集聚和效益集成，把文化资源高地建设成全国性的文化融汇集聚发展核心区。

5. 推动文化产业成为国民经济支柱性产业

通过鼓励、引导和推动文化产业的转型升级，提升文化产业增加值，提升文化消费水平。依托国家级文化产业基地、文化创意园区、产业集聚区，加快文化与科技的融合，拓展文化市场空间，不断提升文化产品的附加值，满足群众的多元文化消费需求。

6. 建设国际文化大都市

坚持以中国先进文化为引领、以弘扬优秀历史文化为重点、以满足人的精神需求和文化需求为目标，全面提升城市文化价值、文化品位和文化软实力，推动城市文化全面走向繁荣、走向世界，建成具有深刻历史内涵、鲜明时代特征、浓郁地域特色、高度创新精神和广泛国际影响的国际文化大都市。

三　郑州建设华夏历史文明传承创新中心的对策建议

建设华夏历史文明传承创新中心必须要立足郑州实际，结合郑州历史文

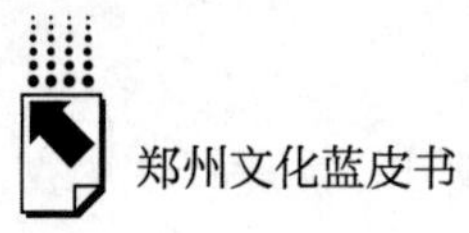

化底蕴和文化特色，全领域谋划，重点领域提升发展，从而构建起文化传承创新的大格局。

（一）提升文化传承创新的研究水平

推动华夏历史文明传承创新中心建设是一项长期性、复杂性的工作，建设过程中会不断出现一些新情况、新问题，因此必须高度重视建设相关重大问题的研究，为华夏历史文明传承创新中心建设的持续快速推进提供有力保障。一是围绕传承创新的主线，展开重点问题研究。积极开展华夏文明、传承创新内容、文化发展模式等重大基础问题的研究。强化重大现实问题和战略问题的研究，深化对文化遗产保护利用、文化产业创新提升、文化服务体系建设、城市文化形象塑造、文化品牌打造等问题的研究，探索和回应郑州在华夏文化传承创新中心建设中面临的新问题。二是整合文化研究资源，提升整体研究水平。整合郑州高校和科研机构的学术资源，形成省会华夏历史文明传承创新中心建设研究的合力。建立“黄帝文化研究基地”、“商都文化研究基地”、“黄河文明研究基地”等一批高水平文化研究基地。设立华夏历史文明传承创新中心专家咨询委员会，对建设中的重大基础问题、规划项目、重大措施等展开咨询论证活动。

（二）推动优秀传统文化的传播弘扬

要把文化传播放在更加重要的位置，采取多种手段提升优秀文化的影响力，借助科技、传媒等多种力量，多维度、立体式地对郑州历史文化进行宣传弘扬，使优秀的文化内容广泛传播、深入人心。具体可考虑：一是完善传统文化的教育体系。在全市范围内编制中小学教材时，把优秀的历史文化、价值理念融入教育中，编制乡土教材、文化教材和科普读物，用于基础教育。推动文化融入高等教育体系，在高校教育、活动中充分解读，并建立专门的研究机构，加强优秀文化的研究、开设专业课程，推动文化的教育普及。二是推出一批高质量的研究成果。组织出版“郑州黄河文化解读”、“郑州城市精神”、“郑州历史文化图集”、“郑州文艺场馆简介”等宣传性的图书，加强文化的宣传展示。推出理论研究产品，组织编撰“郑州非物质文化遗产研究”，加强对特色非物质文化遗产的传播弘扬。三是依托现代媒体工具传播弘扬。创设“郑州记忆”公益网站，开设“郑州文汇”、“郑州图典”、“郑州学”等版块。在各大门户网站上开设郑州华夏历史文明专栏，有关栏目之下的音视频、图片、文字不断更新。精心创作一批主题歌曲、主题演出、主题电影等，不断增强郑州文化的传播力。

（三）加强文化遗产保护传承

建设华夏历史文明传承创新中心，必须高度重视文化遗产的保护传承，积极转变文化遗产的传承保护观念，创新保护传承的内容形式，更好地传承展现文化遗产的应有价值。统筹以郑州市沿黄河一带的众多历史文化遗址如大河村遗址、西山古城、商城遗址、小双桥遗址等，充分保护、传承和利用，进一步凸显郑州地区作为华夏文明源头的历史坐标，真正打造郑州作为“中华文明之基石、泱泱中国之源起、开国立都之肇造、城市发展之滥觞”的文化地位和文化自信。谋划建设一批生态文化遗址公园，建设一批特色博物馆。积极推进生态保遗，按照“大生态、大环保、大统筹”思路，加强古遗址的全局化、集群化、生态化综合保护利用，持续推进生态保遗项目建设，建成一批高质量的遗址生态文化公园，免费向公众开放，增强广大市民对文化遗产保护利用的获得感、满足感，增进古都郑州的城市文化记忆。加强博物馆建设，两年内努力实现全市博物馆新增 100 家以上，其中国有（行业）博物馆达到 50 家以上，非国有博物馆达到 50 家以上，全面实现每个县（市）至少建有一座博物馆。规划建设天地之中文化博物院、少林武术博物馆、黄河文明博物馆等特色博物馆。深入挖掘研究文物价值内涵，打造一系列具有郑州特色、内涵丰富的原创精品展览。探索文教结合新模式，不断提升博物馆的教育功能。

（四）塑造提升城市文化形象

良好的城市文化形象凝聚着城市的灵魂，能够充分展现该城市所在地域的文化特色，成为推动城市经济发展的内在动力。郑州必须高度重视城市文化形象的塑造问题，找准文化形象塑造的路径，展现城市的内在特质与文化特色，提升城市的综合影响力。一是文化建筑展现文化内涵。提炼城市建设的基础色彩，在基础设施、新建城镇、文化街区、道路景观等城市建设中充分考虑城市色彩主调。在城市窗口区、旅游景区及重要路段规划和建设个性突出、宏伟时尚的城市地标。二是利用各种媒介推介城市文化形象。强化媒体宣传，依托各级电视台、电视台、旅游报纸杂志等对郑州文化形象进行广泛宣传。同时，实施区域联合宣传，加强与省内的洛阳、开封等城市的协作，成立城市文化形象合作发展联盟，不断宣传提升区域城市文化形象。依托文化旅游业积极寻求同长沙、武汉、西安等周边省会城市的合作，构筑城市外宣联盟，联合打造城市文化形象。

（五）大力培育城市文化品牌

打造富有鲜明特色、具有深厚内涵的城市文化品牌，是塑造城市形象、提升城市品质的重要方式，一是要精心规划一批旅游线路。对外依托郑州“米字型高铁”的交通优势，充分利用“四条丝绸之路”协同发展的契机，做好文化旅游宣传和推介工作。对内要加快文旅融合步伐，用郑州深厚的历史文脉为旅游业提供强有力的支撑，挖掘更多体现郑州特色和中原风貌的文化旅游资源，推出有效的举措，助推全域旅游跨越发展和文旅产业转型升级。要以名胜、名镇、名村、名人故居、主题公园、旅游演艺等为主体，围绕中华文明溯源之旅、中国功夫体验之游、历史遗迹探寻之旅、大河风光体验之旅、生态养生休闲之旅等不同主题，形成富有中原特色的旅游产品和精品线路，让域内外游客在旅游体验中提升对郑州历史文化的认可度。二是打造节庆文化品牌。继续办好“中国（郑州）国际街舞大赛”、“郑州国际摄影展”、“‘一带一路’沿线国家电影交流展”、“根亲中国”微电影大赛等国际性和全国性文化活动。特别是以第十一届全国少数民族传统体育运动会为契机，全面提升郑州国家中心城市建设的良好形象。同时，加大引进力度，吸引金鸡百花电影节等更多具有重大影响力的文化活动特别是演艺活动、赛事活动来郑展演，满足市民群众的高层次文化需求，提升郑州的城市文化影响力。三是打造和提升特色文化街区。按照“一区一特色”、“一街一特色”原则，集中打造二砂文化创意特色街区、百年德化大型购物休闲特色街区、商都民俗和美食特色街区等特色商业街区和历史文化街区，最大限度地突出本区域特色，丰富购物、美食、娱乐功能，打造特色鲜明的文化旅游特色街区，为市民群众休闲娱乐消费提供更多选择。

（六）建立高效率的建设保障机制

加强体制机制建设，加大投入力度，提升保障水平。一是建立领导机制。建立健全党委领导、政府组织、宣传部门统筹、文化行政部门落实、有关部门密切配合、社会各界积极参与的文化建设领导体制，形成加快华夏历史文明传承创新中心建设的合力。二是加大投入力度。进一步加大市县两级财政对文化建设的支持力度，集中力量支持推进黄河生态文化带规划建设，不断拓展华夏历史文明传承弘扬的丰富内涵。切实发挥好文化产业发展专项资金、外宣工作专项资金、文物保护专项资金等财政支持政策的扶持效用。完善相关奖励、补贴政策，落实税收优惠政策，引导和鼓励企业、社会组织及个人捐赠或共建相关文化项目。三是建立支撑平台。加强和改善对文化企业的金融服务，加快探索推进“文化银行”平台建设，充分发挥“百姓文化云”公共文化服务平台作用，用好郑报融媒等市县两级融媒体平台和“三微两网一杂志”外宣平台，加大文化传承弘扬的引导和推动力度。

B.11
国家战略下郑州文化产业的发展机遇及趋势分析

马洁华*

摘　要： 随着经济社会的快速发展，国家政策积极引导文化产业的发展，市场给文化产业更大的发展空间，文化产业发展面临着前所未有的机遇，呈现产业的数字化、平台化、国际化等趋势，这也为郑州市文化产业的转型升级提供了思路和方向，未来需要不断推动产业的科技创新，引导产业的融合发展，提升产品的品质和质量，推动文化产业走出去，全面增强郑州市文化产业的竞争力。

关键词： 文化产业　转型升级　郑州市

国家支持中部崛起、中原地区加速发展的战略目的明确，尤其是郑州被列为国家中心城市，使得中部地区发展的核心支撑更加有力，郑州航空经济综合实验区、自贸区、自主创新示范区、跨境电商综合试验区、中国制造2025试点城市等相继得到批复，郑州成为政策叠加、机遇突出、优势明显的内陆省会城市。同时，互联网技术广泛运用、产业融合发展加速、物流体系深刻变化、生产方式全球化明显，为文化产业转型提供了有利条件。在科技不断进步、城市加速发展的关键阶段，必须深刻认识到文化产业的作用，

* 马洁华，郑州轻工业大学博士、讲师，主要研究方向为文化产业和区域经济发展。

把握文化产业转型的机遇和条件，深刻推动文化产业的提升、提质，瞄准前沿趋势和方向，推动文化产业成为国民经济的支柱型产业。

一　新时代：文化产业面临前所未有的新机遇

（一）供给侧结构性改革为文化产业转型提供新方向

对于郑州来说，文化产业经过10年多的发展，产品已经相对丰富，产业规模和总量不断扩大，文化对经济的贡献率不断提高。但是随着进入经济新常态，郑州市文化企业的盈利能力有所下降，从业人员就业能力降低，文化创新力度减弱等问题存在，文化产品的供给与需求偏差普遍出现，文化产业的价值难以释放。这种情况下迫切需要通过供给侧结构性改革转变这一现状，而供给侧结构性改革也对推动文化产业的转型提供了可能。

1. 新时代引领新发展

随着中国特色社会主义进入新时代，我国社会主要矛盾已经转化为人民日益增长的美好生活需要和不平衡不充分发展之间的矛盾。在文化领域表现为文化产品供给与消费需求之间的矛盾突出，国家为此不断深入推进供给侧结构性改革，不断提升产品供给的质量和效益，探索新的增长动力、发展模式和转换机制，这为文化产业的转型提供了有力的契机。文化产业的供给侧结构性改革，就是通过文化产业的改革发展、技术的创新、要素合理配置、市场机制的完善等措施，创造新供给，不断提升产品、服务供给质量的提升，满足市场多元化的需要，不断释放产业的价值，实现发展动力转换，满足人们精神文化多元化需要。郑州作为国家中心城市，文化产业等现代服务业成为推动城市经济发展转型的重要力量，未来五年也是文化产业提质升级的关键期，如何更好地把握供给侧结构性改革的战略举措，有力推动文化产业的转型升级，提升文化产业在经济转型中的引领作用，显得至关重要。

2. 新供给创造新需求

目前，郑州文化产业的产品和服务供给已经进入成熟阶段，产能和产量过剩初步形成，尤其是大量生产的影视动漫等产品过剩问题突出，而且效益较低，不但投入的生产要素投入难以收回，而且要素配置不合理，导致收益较低，以至于供给引导需求的过程中断，大量的文化产品积压，市场流通和销售能力减弱。以文化产业供给侧结构性改革，有效推动企业、行业内的要素有效配置，引导产品和服务主体技术创新，加强创意设计，进行个性化定制，以更高质量的产品和服务带动需求。同时，通过产品质量的提升，形成有序的淘汰机制，可以让市场及时出清，杜绝和减少低端、无效供给，淘汰过剩供给、清理僵尸供给，盘活潜在的文化创新能量，培育郑州文化产业的新增长点。

3. 新策略化解新问题

缓解文化制造业和文化零售业弱化的局面。目前，郑州市文化产业经过几年的快速发展，尤其是政策的刺激效应弱化，市场出现疲软现象，不确定因素增加，很多中小型文化企业运行困难。存在企业规模小、发展层次低、综合竞争力不强等问题，从 2016 年的测算来看，文化制造业的企业数量在减少，文化制造业规模以上单位 157 个，营业收入 420.89 亿元，增加值 102.76 亿元。文化零售业规模以上企业只有 96 个，营业收入为 130.54 亿元，增加值仅为 7.15 亿元。无论是规模还是营业收入的增速放缓，营业收入利润率同比下降 0.6 个百分点，户均利润率下降 2%。通过文化产业的供给侧结构性改革，加快物流、互联网等融入发展，整合传统文化产业，改革优化产业结构，释放产业的活力，增强制造企业的生产能力，降低批发零售业的成本，实现规模与品质的双提升。

（二）国家发展战略为文化布局提供新思路

1. 华夏历史文明传承创新区建设深入推进的契机

2012 年《中原经济区规划》中就明确提出河南省要建设华夏历史文明传承创新区，经过几年的努力，2016 年河南省印发了《华夏历史文明传承创新区建设方案》，明确华夏历史文明有效保护和传承，文化产业进一步发展壮大，文化产业体系进一步完善，河南形象显著提升，河南成为全国重要的区域性文化中心，在社会主义文化强国建设中走在中西部地区前列。2017年中办国办印发了《实施中华优秀传统文化传承发展工程意见》，国家高度重视优秀文化的传承弘扬。国家、省委都积极推动优秀传统文化的传承弘扬，这符合时代发展的要求，也是经济社会发展的基础和前提。郑州是八大古都之一、中华文明的轴心区域、华夏文化的汇聚地、文化创新发展的高地，具有优良的人文精神、深厚的历史文化积淀、较好的区位条件、较强的传承创新和发展优势、强大的辐射功能。国家的政策支持给予郑州更好的发展机遇，使郑州的文化资源挖掘、保护、传承、弘扬和转化利用等所有链条都可以接入，有条件把历史文化转化为文化发展的成果，展示给全国，也能够通过国家的文化战略汇聚全国文化资源，找到文化产业的发力点、着力点，从而推动一种富有郑州特色的文化产业形成。

2. “一带一路”倡议拓宽文化产业发展空间

郑州是“一带一路”重要节点城市、新欧亚大陆桥的战略支点城市。自郑州航空港、郑州国际陆港、中欧班列（郑州）、郑州跨境电商、综合性大口岸等开放平台体等系列国家战略相继实施，郑州开始全面融入“一带一路”倡议体系中，加速与周边国家和地区的合作，成为郑州形成全方位开放新格局的一项重大战略。从文化产业的空间布局来说，“一带一路”空间是全方位、立体化的产业格局，为文化产业实现新突破以及产业融合提供了机遇。郑州文化资源丰富，嵩山文化、黄河文化、黄帝文化等历史深厚，在“一带一路”沿线城市中也散发着光彩。为构建郑州“一带一路”国际旅游目的地形象，多次组织“天地之中，功夫郑州”旅游推介活动，提升了在“一带一路”中的影响力和辐射力。可以说，“一带一路”倡议在布局国家发展战略的同时，为文化产业空间优化提供了条件。郑州则在文化产业发展空间中具有独特优势，一是为文化产业的国际性发展提供了条件。在城市竞争日益激烈的今天，文化产业的发展必须要立足于国际化，为此需要通过充分发挥郑州在交通、物流、电商等方面的优势，加强与“一带一路”沿线国家的文化交流和往来，将郑州优秀文化、融入发展及合作共建等理念传播出去，使不同地区和国家的人们增进交流、沟通和合作，达到宣传

郑州优秀文化，提升对“一带一路”的认同感。二是推动文化产业的多元性发展。“一带一路”沿线国家和地区具有不同的经济发展水平，历史文化底蕴、政治社会背景也存在差异，这使得文化产业的发展也更具多元化，给予郑州文化产业更大发展空间。三是文化产业的关联性。“一带一路”构成了带状辐射联动的空间格局，不仅连接东西，而且辐射南北，环渤海文化产业圈、藏羌彝文化走廊、中原文化产业带等都连接起来，直通泛亚国际文化大通道产业带，为文化产业的繁荣及区域合作提供了得天独厚的机遇。为此，郑州也必须更加注重合作、融合和一体化发展，打破行政区划的藩篱和产业门类的分割，抓住历史性机遇，构建新的文化产业发展战略，最终实现国际化生产、流通、交易和消费的共赢格局。

（三）文化消费的增长及内容变化促成产业新热点

1. 互联网消费增速，“互联网 + 文化”发展势头强劲

随着信息化、工业化加速，手机、网络、数字等高新技术快速发展，应用范围和领域日益广泛，使用群体覆盖各年龄阶段，互联网日益大众化、媒体化和普遍化，更多的新型文化业态兴起，并快速发展起来。在文化产业的10 个行业类别中，以“互联网 +”为主要形式的信息传输服务业发展迅速，2015 年实现增加值。文化创意和设计服务业势头良好，实现增加值。尽管消费者的文化需求突显，但是消费规模的爆发式增速没有呈现，郑州市文化消费市场潜力巨大，存在大量的文化消费缺口。目前，人口与消费比重仍然不匹配，消费规模仅为一些发达地区的 1/3 左右，有效需求尚未满足，消费空间非常巨大。

2. 电影市场消费迅速提升，引领产业转型趋势

随着郑州城镇化加速，人们经济收入不断增加，对电影生活方式的需求增强。开发商也意识到电影院业态的市场价值，其不仅能够形成大量的影视消费，而且能够聚集顾客、提高停留时间、提升文化活力，带动商业发展，这让电影产业快速发展。目前，郑州有三家入围全国百强票房影院，在全国70 多个城市 6000 多家影院中，郑州有 32 家影院效益突出，年收入达到 7 亿

元。这些影院多分布在商业圈内，二七商圈、紫金山商圈、花园路商圈等，商业体多、居住人口多，这都为影院客流提供了条件，而影院的客流也为周边购物、休闲产业的发展提供了支撑，从而促进了影视及其他商业的快速发展，成为文化产业转型的重要带动板块。

3. 农村居民文化消费增长快于城镇，促进产业转型升级

城镇居民的文化消费内容和方式都发生变化，从娱乐型、消遣型向发展型、知识型转变，电影、运动、歌舞等占比重越来越大，同时，展览、艺术、培训等也得到重视，行业得到快速发展。农村居民虽然仍以广播电视、读书看报等为主，但是体育运动、休闲观光等得到重视，也带动乡村旅游业、电商等发展。由此看来，文化消费潜力仍然巨大，按照经济发展一般规律，人均 GDP 达到 4000 美元左右时，文化需求会占到消费总量的 10%，而当前郑州市人均 GDP 已接近 1.4 万美元，但是消费不足 10%，空间仍然巨大。文化消费的活力逐渐释放和激发，也推动政府文化产业投入和扶持方式的改革，势必进一步促进文化产业的转型。

（四）技术进步引领文化产业科技创新提供导向

1. 促进创意创新，提升文化产业的竞争力

文化与科技互为一体、相互促进，科技进步是推动文化产业提升的有力杠杆，科技已经渗透到文化产品生产、传播、销售和消费的全领域，两者之间关联性极强。科技创新不仅能够为文化产业带来较高的经济效益，而且能够提升文化的传播能力，影响人们的生活方式、价值观和思维模式，进而创新文化产业的形式和内容，引导文化产业发展趋势。近年来郑州市加快推进文化产业的科技进步，文化科技型产业园区加快发展，文化研发投入不断增强，2017 年郑州市动漫企业的研发及创作投入达到 4000 余万元，动画生产能力达到 3000 多分钟，逐步成为郑州的亮点和特色。但是文化领域其他行业的创新能力相对不足，具有自主知识产业的大型文化企业缺少，必须要加强培育文化新业态的高新技术企业，形成一批在全国具有品牌优势和市场竞争力的骨干企业。同时，要加大对具有自主研发能力的文化企业的扶持力

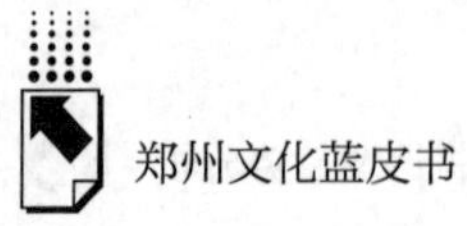

度，增强关键技术、装备的自己能力，进而提升在全国的竞争力。

2. 推动产学研协作体系建设，增加产品附加值

目前，中部地区武汉、长沙等地文化产业发展迅速，科技投入力度大，文化科技的融合能力较强，产学研协作能力强。郑州作为国家中心城市，具有较强的政策和资源优势，在积极借鉴各地经验的基础上，打造一批研究院、技术创新联盟、科研机构等，通过关键技术的联合攻关，提升自身的创新水平，实现科技对文化产业发展的引领。同时，要主动挖掘郑州特色历史文化元素，融入科技产品，促进创意、创新与研发的对接，让文化创意和科技创新能够有效互动。文化产业的技术进步，让市场竞争变得日益激烈，企业为提升竞争力，抢占市场份额，都在需求合作和联合发展，郑州市文化产业也呈现集聚化和园区发展走势，金水文化创意产业园、郑州绿博文化产业园、中原科技创新文化产业园区等加速发展，而且各类园区之间的合作也在增强。同时，文化产业链不断延伸，旅游、农业、服务业、制造业之间深度融合，创意、研发、生产和销售等各环节高度关联，新的模式、方式和运营理念已经成熟，这都为产业的联动和集聚发展提供了可能，通过集聚联动发展，可以进一步提升郑州文化产业、企业的竞争力。

3. 推动文化产业的多元化发展，繁荣文化市场

在科技推动下，郑州网络文化学原创、微电影近年发展迅速，让文化创作从小众化的生产逐渐实现了大众化的创作和资源的共享，繁荣了文学领域，活跃了文化市场。大量的互联网社交平台出现，为大众的交流、沟通提供了方便，实现了现实社会与虚拟社会之间的互动。各种网络电商平台快速发展，文化产业的营销从工作室、个体作坊生产转化为网络产销，产品更加等多元和聚合，形成了文化领域服务业、制造业融合发展新模式。这些都为郑州文化产业的转型提供了可能，也引导文化产业的发展方向，未来郑州文化产业要更加注重科技的进步，推动文化产业领域的技术创新、增强自主研发能力、加强科研联合攻关，推动打造郑州文化科技融合发展示范区。

二　新方向：郑州市文化产业发展动态及趋势

（一）文化产业内容数字化

互联网等现代科技的发展推动文化产业的数字化，数字电视、3D 电影、动漫游戏等数字产业加速发展，这是文化产业发展的趋势，也将引领文化产业技术革新的方向。目前，郑州文化产业数字化加速发展，主要表现在以下几个方面：一是文化资源数字化加速。数字内容传承能力增强，目前郑州市非物质文化遗产、文物、艺术品等都设有专门的数字化展示场馆，文化资源的转发和开发力度加大。博物馆、美术馆、文化馆等数字化水平不断提升，有效传承优秀历史文化传统，郑州文化馆为适应数字化发展趋势，满足群众体验需求，加快推进数字化基地建设。郑州市大河村遗址博物馆数字化展示项目，河南郑州古荥汉代冶铁遗址博物馆数字化基地等加速推进，数字文化产品和服务供给质量不断提升。二是动漫产业数字化发展迅速。2010 年河南省动漫企业只有 70 家左右，收入 1.6 亿元，而 2017 年郑州市动漫企业达到 100 余家，年生产动画能力 3000 多分钟，收入 2.3 亿元以上，动漫产业规模和品质全省领先。动漫内容制作已经全面数字化，大数据成为动漫制作重要技术。除了动漫作品不断增加外，动漫壁纸、动漫数字报、动漫游戏等衍生品加速发展，消费者可以按集/部单点、包月订购，可以通过支付宝、手机话费等多种途径进行结算，并搭载了各种分享、评论互动能够，提升了消费者的体验感。三是广播电视产业从虚拟向数字转变。全市电视高清化步伐加快，有线电视已实现整体数字转换，无线广播电视覆盖逐步从模拟向数字过渡，形成有线、无线、卫星互为补充的网络体系。

（二）文化产业的跨界化

随着文化产业结构的优化、技术的创新以及体系的不断完善，文化产业目前形成“越界、融合、渗透”的总体趋势。郑州市文化旅游产业融合能力突出，集休闲、娱乐、健身、养生等多功能于一体，发展势态强劲。如登封嵩山旅游景区注重推进少林武术文化品牌化建设和武术文化的深度开发，突出武术健身文化和嵩山风景特色，努力拓展“禅武修训之旅”。在完善历史文化旅游资源建设的同时，积极开发休闲旅游产品和服务，开发武术健身国际旅游度假区。沿黄河旅游带努力打造国家黄河国家公园，整体包装沿线景区景点，形成了一条旅游文化走廊和生态经济带，串联黄河风景区、黄河国家湿地公园、汉霸二王城、康百万庄园等景区，突出文化与旅游、居住、休闲、娱乐一体化的旅游线路。新郑黄帝故里拜祖大典，不仅突出“中华民族之根”这一主题，而且开发黄帝文化馆、黄帝文化国际论坛、游客服务中心以及大遗址公园等，增加了大量的体验、观赏和休闲项目，形成拜祖、团聚和发展的多元功能体。瑞光印务创意工场文化产业园区，利用公司老厂房改造创办成立，目前园区已有北京博瑞浩轩、东意堂、熙卡文化、织耕堂等文化创意类企业入驻，随着印刷厂的外迁完成，约 2 万平方米的空间将成为创客沃土，吸引更多的创客扎根。郑州古玩城修整了墨宝街、珠宝街、字画厅、赏古街、古玩超市、戏曲茶社、文化沙龙、名人工作室等功能区，为广大收藏爱好者提供藏品修复、鉴定评估、代售托管等系列服务，同时，为集体和个人藏品提供展示交流和学术探讨的平台。创新文化创意产业与其他产业的跨界融合，有利于转变传统文化产业的发展模式，实现文化创意产业链的延伸，提高产品的附加值和效益，推动经济结构的优化。将文化创意产业转化为新型的产业形态、多元化的产业结构，并推动产业由要素增长、投资驱动向创新引导转型，更加适应经济发展新常态，日益成为经济发展的新增长点。

（三）文化产业发展平台信息化

在互联网技术革命的推动下，文化产业信息化进展迅速，尤其是平台的信息化加速推进，为文化产业的发展提供了有力支撑。各类文化企业、园区积极推动文化产业信息平台建设，以文化科技资源为依托，推动文化产业与信息技术的结合，培育科技含量高、创新能力强的特色文化产业集群。郑州高新区、河南小樱桃动漫集团有限公司精心打造的国家动漫产业发展基地（河南基地）发展迅速，基于信息化技术，推动建立集动画、漫画、游戏研发、动漫媒体运营、动漫公共技术服务于一体的国家级动漫产业信息技术平台。积极建设《动漫报》数字出版平台，定位为中国动漫的最佳内容娱乐营销平台，打造新闻+娱乐+生活方式的综合性媒体，实现了动漫类信息交流平台，包括国内外动漫行业资讯、优秀漫画作品连载等，并初步实现了《动漫报》新闻版数字化出版，通过购置大型网站数据库服务器、视频处理器等硬件设备，引进先进编排软件，及图像文字、声音等软件支持系统，搭建起完善的数字化出版平台，实现了《动漫报》线上线下无缝对接。金水区文化创意产业园区则积极推动信息服务中心建设，围绕工业设计、文化创意、软件设计、知识产权等，健全专家库、数据库等信息资源，搭建园区互联互通、资源共享、管理便捷的信息化服务平台，为企业开展专利信息数据检索、微观专利导航、创意服务对接等网络线上提供“一站式”服务。

（四）文化产业贸易的国际化

在全球化背景下，各个国家和地区的文化输出不断加速，不仅能够带来巨大经济效益，而且能够传播文化、塑造形象，提升城市文化软实力。2016年，中国对外文化投资和贸易加速增长，文化产品进出口总额达到885.2亿美元，出口达到786.6亿美元，实现顺差688亿美元。在国家高度重视文化产业贸易国家化发展的十多年来，文化产业出口成果显著，实现从贸易逆差向顺差的转变，出口的产品结构不断优化、渠道日益拓宽，文化产业的国际贸易已经进入快速增长期。郑州对外贸易力度不断增强，“十二五”期末，郑州市外贸进出口达到570.3亿美元，比预期目标增加4倍，是“十一五”期末的12.7倍，出口额高于全国平均增幅9.2个百分点，位于中部省会城市首位。《中国外贸百强城市名单》显示，郑州位居全国第11位，超越很多港口城市，成为对外贸易的重点城市。郑州市出口龙头企业发展迅速，出口额千万美元以上的企业有39家，出口额达到118.4亿美元。其中登封市鹅坡少林武术文化博览有限公司获评国家重点出口企业，中国少林大成

（柏林）健康中心项目获得文化出口重点项目，少林演艺业及相关产品的对外出口力度不断加大。但是从对外贸易总体情况来看，郑州市出口产品多是以机电、手机、纺织品、农产品等为主，文化产品所占比重相对较低，文化企业对外投资力度远低于发达城市。为此，必须要支持全市文化企业做大做强，加快技术创新，参与到国际市场竞争中，扩大具有郑州特色文化产品和服务的出口，促进产业结构转型升级，推动中原文化走出去，提升郑州在国内外的影响力和辐射力，打造国际文化名城。

三　新策略：推动文化产业高端发展的举措

（一）推动数字科技全面融入文化产业

结合郑州文化产业数字化的现实，以及国内外数字化的趋势，郑州未来文化产业的技术创新能力不断提升，数字化将进行新的突破，也是政策关注和扶持的重点。一是网络文化产业的内容和形式不断丰富。网络作品的创作、评价和观看人数不断增加，网络音乐、网络表演、网络文学等文化产业的创作数量和质量不断提升，通过网络文化产业可以让用户进行线上线下的互动交流，也可以促进相关产业的融合发展。二是瞄准前沿领域。未来郑州文化产业更加注重技术创新，带动业态、模式、产品的创新，产品和服务的个性化、智能化和市场化成为趋势，智能制造、3D 打印、机器人将成为推动数字文化产业发展的主流。三是数字文化装备业将成为重点。充分发挥郑州制造行业技术、人才、资本等优势，加快推动数字文化装备产业发展，应对国内外新型文化消费潮流，适应软硬件结合、智能交互、沉浸体验等总体趋势，研发文化领域的智能硬件、应用软件、可穿戴装备等，加大高端音频产品、舞台演艺设备的研发制造，满足市场的高品位需要。

（二）政策引导释放文化消费空间

目前郑州文化消费需求仍然巨大，全市 2018 年末总人口达到 1013.6 万人，人均 GDP 达到 1.4 万美元。根据国际经验，人均 GDP 达到 5000 美元以上时，文化消费将出现爆发式增长，而郑州市文化消费尚未出现这种趋势，潜在市场巨大，消费缺口明显，文化消费没有得到有效满足，给文化产业的发展留下巨大空间。目前郑州市在积极推动文化消费，2017 年 2 月郑州被文化部、财政部确定为第一批国家文化消费试点城市。制定了《郑州市开展引导城乡居民扩大文化消费试点工作实施方案》，并安排了 2500 万元文化消费试点专项资金。搭建了郑州市文化消费综合信息平台，掌握消费情况、趋势。同时采取评价积分和消费补贴等两种方式，用评价积分激励消费，对书店、电影院、演出场地等进行补贴，筛选消费试点企业和单位，初步形成了促进文化消费的机制。未来郑州作为国家中心城市，城市人口和区域面积将不断增大，人们收入水平和文化消费能力不断提升，文化消费将朝着高端化、多元化、个性化等方向转变，自主选择文化消费内容成为潮流，消费结构在不断地优化升级，文化产业的生产和服务也要及时跟进，提高文化供给的质量和效率，持续释放文化消费的潜能和活力。

（三）全面推动文化产业的融合发展

由于文化产业与其他产业的融合发展正处于转型和深化阶段，要结合不同的产业需求和发展水平，采取有效措施推进。目前，郑州文化产业向旅游业、制造业、休闲业等产业的跨界深度和力度明显，融合发展的模式和载体逐渐成熟，对这些产业要提升融合的绩效，拓展融合的领域，出台激励政策，加大政策扶持力度，打造领军企业和示范园区，推动成为文化跨界融合的核心领域。也要进一步推动商贸、物流、体育、农业等融合，加强文化与实体经济的融合深度。创新文化产业与其他产业融合的模式，强化文化对信息产业的价值挖掘、形式创新、内容支撑，提升信息文化产业的体验功能；对文化旅游产业，要增强虚拟旅游展示、数字旅游水平及旅游服务的文化内涵，创新文化旅游的运营模式；加大数字文化创意与互联网的融合，形成虚拟的网络购物、社交电商及粉丝经济等新型营销模式。结合目前教育、养生等社会需要的提升，以及航天航空、公共事业、地理信息等新兴产业的快速发展，加快数字文化的融入，实现多领域的集成应用和融合发展，用“文化+”来提升产业的文化内涵，增强产品和服务的附加值。

（四）打造多元的文化产业信息支撑平台

现代网络信息技术平台是文化产业发展的有力支撑，也形成了新的服务形式，逐步涵盖了文化产业所有产品和活动。图像、音频、视频、网页点击等呈现几何式的爆炸式增长，大数据时代已经到来，数据已经成为技术创新、文化创意、产品营销、品牌建设的重要资产，因此在信息化时代必须要依托信息技术和数据资源，推动产品创新和质量提升。为此，一是建立文化产业平台信息化建设推进机制，建立有力的领导和组织机构，摸清目前平台建设情况、运行情况和存在问题，对平台进行规范整合，提高信息服务效率，同时提供支持、建立制度、完善措施，推动各种平台的完善，对文化产业发展提供有力支撑。二是要加强三大类平台建设。首先，要推动建设创意设计信息平台。平台提供专业技术、综合信息、产业要素等各种服务，聚焦信息发布、展示交流、创意设计、品牌推介等，为企业提供全领域服务。同时，推动技术创新和整合，对创意设计、智慧城市、节能环保等技术进行整合，完善数据库资源，提供技术的共享。其次，设立消费时尚引领平台。与文化产业协会及各行业两会联合，建立消费数据、产品销售数据的信息化平台，掌握产品销售情况、流行趋势、消费情况等，为产业发展提供导向。最后，建立品牌服务平台。成立郑州市品牌交易评估中心，为品牌进行评估，能够为企业开展品牌所有权质押融资。推动建立品牌专业服务信息平台，集聚国内的战略咨询、品牌策划、培训推介、中介交易等服务，通过线上线下与国内外企业实现对接，为品牌培育提供各种策划、培训和宣传等服务。

（五）提升文化产业的国际化水平

首先，依托郑州航空港经济综合实验区、自贸区、跨境电子商务综合试验区、大数据综合试验区等多个国家战略规划和战略平台，推动少林文化、黄帝文化等特色文化走出去，创造展现郑州特色的演艺、影视、动漫、游戏等文化产品，在全球市场销售，提升产品的出口能力。其次，要推动郑州文化企业的国际化，通过政策激励引导企业在境外投资，直接在海外建立生产基地、贸易公司、研发中心等，形成产、营、销一体化模式。加强与“一带一路”沿线文化企业的合作，加大文化旅游企业走出去的力度。通过国内外各类展会，培育郑州跨国经营文化企业服务平台，开展企业对外经营的咨询、展览、培训等服务，帮助企业开展国际贸易。鼓励企业创新创意，扶持展览、影视、动漫游戏等产品和服务的出口，逐年增加文化产品和服务在对外贸易中的比重。最后是技术的国际化。推动文化领域的技术创新，引导动漫、游戏、影视、设计等企业开展共性、关键和前瞻性技术研发，推动原始创新和集成创新，增强产品的品质，提升国际竞争力。同时，积极开展技术研发的国际合作，鼓励本地企业与国际大型文化企业集团联合攻关，进行技术研发、人才交流和合作生产，提高文化的国际化运行水平。

参考文献

余钧：《数字文化产业发展的驱动因素及趋势研究》，《经济论坛》2019 年第 2 期。

范玉刚：《新时代文化产业发展趋势探究》，《艺术百家》2018 年第 2 期。

段鹏：《中国互联网文化产业发展新趋势》，《文化产业研究》2017 年第 3 期。

B.12

郑州市文化创意产业集群发展对策研究

宋艳琴*

摘　要：　文化创意产业园区已成为郑州市文化产业发展的重要载体，促进了郑州文化产业的快速发展；但郑州文化产业创意园区多数还处于初建和在建阶段，成熟型园区较少，仍存在不少问题。通过对郑州文化创意产业园区的发展现状和问题的分析，针对性地提出了几点对策与建议，以期能够促进郑州文化产业的可持续发展。

关键词：　文化创意产业　产业集群　郑州文化

随着我国经济社会发展水平的不断提升，国民对消费产品的品质和创意要求越来越高，文化创意产品受到更多的青睐，文化创意产业呈现快速发展的态势。文化创意产业是以创作、创造、创新为根本手段，以文化内容、创意成果为核心价值，以知识产权的形成与应用为载体，为社会创造财富、增加就业机会，促进城市文化底蕴和居民综合素质提升的产业集群。随着对文化创意产业发展作用的认识提高和相关政策的激励，郑州市大力推进文化创意产业园区和基地建设，文化创意产业集群初步形成。

一　郑州市文化创意产业集群发展的基本现状

近年来，郑州各市区县都在加大对文化资源的开发力度，在形成几十个

* 宋艳琴，河南省社会科学院副研究员，主要研究方向为文化产业与产业集群发展。

大大小小文化产业园区的同时，一批主打创意的产业园区逐步形成，创意人才队伍不断扩大，打造了一批创意精品和知名品牌。郑州市目前以创意为主的文化产业集聚区主要有以下 14 个，如表 1 所示。

表 1　郑州市文化创意产业园区基本情况统计表

序号	园区名称	所在位置	园区定位
1	郑州国际文化创意产业园	位于郑州、开封之间，是郑汴产业带的核心区域	以"文化创意、时尚旅游、高端商务"为主导产业，重点突出"以绿、水为主导"和"以休闲、慢生活为主体"的低碳生态田园城市，全力建设"国际化、现代化时尚创意旅游文化新城"，打造"东方奥兰多"
2	河南石佛艺术公社——河南文化艺术创作及产业发展基地	高新区科学大道以南、玉兰街以北、郁香路以西，占地 76.5 亩	构建以艺术品博览会、画廊、艺术品拍卖企业、艺术品经纪公司、艺术品收藏市场、艺术品电子商务平台等多元素在内的多层次艺术品产业结构，打造中原地区最具特色的当代艺术品交易中心、艺术创作交流平台
3	国家动漫产业发展(河南)基地	郑州高新区科学大道	以郑州小樱桃卡通公司为主体，是集动画、漫画、游戏研发，动漫媒体运营，动漫教育，动漫公共技术服务及动漫产业化开发为一体的动漫创意产业集聚区
4	嵩山文化产业园区	登封市	打造"中华文化圣山"、"世界功夫之都"，建设国家一流的文化产业示范园区
5	新郑黄帝故里文化产业园区	新郑市	以保护性开发为主线，突出黄帝、上古文明、生态、农业四大要素，建成富有知识性、生态性、趣味性、观赏性的旅游目的地
6	郑州信息创意产业园	开元路北，文化北路西	园区以发展动漫设计、软件开发、文化创意等产业为主，打造现代服务业聚集区
7	金水文化创意园(又名 107 创意工厂)	中州大道 2 号	河南弘驰实业发展有限公司为主体市场化运作的省市区重点文化建设项目，是河南省首个文化创意产业园区，也是我国中部地区第一个以时尚创意设计为主导的创意产业园区

续表

序号	园区名称	所在位置	园区定位
8	“快乐星球”产业园区	郑州西南四环郑少高速公路入口向东500米路北	专业影视文化产业创意园区
9	彩虹盒子艺术园区	经开区经北一路30号	旨在打造“郑州艺术生活一站式体验中心”，包括画廊、影院、艺术书店、艺术餐厅、艺术教育、文化旅游等多种业态，一站式满足人们的艺术消费需求
10	瑞光创意工厂	郑州二七区二环支路	以“创意、创业、创新”为导向，集聚创意设计、广告传媒、影视制作、书画摄影、布艺包装、文玩收藏、文化培训及电子商务等企业入驻孵化和加速为主要发展方向
11	郑州良库工舍	惠济区南阳路与北环交汇处西300米路北	以“保护工业遗产、打造城市名片、助力中原文化”为宗旨，打造以文化、艺术双创产业为主导的新型文化旅游示范园区
12	二砂文化创意园区	设计范围由原来的二砂厂区扩展至郑州市中原区华山路西，中原路南，西三环以东，颍河西路以北	集老厂房保护、工业展示和利用为一体、未来可媲美北京798艺术区的生产型文创基地
13	二月三十	郑州新世界百货文创街区	二月三十，遇见不一样的自己
14	莫空间	新密市区西S232附近	打造最专业艺术园区

从表1可以看出，郑州的文化创意园区可以分为几种类型。

第一，通过改造工业厂房或仓库形成的园区。这类园区基本上是借鉴北京798艺术区，在某个停产工厂或大型仓库的基础上形成的，普遍具有强烈的工业风，再加上艺术的打造，很受大众欢迎。这类园区的开发一方面既保护了工业遗产，同时也因为租金低廉广受艺术家欢迎，如二砂文化创意园区、郑州良库工舍、瑞光创意工厂等。其中，“良库工舍”2016年被评为“国家级众创空间”和2017年度“郑州市优秀文化产业项目”；园区已形成多个社团，如非遗技艺传习所、皮影剧团、读书会、诗剧汇和公益吧等；园区已成功孵化“双创型”企业127家，其中45家年产值达到100万元以上。与良库工舍类似，瑞光创意工厂将瑞光印务老厂区的砖房大院打造成了文化产业园区，是二七区产业转型升级的重点项目。该园区以“创意、创业、创新”为导向，集聚创意设计、广告传媒、影视制作、书画摄影、布艺包装、文玩收藏、文化培训及电子商务等企业入驻孵化和加速为主要发展方向；已入驻文化创意企业76家，入驻企业员工400余人，形成了郑州文创新高地。①

第二，政府规划、以企业为主打造的园区。文化创意产业具有集聚发展的特性，因此，通过规划建设产业园区成为各地政府发展文化创意产业的普遍做法，郑州也不例外，近年来规划建设了几个规模较大的文化创意产业园，如郑州国际文化创意产业园、国家动漫产业发展（河南）基地等。郑州国际文化创意产业园位于郑州、开封之间，是郑汴产业带的核心区域，规划面积132平方公里，事实上已突破一般的园区界限，成为城市的一部分，该区域规划布局了若干文化创意园区或基地，如华强文化产业基地（包含方特系列园区等）、绿博园、建业·华谊兄弟电影小镇、凤凰国际文化产业园等；其中，2019年国庆期间开始试营业的建业·华谊兄弟电影小镇一票难求，成为郑州市最热门的旅游景区。此外，郑州市多年来大力支持动漫产业发展，国家动漫产业发展基地（河南基地），由郑州小樱桃卡通有限公司承建，以郑州小樱桃卡通公司为主体，建设内容包括企业孵化器、研发中心、公共技术服务平台、交易会展中心、动漫教育培训中心等，是集动画、漫画、游戏研发、运营产业化开发为一体的动漫创意产业集聚区。

第三，由知名艺术家带动形成的创意园区。这类园区的发展普遍受到大众的欢迎，同时也吸引了大批的艺术家入驻；如石佛艺术公社，由著名画家黄国瑞带动形成，彩虹盒子由知名艺术家姜山带动形成，莫空间由意大利知名的策展人莫妮卡·德玛黛做艺术主持等。石佛艺术公社原先位于郑州高新

① 瑞光创意工厂：《郑州文创新高地》，《河南日报》2018年11月29日。

技术开发区的石佛村，始建于2006年5月，由黄国瑞发起成立，因为有浓厚的艺术氛围，且村庄的房租相对低廉，吸引了油画、国画、书法、影像、雕塑、陶艺、行为、装置、音乐等各类艺术家近200人入驻该村，多次举办大型艺术展览，是河南第一个也是唯一一个原创艺术基地。新建的石佛艺术产业园区位于原石佛村对面，将打造成中原地区最具特色的当代艺术品中心和艺术创作交流平台。

第四，在市场基础上形成的文创街区。这类街区和园区更加商业化和生活化，如“二月三十”，设置在新世界百货商场的1、2层，总面积达3000平方米，街区以“二月三十，遇见不一样的自己”为主题，文创街区内集聚了几十家个性店铺和网红店，以推动消费为主，极大地提升了所在市场的人气。此外，郑州的一些市场如陈寨花卉市场事实上已成为集聚家居创意产品的地方，花卉市场不但有各种充满创意的花卉、花盆，还有各类工艺品、油画作品、陶瓷摆件等，每天的人流量大大超过一般的商场和市场。

此外，郑州各区县还打造了若干文化创意旅游地，如巩义长寿山风情街、新郑龙湖西泰山村、建业足球小镇等，这些地方从之前的默默无闻到现在周末超过万人的客流量，已经成为郑州新的休闲旅游景点。

二　郑州文化创意产业集群发展存在的问题分析

郑州市文化创意产业集群发展取得了一定的成效，但总体上还处于初步阶段，几个大型的园区还处于规划阶段，与成熟的创意园区相比还存在不少问题与差距，主要表现在以下几个方面。

（一）缺少龙头带动园区和企业，缺乏推动创意发展的载体

与国内其他省份相比，郑州缺少著名的卫视、影视基地、大型的文创园和专业的会展，这些都是产生文化创意的土壤，也是吸引相关人才的“梧

桐树”。与杭州相比，郑州的差距显而易见。杭州不仅有浙江卫视，其周边还有横店影视城和宁波象山影视基地，使得杭州整体的影视创作能力和水平都比较领先。如杭州上城区境内的影视公司出品的《鸡毛飞上天》获得中宣部“五个一工程奖”、飞天奖、牡丹奖等，是一部难得的叫好又叫座的作品。此外，中宣部电影频道也落户杭州基地，将进一步提升杭州的影视产业。而且郑州先天的地域和交通优势也没有发挥出来，如郑州的文化会展业也相对落后，大型的文化博览会没有在郑州举行过；同时，小型的展览也非常少，整体的策展水平都有待提高。

（二）缺乏文化创意生产的整体环境和氛围，国际性和全国性的节会较少

郑州要建设国家中心城市，要实现高水平对外开放，需要发挥文化的引领作用，但是郑州的知名度和文化氛围都不高，对文化企业和文化人才的吸引力远远不够。除“郑州国际少林武术节”外，艺术类的国际性节会近年来几乎没有举办过，与发达省份相比，差距明显。如上海，每年都举办“旅游、艺术、电影、音乐”四大国际节，极大地提升了上海的文创水平，如上海歌舞团的艺术家们以20世纪40年代那个暗流涌动的上海滩为背景，创作了舞剧《永不消逝的电波》，在第十二届中国艺术节中斩获“文华大奖”，而且，在每一次的演出中都一票难求，真正实现了艺术和市场的双赢。反观郑州乃至河南，也有获得大奖的作品，但是，基本上是叫好不叫座，或者是获奖后就无法再巡演，因为主创人员多是外聘，花费几百万打造的精品剧没有完全的知识产权，很难长期多次搬上舞台。

（三）部分文化创意园区占地过多，集约发展不够

文化创意产业主要是内容产业，本身是靠内容取胜的，是土地集约型产业。目前国内外知名的创意园区很多是利用废旧工厂、大型仓库甚至村庄民房来发展创意产业的，均取得不俗的效果；但是目前郑州市建成和在建的文化创意产业园区多数是政府规划了大面积的园区，然后招商引资形成的。文

化创意型园区和文化地产型园区交织在一起，某些产业园区仅仅是为了圈地，相对于其有限的创意产品和内容，所建园区过大。

（四）文化创意人才整体缺乏，媒体对行业领军人物的宣传推荐乏力

目前在郑州市，真正闻名全国的创意人才还非常少。与一线城市相比，郑州创意人才的总量的确偏少，但是，更主要的原因是多年来省市两级媒体对省内创意人才的宣传推荐不够。郑州作为省会城市，全省的优秀人才多集聚于此，从历年文艺方面的获奖来看，河南各条文艺战线均涌现出多个优秀的甚至是代表性的人物，但是由于媒体宣传报道的不力，很多有实力的“大家”只为圈内人熟知，普通大众几乎很少人知道。对获了全国大奖的艺术作品缺乏有力的推广和宣传，对相关的文艺人才也缺乏大力的宣传和奖励，普遍缺乏后续的深度追踪报道。对文化名人宣传的缺失，不仅使得河南文艺人才难以在全国知名，自身发展受限，而且媒体对文化名人宣传的缺位，造成了人们对河南文化及郑州文化在全国的洼地形象根深蒂固。

三　推进郑州文化创意产业集群发展的对策与建议

郑州文化创意产业目前有了一定的产业基础，与发达地区相比虽然还有着巨大的差距，但差距愈大意味着发展的空间和潜力愈大；而且从发展前景看，随着郑州中心城市建设步伐的不断加大，文化创意产业也将迎来大发展的机遇。

（一）充分发挥媒体和自媒体的宣传作用，不断提升郑州文化的知名度和美誉度

每一个城市都有其历史，城市的历史资源是建设特色文化城市建设的基础。城市历史文化资源，需要好的创意和策划来推广，城市文化开发宣传的水平关系着城市的美誉度；所以必须利用和发挥好媒体和自媒体的渠道作

用。郑州市目前除少林武术文化外，其他的如商都文化、嵩山文化、黄帝文化等资源在全国乃至世界的知名度还有待提升，相关的品牌和内容还需要通过创意策划和推广。郑州的宣传部门应学习上海、重庆等城市的宣传经验，发动市民来“发现城市”，打造一批属于郑州的“微信打卡地”，推出一批网红景点，如重庆的洪崖洞、穿楼轻轨和上海的“马勒别墅”等，把郑州的黄河、黄帝、商都等文化打造成知名文化品牌。

（二）加大文化创意人才的培养力度，加快实施文化人才引进工程

发挥郑州是河南的省会、省内大多重点高校都在郑这一优势，积极培养文化人才，通过高校的博士后流动站大力引进文化高等人才，使郑州市的文化人才能“走进来、留得住”，为郑州市的文化产业持续发展注入新的活力；建立文化产业人才信息库和文化产业咨询专家名录，加强与国内外文化创意产业人才的联系与合作；创办郑州文化产业发展论坛，使其成为文化产业人才聚集交流的平台；出台相关政策，鼓励和支持企事业单位面向国内外有计划、有重点地引进各类高层次和高素质人才；加大媒体对创意人才的宣传和推荐，为人才成长搭建重要平台，通过媒体的报道，使创意人才及其创意进入公众视野，从而获得投资实现产业化。

（三）建立郑州市文化创意产业数据库，打造创意产业合作交流的平台

目前研究人员对郑州市多数文化创意产业园区的具体地理位置、产业规模、建设情况等都无法获得确切的信息，尤其是每年的产值和效益等方面的具体数据。因此，建议郑州市应该建立专门的文化创意产业网站和数据库。从地理位置、区位优势、主导产业、产业规模、主要功能、发展方向、技术服务平台、享受政策等多方面来介绍产业集聚区，使网站成为郑州市文化创意产业合作交流的有效平台。同时，政府也可以通过平台及时发布各项政策；文化企业也可以从中了解各项补贴和融资政策等。

（四）鼓励各大银行尤其是郑州银行成立文创支行，支持中小文化创意企业发展

文化企业多数都是轻资产，最核心的东西是无形的内容和创意，但是，在项目实施的过程中投入却很大。因此，文创企业最大的问题是融资难。杭州出台了一系列政策支持文创发展，其中最有力的支持就是成立专门的文创支行，通过专业的评估给予文化中小企业金融支持；杭州银行和杭州联合银行在 2018 年对各类文创企业的授信额度超过了 100 亿元。郑州市尽管也出台了一些贴息等金融扶持政策，但是对中小企业而言资金支持力度还远远不够。可以借鉴杭州的做法，鼓励各大银行尤其是郑州银行成立文创支行，专门支持文化企业。

（五）充分发挥郑州自贸区的作用，引进一批国际性的文化企业

郑州的高水平对外开放首先是文化的开放，郑州的文化创意产业如何“走出去”，还需要通过进一步加强国际间的交流与合作来实现。从发达国家和地区的发展经验可以看出，通过设立自贸区引进跨国公司入驻将极大地推动文化产业的发展；跨国公司不仅能带来资金和相关的技术，更重要的是可以降低我国文化产业进入国际市场的壁垒。目前上海自贸区已经进驻了几十家文化外企，极大地推动了上海文化产业的发展。因此，郑州应充分发挥自贸区的作用，在招商引资中积极推荐文化项目，吸引跨国公司来投资发展文化创意产业。

（六）抓住网络新兴产业发展的机遇，培育城市文化产业新业态

网络文化、电竞业、文化休闲娱乐和动漫产业等是文化产业中的新兴行业，是未来文化产业发展的方向和趋势，具有极强的潜在发展优势。郑州目前有国家动漫产业（郑州）基地和郑州信息创意产业园两大动漫园区，要全力打造一批有郑州特色和中原特色的卡通动漫品牌，形成品牌全产业链。一个成功的动漫形象可以利用几十年，从游戏到电影，再到主题公园、卡通

玩具等多个领域进行再创意和利用。此外，作为一项新兴的体育运动，电竞业的发展将是未来最大的体育产业，电竞观看人数已经超过了世界杯。目前上海静安区正在打造全国电竞中心，作为年轻一代最喜爱的体育项目，郑州应抓住电竞发展的机遇，打造全国或中西部电竞中心，建立电竞运动员训练基地和赛事转播中心，赢得电竞产业发展的先机。

B.13 郑州文化创意和设计服务业发展问题研究

谭 从*

摘 要： 在经济全球化、科技飞速发展、产业融合日趋紧密的背景下，促进文化创意与相关产业的发展越来越被各级政府和社会各界所重视。文化创意和设计服务业融合了文化与科技、创意与服务、产业与金融等，对于提升产品附加值、培育新业态、加快产业优化升级、满足人们高品质的文化需求等方面有重要意义。以郑州建设国家中心城市为契机，采取系列措施促进文化创意和设计服务业的发展，来推动郑州城市发展，提升文化软实力，更好地适应新形势下社会和经济的发展。

关键词： 文化创意产业 设计服务业 郑州市

文化创意和设计服务行业作为以创造力为核心的新兴产业，给城市的发展注入了新的活力和内容，已成为经济增长的重要动力，对提升城市文化竞争力具有重要价值。自国家发布《关于推进文化创意和设计服务与相关产业融合发展的若干意见》以来，郑州市积极推动文化创意和设计服务业的快速发展，已渗透到经济社会各领域各行业，包括制造业、建筑业等实体经济领域，呈现多向交融的态势，但总体来看还存在文化创意和设计服务发展

---

* 谭丛，河南牧业经济学院讲师，主要研究方向为文化创意与艺术设计。

总体实力不强、与相关产业融合层次较浅等问题。在经济新常态下，应完善政策、搭建平台，继续推动文化创意和设计服务业发展，更好地发挥其在产业结构优化、提升城市文化软实力等方面的作用。

一　促进文化创意和设计服务业发展的意义

文化创意和设计服务业具有高度的融合性、较强的渗透性和较大的辐射力，文化创意和设计服务与其他相关产业的融合发展，有利于适应市场多样化需求、完善服务及产品质量、促进新业态发生及对文化开发、创新传承、保护等方面产生作用，对城市抢占价值链高端具有重要意义。

（一）推进相关产业融合发展，加快产业结构优化升级

在所有文化产业中，文化创意和设计服务业与其他产业的关联极为密切，能够对其他产业在管理创新、产品创新、品牌创新、服务创新方面发挥重要作用。促进文化创意和设计服务业发展有利于推进相关产业融合发展，加快产业结构优化升级，合理构建现代化经济体系。能够推动产业发展方式转变，促进发展新兴产业。促进网络化协同、个性化定制、智能化生产、服务型制造等新模式、新业态的形成，大力倡导绿色、智能制造。促进高端服务业的创新发展。进一步刺激带动与相关产业的渗透融合，如信息服务、房地产、物流、金融、旅游、会展、酒店业等。在产业链的上、中、下游多环节开展文化创意投入，给产品及企业打造历史故事或宣传包装，可利用设计服务、文化创意来提升传统产业附加值，实现从“高速增长阶段”转型为“高质量发展阶段”。

（二）促进消费升级，满足人们高品质的文化需求

未来，高质价的高端服务与创新产品将伴着郑州人民的消费升级及人均收入的飞速提高而占据更广的市场比例。文化娱乐、创意智能这两个要素被目前最新一轮的消费升级所结合。如所属文化创意领域的“网红”、“IP”。文化创意与设计服务业伴着供给侧结构性改革持续深入，这两个行业以会议

展览、工艺纪念品、文创周边、文化特色旅游、演艺娱乐、文化特色旅游等新兴态势飞速发展。同时郑州不缺乏“网红”、“IP”，有“炎黄”文化、商城文化、少林文化、杜甫文化、豫剧文化等“IP”；良库工舍、瑞光创意工厂等文创“IP”；二七纪念塔、“大玉米”、烩面等“网红”。郑州文化创意和设计服务业与相关产业的融合发展能够推动服务、产品的供给品质提升，增加大量特色供给，将文化消费的拉动作用完全发挥出来，进而推动消费升级，满足人们日益增长的美好生活需要。

（三）提升城市文化竞争力，助力国家中心城市建设

促进文化创意和设计服务业的发展可推进城市经济转型，提升城市文化竞争力。发挥文化创意和设计创新的优势，能够激活城市文化内容，延续城市文脉，激发城市活力，建设城市品牌，为郑州增添历史与现代交融的文化景观及创新的空间结构，进一步凸显郑州城市历史的厚重感和时代的生机感，是建设郑州华夏历史文明传承创新区的契机。文化创意和设计服务业与制造业融合发展，促进文化资源与产业、市场的结合，实现扩展产业文化内涵，为产业注入创新活力，促进产业的可持续发展，为支撑城市开放创新提供势能。文化创意和设计服务业与农业、建筑业、旅游业的深度融合，有利于推进“美丽乡村”建设，有利于实现城乡融合，重塑城乡关系。在规划设计、基础设施建设、宣传推广、培训管理等方面离不开文化创意和设计服务业的融合渗入，依托设计创意和技术创新，推动文化创意和设计服务业发展，是培育新产业、发展新动能、促进新供给、创造新需求、提升竞争力，深化供给侧结构性改革，实现向高端制造业跨越的必然选择。

二　郑州文化创意和设计服务业发展现状

（一）总体情况

文化创意及设计服务业属于新兴产业，该产业是以创新为核心，文化为

基础，以贸易为取得知识产权的有效手段，以服务及产品为投入资本。主要包括广播影视、动漫游戏、音像、传媒、视觉艺术设计、演艺、工业设计、雕塑及公共艺术、环境设计、工艺美术、服装设计、广告设计服务、建筑设计服务、软件设计服务、专业设计服务等行业及群体。近些年，郑州文化创意产业的发展规模持续延展，该产业基本每一年的 GDP 增速都赶不上同一年的规模增速。文化创意和设计服务业实现营业收入 105.7 亿元，增长 10.5%。目前有禅宗少林音乐大典、新郑黄帝故里拜祖大典等诸多大型节会、演艺和景区品牌，以及以《小樱桃》、《少年司马光》为代表的动漫品牌。郑州对文化产业基地、园区建设规划高度重视，囊括了国家知识产权创意产业试点园区、国家动漫产业发展基地（河南基地）、中原广告产业园、瑞光创意工厂、良库工舍、“二砂”文创园，还有正处于建设规划进程中的郑州国际文化创意产业园，该产业园的前身是郑州绿博文化产业园，涵盖建业·华谊兄弟电影小镇、雁鸣湖国际会议会展小镇、中原数字出版产业基地、海昌海洋公园、海姿冰雪世界等众多项目，规模大、投资超过百亿。文化创意及相关产业已成为郑州市稳增长、促改革、调结构、惠民生的重要支撑力量。

（二）发展特点及潜力

1. 历史文化资源丰富

郑州作为中国八大古都之一、华夏文明的发源地之一，也是中国历史文化名城、中原文化代表、世界历史都市联盟成员城市，具有深厚的历史文化底蕴。主要包括黄帝文化、嵩山文化、少林文化、商都文化、姓氏文化、河洛文化等。郑州也是全国重点文物保护单位最多的城市之一，拥有历史遗址 274 处，包括裴李岗文化遗址、夏都阳城遗址、商城遗址以及大河村遗址等。国家重点文物保护单位 74 处 81 项，还拥有 6 项国家级物质文化遗产、58 项省级处物质文化遗产。对郑州文化创意产业的发展来说，以上皆是十分丰富的素材资源。

2. 夯实传统文化产业基础，提高创新文化产业发展态势

郑州的文化产业相当长时间里都是以传统印刷业为代表的文化制造业为

主，骨干企业引领，如出版领域的《大河报》，以及早前以小说驰名的《小小说选刊》、《百花园》等。近年来，传统文化产业积极转型，文化科技高度整合，文化新业态的产生增加值及单位数增长快，持续加快了新闻出版、广播影视的数字化和网络化进程，利用移动互联技术，传统文化进行产业间、区域间的互相联动，以客户端、公众号、IP 视频等形式适应新时代不断发展的文化需要。

3. 市场对文化产业的需求旺盛

郑州作为全国人口大省河南省的省会，2018 年人口超千万人、GDP 破万亿元。持续提升的收入水平及巨大的消费人群，这象征着文化创意和设计服务型产品的需求将飞速增加，市民对文化创意和设计服务的需求日益迫切，对其数量与质量也会不断提高，这样会激发企业间的竞争发展，而且领先的顾客需求，也可以成为文化创意企业的竞争优势之一。

（三）文化创意和设计服务与相关产业融合发展速度加快

近年来，郑州文化创意和设计服务与相关产业不断融合发展，涉及农业、制造业、服务业中的许多领域，带动了新兴的创意经济产业。如“文创 + 旅游”模式打造的“文旅城”、主题乐园、特色小镇、创新型复合旅游，“文创 + 建筑”模式造就的极具特色的产业园区、主题商场，以及延伸出来的“文旅地产”等新发展模式，是以文化、创意、旅游、娱乐、服务为主要产业形成的经济形态和产业系统。会展业作为新兴的服务行业，具有关联度高、交融性强的特点，对经济发展有极强的拉动作用，直接带动餐饮、住宿、交通等行业，与文化创意产业融合度也极高，在会展活动的策划、运作、宣传、展示的过程中，都有文化创意及设计理念的不断渗入，使其快速生态地发展。在这方面郑州市加强展览硬件建设后劲，国际性展会发展迅速，展览项目市场化、专业化程度较高，2017 年举办展览 237 个，展览面积 258.37 万平方米，实现经济社会效益约 300 亿元。郑州会展业的稳步发展进一步说明了文化创意和设计服务与相关产业融合发展速度不断加快。

三　郑州文化创意和设计服务业存在的问题

郑州文化创意与设计服务产业从整体上来看，正显现出积极发展的态势，但仍处于起步阶段。2017 年提名了中国文化创意产业十大创意城市，但没有入选，比不过文化创意发达地区，如杭州、青岛、深圳，也排在了成都、长沙、武汉等中部城市之后。主要表现如下。

（一）缺少市场竞争力

郑州目前文化创意产业及设计服务业总量低、总体规模小、集约化程度不高、产业增加值及占全市生产总值的占比不高，其中，小型企业是主要的企业规模，所占比例约 75%，企业缺少综合实力强的著名品牌公司与大型骨干企业，盈利能力不足。广告设计服务业相对发展迅速，其他领域如软件服务业、专业化设计服务业、影视娱乐业等相对较弱，创新程度低，品牌影响力弱，核心竞争力项目与特色开发不足，经济附加值过低，产业市场竞争力不强。

（二）人才推动创新的能力不强

较高的创造力与创新力是文化创意产业作为“智慧经济”所必备的条件，该产业的核心为创新型人才，其基础为知识产权。一直以来，郑州市都高度重视创新创意人才，相应的人才政策体系日益完善，但人才的数量和质量相比一线城市及其他“创意城市”还有较大差距。因为郑州的科研机构较少，高层次大学也比较缺乏等，所以创智性人才的质量不高，后备力量不足。

（三）扶持力度及资金投入不够

前期收益低、时间长、投入大、成效慢等特点皆是文化创意项目基本具有的特点，特别是内容型的项目，该类项目很不容易吸收到资金支持，尤其是文化创意与设计服务企业的该类项目。资金支持、规划用地、政策导向等方面是政府扶持文化创意产业的主要表现方面，不过投资规模有限，而目前郑州市的文创企业多以小微企业为主，一般不满足前期投资的条件，后期补贴又面临资金数额较小、到位周期长等特点，难以支持大多数文创小微企业发展的要求。

（四）融合水平有待提升

随着社会的进步，城市的发展，文化创意与设计服务业的内涵和覆盖范围在持续扩张，它的渗透、辐射功能持续促进有关产业的改革升级。郑州文化创意与相关产业的结合覆盖面较广泛，整体融合程度依然不深，只是发展速度快。除建筑装饰业、广告业之外，别的行业设计服务质量及文化创意层次不高，原因除了相关文创人才的缺乏之外，还包括整体消费水平不高。

四　促进郑州文化创意和设计服务业发展的对策建议

（一）创新模式打造本土知名品牌

1. 模式、区域融合创新

首先是坚持促进网络模式融合创新。文化创意产业的用户管理、市场推广、内容运营、互动营销的载体空间皆是由互联网产业中的内容运营、移动互联、社会化媒体等模式选择所提供的，它能够利用智慧城市、大数据、云计算、智能制造、物联网等创新技术趋势推动文化创意产业愈来愈高速生态的发展及品牌项目的创新。其次是巩固产业互助、集聚、共生发展，赋予区域分布融合高度重视。为形成有着本土特色的品牌，可将郑州周边城市和地区的相关资源汇聚，促进品牌艺术区、产业园等形式的落实，推动产业复杂性、多元化、集成化发展。借鉴沿海发达城市文化创意产业集聚现象，增加品牌在取得发展空间及市场资源方面的优势。

2. 产业品牌跨界创新

首先要加强相关产业部门与当地知名文化形象或品牌公司的创新合作，与出版、传媒、旅游等产业融合，开设视听、互动、体验的休闲、娱乐、文化空间。然后要持续深入金融、工业、农业等领域的文化创意与设计服务业。实现创意金融、创新产品、创意农业等商业形态。其次，基于河南省和郑州市强大的食品产业规模条件下，可利用农业生态观光旅游、艺术创作模式、创新农副产品等形式来开展大规模的发展和创新，这将促进相关产业的变革升级。最后，必须要重点关注创意金融业发展，囊括了创建网站和平台，如贸易、授权、众筹的网站或平台。

3. 资本化运作创新

利用投资融资类金融杠杆促进文化创意项目、企业的发展。我国大部分文化创意企业跟该市文化创意企业一样有着融资难的障碍，为支持品牌“试水”资本化的运作创新，需要政府相应政策扶持，或者尝试与外部企业并购重组或 IPO 上市以求品牌做大做强。另外，条件成熟时也可以借鉴一些企业或资本的收购重组运作模式。除了模式创新外，文化创意产业的品牌发展还要注意下面几点：一是塑造文化创意产业的企业形象，塑造个人形象和个体形象，注重品牌影响力研究和实践的优化；二是大力降低技术创新门槛，公平竞争，打造开放、合理的竞争环境，促进科技文化产品转换能力的提升；三是加强文化创意和设计服务相关产业的市场活动度，为中小型文化创意企业打下基础；四是支持第三方咨询行业发展，文化创意公司以“孵化”和投融资的形式，在品牌创新层面创造有效的发展目标。

（二）多维度搭建公共服务平台

1. 政府主导建设公益性公共服务平台

以政府为主导的公共服务平台具有较强的资源整合能力和知识服务功能，可以最大限度实现资源共享：提供最新技术、进行信息交流，以及相关的数据查询、专业服务等；可以通过平台建立科学合理的信用评级和考核制度、企业成长性指标和投资价值指标跟踪评估体系，帮助政府和民间资本实现对扶持及投资对象的精准评估，对于企业则简化融资程序，解决市场拓展及项目融资的问题；政府及社会可以通过平台组织各类会议会展、比赛、活动来加强领域间的交流互通，企业、组织、个人可以通过平台进行项目申报和成果宣传展示，以及参加人才培训、进行人才交流等。

2. 多方建设各类公共服务平台

鼓励各类文化创意园区、文化创意组织（如协会、团队）、各个企事业单位（包括学校），以及各专项细化的文化创意和设计服务领域自行、合作搭建公共服务平台，甚至“借人之台”。实现延展业务链条，提高运营服务能力，改善文化创意和设计服务领域的创业环境，降低小微企业的发展成本。公共服务平台的良性运行和不断完善，有利于创建独特的商业运营模式，树立园区和企业的良好形象，提升品牌影响力，促进区域经济发展。发展各类公共服务平台的同时，要注意各个平台之间的互通共联。

3. 利用移动互联技术推广公共服务平台

借助移动技术、网络技术、云技术来扩大公共服务空间、提升服务效率、宣传服务影响，进一步推广公共服务平台，使服务的便捷化、普及化落到实处。充分利用门户网站、公众号、移动客户端、公共互动终端设备等媒介，打造为企业、从业者、投资方、客户及消费者各方位、多角度、全时空服务的数字平台。

（三）以“文化 + ”推动产业融合发展

1. 文化 +产业

提升传统产业文化气质，可以推动文化创意和设计服务业跟有关产业间的链条创新延展与功能优化互补，进而推动产业转型升级。跟制造业相结合，将创新创意注入传统文化之中，坚持对管理经营的宣传策划、不懈创新，促进品牌效应与产品附加值提升；与农业相结合，促进农副产品品牌建设及创意设计水平的提升，推进特色农业文化宣传交流，扩宽休闲观光农业发展空间；与旅游业相结合，为促进节庆项目、旅游内容、旅游地点的吸引力提升，可以文化内涵和创意设计为有力手段，进而增加旅游体验与内涵，最终提升文化及地区的影响力。

2. 文化 + 科技

加快推动科技成果向文化创意方面的转化和应用，这不单单要求坚持对传统文化产业进行技术变革，更是要求必须坚持广度和深度的持续融合，形成崭新的企业形态，加强信息产业中的文化内容支撑和创意推广。首先，要以互联网为基础，建立完备的互联网文化科技生态布局，该布局囊括了文化消费、文化生活、娱乐内容、文化信息、文化服务等方面的内容。其次，鼓励企业在体验经济的基础上，与文化产品、硬件、文化传媒、创意服务、设备等行业进行竞争。最后，在制造和工业的文化科技生态基础上，大力转变以往创意设计的理念，工业设计的未来不是简易的功能模仿与设计，而是个性化设计、文化设计、创新设计、形式设计、人性化设计及绿色设计。

3. 文化 + 服务

应坚持“政府主导、社会参与、重心下移、共建共享”的思路，持续促进各级政府、机构形成完备的公共文化服务体系即平台，增大对公共文化服务硬、软件的投入力度，持续推动“惠民工程”、“形象工程”等文化项目的打造，大力进行文化精品创作，全面提升公共文化服务质量，进而对群众性文化活动进行丰富，适应广大人民愈来愈多的精神文化需求，为人民提供便捷。

（四）政策保障优化产业发展环境

一是要真正落实好我国的有关税收政策，增加对文化创意企业的有关税收政策的传扬力度，达到优化服务、公正执法。二是创新人才保障、激励和服务机制，建全人才政策体系。一方面，注重培养文化水平高、创新能力强、技术过硬、懂操作的高层次复合型人才，另一方面，吸引和聚集相关领域的高素质人才，进一步发挥高校人才培养和研发的作用，为促进本地创意人才的顺利培养，必须健全可持续稳定的人才培养体系。三是结合设计服务业与文化创新业的特点来构建金融服务体系。可以参考南京、杭州的模式与经验来建立特色金融机构，以提供金融服务和产品给中小文化创意企业，处理融资慢、难、贵等问题。四是要健全对支持文化创意产业发展真正有效的政策体系。聚集现有支持资金，持续扩张规模，延展融资途径，优先扶持倡导支持文化创意产业发展、产业集聚发展、文化创意人才创业、内容创新发展等。五是升级完善创意版权保护政策法规，利用制度来确保文化创意产业顺利发展。应结合郑州基本情况和产业发展环境，因地制宜，促进升级文化创意成果转化流程的加快，加快文化创意产业研发成果及科技创新的政策出台，给文化企业自主研发提供制度保障与激励机制，但应注意分层次差异化扶持，确保政策效果最优。在政策制定方面，鼓励企业提高创新能力和竞争力，支持“走出去”政策和优惠措施，持续提高郑州市文化创意企业的国际竞争力与品牌影响力。六是增大广告宣传力度，参与多种创意活动、文化展览，组织展览，参加各种设计展览及比赛，包括举办“贵姓”全球华人姓氏文化汉字创意设计展览、设计比赛，对郑州的文化创意产品进行大力宣传展示，形成文化创意品牌。对示范文化创意园区及重点文化创意企业开展评比，让他们的辐射带动作用可以全面发挥出来。对某一群有着工匠精神的带头人及企业进行大力宣传报道，指引更多的文化创意企业在坚持传承的首要条件下创新发展。

（五）研究市场把握产业发展趋势

1. 优化市场竞争格局

整体来看，文化创意与设计服务产业不断发展，市场规模不断扩大，市场化水平不断提高，行业竞争也不断加剧。大量的小微企业往往采取低价策略获取市场份额，而能满足高端市场需求的具有高水平创意设计的企业较少。因而形成了低端市场竞争激烈，高端市场总体呈现向优势品牌企业集中的趋势。随着居民消费理念的转变，对于高端文化创意产品和服务的需求将会快速提升，应精准把握文化创意市场的客观事实及内在规律，调控优化市场竞争格局，采取多种举措。一是以补贴或分时分人群免费的方式刺激文化消费；二是出台产业相应的鼓励政策；三是规划场地支持小微文创企业及个人的发展，如文化集市等。为能满足高端市场需求的文化创意企业及个人提供发展空间及机遇。

2. 消费培育市场主体

培育新型文化创意消费模式，有利于各类文化创意市场主体发展壮大，形成产业思维。一是刺激以品牌效应为核心的消费模式的产生，促进高端文化创意产品和服务的发展；二是以“文化惠民工程”推动文化消费新旧动能转换，完善公共图书、文化活动、公益演出等服务配送体系，举办市民系列文化活动，将更多的文化设施对公众免费开放；三是通过政策支持、舆论方向支持，为文化创意产业的发展提供“温床”，唤醒民众的文化“内需”，如举办特色集会、庙会，以巡游、路演等多种形式扩大各种节庆的影响，借助书店、文创空间、公共艺术等城市文化景观，增强人们的文化获得感、幸福感，刺激文化创意市场的活跃度；四是通过对文化创意人才的培养或者加强人才的文化艺术修养来培育消费，塑造更多市场主体。

3. 规范文化创意市场

一是营造良好的政策环境，加强文化创意行业协会、组织、中介机构的建设，打造健康生态的文化创意市场。包括细化媒体作品分级、升级文化产品审核等制度、推进文化创意产业纠纷的处理机制建设等多维度、多方面的规范建设。二是以资本运作的第三方介入文化创意产业，以专业的经济评估标准与政府机构的全面考量相结合，依据市场经济的原则来进行产业投资，确保充足的资金投入，并借助其市场信用，提振社会投资的热情。因其在整个资金运作中起到了监督作用，为文化创意产业的良性发展提供了动力。

参考文献

廖丰丰等：《产城融合背景下文化创意和设计服务业的发展研究》，《艺术科技》2014 年第 9 期。

吴丹丹等：《杭州文化创意产业集聚特征与时空格局演变》，《经济地理》2018 年第 10 期。

B.14

确立城市文化主题　培育特色文化品牌*

卫绍生　张弘韬**

摘　要： 郑州市位于华夏文明腹地，历史文化和特色文化资源非常丰富。但郑州市真正叫得响的文化品牌还不多，更缺少主打文化品牌，与郑州市建设国家中心城市的地位和实力不相匹配。本文结合郑州市历史文化和特色文化资源现状，分析郑州市历史文化和特色文化资源的社会影响、群众基础和开发利用实际，建议郑州市打造特色文化品牌，应突出“天地之中，根亲圣地”这一文化主题，以“天地之中，根亲圣地”统领郑州市现有文化资源开发和相关文化建设，把“天地之中，根亲圣地”打造成为具有广泛影响的文化品牌，为郑州市建设国家中心城市增添文化之翼。

关键词： 文化优势　品牌打造　郑州市

郑州市位于华夏历史文明核心区、黄河中下游交汇地。境内有古称中岳的嵩山，有周公测景台，有世界文化遗产登封“天地之中”历史建筑群；这里分布着诸多旧石器时代和新石器时代遗址，以及夏商周三代遗址。这里是黄帝的诞生地和建都地，大禹的活动地和建都地，也是历代文化名人的集

---

* 本报告系国家社科基金项目“西部地区传统制造业转型升级能力评测及路径优化研究”（项目编号为14BJL098）阶段性成果之一。

** 卫绍生，河南省社会科学院研究员，主要研究方向为中国文学和文化学；张弘韬，郑州师范学院讲师，文学博士，主要研究方向为中国文学和中原文化。

聚地，禅宗和中国武术的发源地。学界对郑州市历史文化资源进行了较为系统的梳理，做了较为深入的分类研究，认为郑州市现已拥有特色鲜明且在一定范围内已经产生了较大影响力的文化品牌，如嵩山文化、黄帝文化、黄河文化、夏都文化、商都文化、列子文化、少林文化、禅宗文化、理学文化等。丰富多彩的文化资源既为郑州市的文化建设提供了重要依托，也为郑州文化发展提供了发展动力。近些年来，在郑州市委市政府的领导下，郑州市充分发挥自身文化优势，推动郑州文化建设快速发展。但是，郑州丰富的文化资源在为郑州文化发展带来一定优势的同时，也客观上为郑州市确立一个既具有郑州特色又能彰显郑州作为河南省会城市独特地位的文化品牌带来了选择的困惑。在郑州建设国家中心城市的今天，如何发挥文化的优势，如何确立具有郑州特色的文化品牌，进而为郑州建设国家中心城市插上文化的翅膀，使郑州这一国家中心城市更具文化魅力，是一个值得认真思考和探讨的问题。

一　郑州优势文化资源与特色文化品牌的历史回顾

郑州是一个有着几千年历史的城市，几次重大的考古学发现奠定了郑州古都的地位。从黄帝诞生地和建都地到夏朝的都城——禹都阳城，从商代早期的亳都到春秋战国时期的郑国和韩国的都城，其历史与中华文明发展史是同步的。但是，郑州的历史发展又是起伏比较大的。历史上，由于靠近古都洛阳和古都开封，在很长一段时间里，郑州的文化被洛阳和开封的光环所掩盖，以至于到了清代晚期，郑州只是一个有着 10 万左右人口的县城。民国以来，铁路的兴起，京广铁路和陇海铁路的修建使地处中国腹地的郑州成了铁路的中心枢纽，郑州的城市建设有了较快的发展，所以，有人将郑州称为“火车拉来的城市”。1954 年，河南省会迁至郑州，郑州的经济文化地位发生了巨大的变化。特别是改革开放以来，郑州的发展速度更是惊人的。据相关部门统计，截至 2019 年 1 月，郑州常住人口突破了 1000 万，经济总量突破了一万亿元，郑州正式跨入超大城市的行列。这也意味着郑州在全国乃至

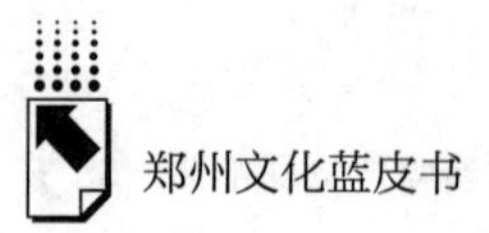

国际上的地位和影响力不断提升。在这样的大背景下，站在全国乃至世界的高度，谋划郑州文化的大繁荣大发展，不仅非常必要和迫切，而且有很大的可行性。

郑州虽然有着五次为都、八代为州的历史，留下来的文物遗址非常丰富，也非常重要，但是今天的人们看郑州，总觉得它是一个年轻的工业城市，很多人不知道郑州是中国八大古都之一，不知道郑州有着丰富厚重的历史文化。细究其因，大致有几个方面：一是由于年代久远，郑州的很多文物都埋藏在地下，地面上能看得见的只是故城遗址，而出土的主要文物都藏在博物馆中；二是郑州的文物遗址大多不在现在的主城区，而是在新郑、登封、巩义等市县；三是郑州的许多文物遗址大多是在新中国成立以后发现的，后来又没有得到很好的宣传，在全国的知名度不高，更谈不上有什么国际影响；四是郑州这些年没有能很好地总结和梳理自身的文化特色，在文化定位上有些模糊，文化宣传方面也不够集中和突出；五是，郑州这些年城市发展的速度很快，很多原有的文化品牌、文化地标、文化遗存等，都难以概括郑州当今的文化特质和文化精神。

新中国成立以来，特别是改革开放四十年来，郑州的文化形象随着郑州城市建设的发展变化而持续变化。从民国时期“火车拉来的城市”、铁路交通枢纽，到世纪年代的绿城、纺织城，再到 20 世纪 80 年代郑州商业的蓬勃兴起，郑州被定位为商都、东方芝加哥。郑州的文化形象随着时间的推移而不断改变。这些变化与郑州的发展现实有直接的关系，导致人们在提起郑州的时候，难免产生郑州文化特色不够鲜明的印象，甚至就连郑州人说到自己的特色文化时，也说不出个所以然。一个城市，尤其是像郑州这样有着悠久厚重历史文化的城市，在社会的发展进步和文化的传承弘扬进程中，文化形象应该呈现相对的稳定性。这种稳定性既是城市长期发展过程中积累起来的文化特质，也是城市的文化个性，是郑州有别于其他城市的文化标识。然而，非常遗憾的是，郑州这种文化标识迄今为止尚未建立起来。

2017 年，郑州上升为国家中心城市。国家将郑州这样一个整体经济实力并不太强的中部省会城市列为国家中心城市，是国家发展的总战略，也说明郑州在国家政治经济文化战略中的重要地位明显提升，更反映了国家对郑州和中部发展的期望。郑州在获得如此殊荣的同时，也确实面临着各种考验和挑战，尤其是在文化建设方面，挑战更为严峻。

习近平总书记在十九大报告中明确提出，“文化是一个国家、一个民族的灵魂。文化兴国运兴，文化强民族强”。文化也是一个城市的灵魂，文化影响力和辐射力是一个城市软实力的体现，文化更是一个城市“硬实力”的自我表达方式，是提升城市能级和核心竞争力的重要支撑。文化与其他行业融合而形成的新业态，如“互联网＋文化＋产业”、“文化＋技术”、“文化＋旅游”、“文化＋体育”、“文化＋商业”、“文化＋地产”等，不仅可以赋予相关产业新的文化内涵，而且对各类传统产业和消费业态的转型升级具有重要意义。

郑州建设国家中心城市，不仅需要启动文化这个引擎，而且需要凝练文化主题，打造具有代表性的特色文化品牌，提升郑州市的文化竞争力、影响力和辐射力。城市文化品牌对城市的发展具有引领作用和带动作用。一个有特色、有知名度、有影响力的文化品牌，既能为城市树立良好的形象，提升城市文化的软实力，更能带动城市的文化产业发展，提升城市的经济发展质量。所以，文化品牌建设对城市的发展具有至关重要的作用。近年来，全国许多城市都把打造城市文化品牌作为文化建设的重要工作。郑州在打造城市文化品牌方面也做了很多卓有成效的工作，以此来提升郑州市的知名度、影响力、辐射力，提升郑州文化产业的发展速度和质量，推进郑州国家中心城市建设。

但是，迄今为止，郑州市尚未形成特色鲜明、内涵深厚、主题明晰的城市文化品牌。究其原因，除了有关部门对郑州的文化主题是什么把握不准、重视不够、认识不到位之外，对郑州应确立什么样的城市文化品牌、如何打造城市文化品牌等问题也都存在模糊认识，至少在决策层面、执行层面和智库层面，关于这些问题还没有形成较一致的看法。特色文化品牌是城市的名片，准确定位郑州的文化主题，打造有知名度、影响力和辐射力的城市文化品牌，是郑州市建设国家中心城市和华夏历史文明传承创新核心区的需要，

也是当务之急。郑州应结合历史文化资源和文化发展现状，凝聚专家学者的聪明才智，调动相关方面的积极性，在充分调研和广泛征求意见的基础上，尽快确立郑州市的主题文化和特色文化品牌，着力打造郑州特色文化品牌，助推郑州国家中心城市建设，在建设华夏历史文明传承创新区中发挥引领示范作用。

二　明确以“天地之中，根亲圣地”为郑州的特色文化品牌

一个城市有一个城市的文化资源禀赋，一个城市有一个城市的文化个性。根据城市的文化资源禀赋和文化个性，确立城市主打文化品牌，不仅有利于该城市的文化建设，而且有利于更好地塑造城市文化个性，突出城市文化特色，有利于城市的整体推介和对外宣传，有利于提升城市文化形象，增强城市的竞争力和影响力。仅就河南省而言，开封市主打大宋文化，许昌市主打三国文化，商丘市主打三商文化，安阳市主打汉字文化，等等，都取得了很好的效果，产生了较为广泛的影响。

国内其他省份的城市在确立城市主打文化品牌、塑造城市文化个性方面已经有不少成功经验。如西安市主打大唐文化，杭州市主打南宋文化，都取得了不俗的成绩。除了西安外，其他国家中心城市，包括北京、上海、天津、广州、重庆、成都、武汉等，都在提炼自己的城市主题文化，打造自己的特色文化品牌。拥有丰富历史文化资源的郑州市，面对丰富多样的优势文化资源出现了选择困惑，长期以来无法确立城市主题文化和特色文化品牌。嵩山文化、黄帝文化、黄河文化、古都文化、少林文化等多点发力，看起来比较热闹，也取得了一定的成效，产生了一定的影响，但由于重点不突出，很难产生更大的合力与更广泛的影响。同时，由于多点发力，也分散了有限的人力资源和社会资源，使郑州市在文化建设方面难以形成“拳头”效应。这显然不利于郑州市建设国家中心城市，也不利于进一步提升文化竞争力。

郑州位于祖国腹地，夏商周三代以来，嵩山地区就被视为“天下之中”，有“豫州为天地之中”的说法。西周初年，周公选择地中观测星象，

在今登封告成建立观星台，明确嵩山地区为“地中”，进而以“地中”测“天中”。而嵩山居五岳之中，更强化了人们视嵩山地区为“天地之中”的观念。登封“天地之中”历史建筑群在第34届世界遗产大会上被列入《世界遗产名录》，也确立了郑州“天地之中”的地位。河南位于中国之中，郑州位于河南之中，称郑州为“天地之中”于史有据，于今有实。所以，郑州应该把“天地之中”作为郑州文化品牌的重要内容。同时，郑州市位于华夏历史文明核心区，根亲文化资源特别丰富，作为中华民族文化之根的经典文化，如《诗》《书》《礼》《易》和《老子》《韩非子》《列子》等，以及具有广泛影响的黄帝文化、黄河文化、功夫文化等，都与郑州有着千丝万缕的联系；郑州更因为黄帝都于有熊（今河南新郑市）而具有非常重要的地位。黄帝有25子，得姓者12人，其中排名前400位的姓氏中，直接起源于姬姓的就有120多个姓氏。而郑州作为夏商周三代的核心区域，以其区域内国名、邑名、地名得姓者也有很多。郑州是中华民族的重要发祥地，也是姓氏文化圣地。因此，把“天地之中，根亲圣地”确立为郑州市的主打文化品牌，不仅契合郑州的历史文化地位，符合郑州文化发展的实际，更好地彰显郑州市的文化个性和文化品格，提升郑州的文化竞争力、影响力和辐射力，而且可以助力郑州市国家中心城市建设，进一步提升郑州市作为国家中心城市的文化形象。

三　确立“天地之中，根亲圣地”为主打文化品牌的现实基础

建议把“天地之中，根亲圣地”作为郑州市的主打文化品牌，主要是基于该文化品牌的代表性、知名度、影响力和基础性。郑州市培育和凝练特色文化品牌，不可能另起炉灶，只能依托现有文化资源和文化基础，这样才能事半功倍。而把“天地之中，根亲圣地”确立为郑州市的主打文化品牌，则符合具有代表性、知名度、影响力和基础性等要求。

（一）“天地之中，根亲圣地”具有广泛的代表性

“天地之中，根亲圣地”涵盖了郑州市文化资源禀赋的主要内容，具有

广泛的代表性和高度的概括性。“天地之中”不仅包括登封“天地之中”历史建筑群，包括嵩山文化以及嵩山论坛等，也包括了以儒家思想为代表的“中”、“中和”、“中庸”等文化概念，体现出“允厥执中”的文化理念，并与郑州市在河南、在全国的“居天下之中”的地理位置和曾经的文化中心地位相对应；“根亲圣地”则体现出郑州市在华夏文明中的血缘之根和文化之根的突出地位，涵盖了黄帝文化、根亲文化、黄河文化、功夫文化、古都文化等多方面的内容。其中，黄帝是中华民族的血缘始祖和人文始祖，属于根亲文化范畴；经典文化、黄河文化、功夫文化、古都文化、列子文化等，在同类文化中也都具有根文化性质。所以，“天地之中，根亲圣地”对郑州文化来说既具有广泛代表性，又具有高度概括性；既体现了郑州既有的文化特色，又彰显了郑州文化优势。

（二）“天地之中，根亲圣地”具有较高的知名度

在郑州现有的文化资源中，黄帝文化、嵩山文化、古都文化、功夫文化、黄河文化等不仅是“天地之中，根亲圣地”的重要内容，而且在全国乃至国际上都具有较高知名度。已经连续举办了14届黄帝故里拜祖大典，如今已经在国内外产生了较大影响，黄帝文化享有很高的知名度；在世界文化遗产“登封天地之中古建筑群”和文明对话的重要平台“嵩山论坛”的双轮驱动下，嵩山文化在海内外享有很高声誉；功夫文化则由于少林文化在世界各地的传播而闻名遐迩；而由禹都阳城、郑州商都、新郑郑韩故城等组成的古都文化，也让郑州熠熠生辉，声名远播。上述具有郑州特色的文化，都具有很高的知名度，不论是对外宣传推介，还是进行深度开发利用，都具有不可替代性。但作为郑州市的主打文化品牌，又不可能全部推出，故而只能将这些具有很高知名度的文化，按照其内在逻辑联系起来，凝结起来，形成“天地之中，根亲圣地”这样既能涵盖郑州文化的主要内容，又能突出郑州文化特色的文化品牌，集中力量打造，统一对外宣传推介，从而进一步提高郑州文化的知名度。

（三）“天地之中，根亲圣地”具有广泛的影响力

影响力与知名度是相辅相成的。具有较高知名度的文化品牌必定具有较大影响力。经过郑州市和有关方面的持续大力度的开发推介，郑州特色文化中的黄帝文化、嵩山文化、少林文化、古都文化等文化品牌的国内外影响力持续提升。但是，应该看到，这些优势文化品牌影响力的进一步提升，目前都遇到了同样的问题，即如何成为国内乃至国际知名的一线文化品牌，进而大幅提升其文化影响力和辐射力，成为郑州文化的主打品牌？黄帝文化主要是以黄帝故里拜祖大典为载体，而目前陕西的清明节公祭黄帝陵，不论是声势、规模还是影响力，都不亚于新郑黄帝故里拜祖大典；登封“天地之中”历史建筑群进入世界文化遗产名录之后，影响力仍然有待提升；嵩山论坛已经举办了六届，但由于仅限于世界文明的对话，其影响力在短期内很难与亚洲博鳌论坛相提并论；少林文化曾经非常被看好，但目前的发展也遇到了瓶颈；而古都文化由于大多属于遗址遗存，按照“保护第一”的原则，很难进行深度开发和利用。所以，要打破郑州文化建设目前面临的瓶颈，必须通过强有力的整合，提炼出具有高度概括性的“天地之中，根亲圣地”主打文化品牌，从而进一步提升郑州文化的知名度、竞争力和影响力。

（四）“天地之中，根亲圣地”具有较好的基础性

把“天地之中，根亲圣地”作为郑州主打文化品牌，是基于郑州文化建设多年来形成的坚实基础。嵩山文化有世界文化遗产——登封“天地之中”历史建筑群和嵩山论坛作为重要载体和依托；少林文化有少林禅武文化作为基础；黄帝文化不仅有新郑黄帝故里拜祖大典，而且还有新密黄帝宫和邙山炎黄二帝文化园等作为辅翼；古都文化有禹都阳城、商都遗址、新郑郑韩故城等；黄河文化则有沿黄文化带和黄河文化休闲区等。可以说，郑州特色文化中的嵩山文化、黄帝文化、古都文化、少林文化、黄河文化等，在基础设施建设方面，都已经有了比较好的基础。

依托现有基础，打造“天地之中，根亲圣地”文化品牌，使之成为郑州文化的主打品牌，不仅有事半功倍的效果，而且比较容易为人们认同和接受。

四　确立“天地之中，根亲圣地”为郑州主打文化品牌的对策

要加快郑州市的文化建设，需要把拳头握起来，提炼文化品牌，突出主打文化品牌，形成品牌优势，进而更好地把文化资源优势转化为发展优势，更好地助力郑州国家中心城市建设。为此，把“天地之中，根亲圣地”打造成为郑州文化品牌和主打文化品牌，建议从以下几个方面着手。

（一）明确“天地之中，根亲圣地”作为文化主题的重要意义

河南居中国之中，郑州居河南之中。中国之名源于“中”。中岳嵩山不仅居五岳之中，而且在古人的理念里还位于天地之中。嵩山及其周围地区是华夏文明的发祥地、中华民族的起源地。五千年华夏文明在这里发展演变，创新创造，绵延不断。登封“天地之中”历史建筑群成功申报世界文化遗产，表明郑州嵩山“天地之中”的地位已经得到了世界的认可。黄帝作为中国正史第一人，是中华民族的血缘始祖和人文始祖，在中原留下了许多遗迹。作为国家级非物质文化遗产的新郑黄帝故里拜祖大典，已经在海内外华人中产生了广泛认同和深远影响。郑州作为全球华人的根亲文化圣地，实至名归，当之无愧。与此同时，郑州还是古都文化、禅宗文化、功夫文化等文化的根祖地。而无论嵩山文化、黄帝文化，还是古都文化、禅宗文化、功夫文化，在中华文化中都具有非常重要的地位，都是传承弘扬中华优秀传统文化的重要内容，都是郑州建设国家中心城市所必须借重的重要文化资源。因此，郑州市各级干部群众要深刻认识“天地之中，根亲圣地”作为郑州主打文化品牌的价值和意义，自觉地为提炼和培育这一文化品牌贡献力量。

（二）深入发掘“天地之中，根亲圣地”作为品牌内涵的内在价值

把“天地之中，根亲圣地”作为郑州主打文化品牌，需要得到更多人的认可与支持。这就需要深入挖掘“天地之中，根亲圣地”作为主打文化品牌的内在价值，在打造“天地之中，根亲圣地”文化品牌方面形成共识，认识到“天地之中，根亲圣地”作为郑州主打文化品牌是实至名归、当之无愧的。挖掘“天地之中，根亲圣地”的内在价值，不是简单地把郑州每一种特色文化的内在价值叠加起来，而是要从中发现它们在“天地之中，根亲圣地”方面的内在联系和一致性，把“天地之中，根亲圣地”作为郑州主打文化品牌的灵魂，用“天地之中，根亲圣地”统领郑州的特色文化建设，进而把“天地之中，根亲圣地”打造成为郑州的主打文化品牌。譬如黄帝和黄帝文化，是“根亲圣地”的重要支撑。所以，既要看到黄帝作为中华民族血缘始祖和人文始祖的价值，也要看到黄帝在早期国家形态形成中发挥的重要作用，同时更要看到黄帝文化在当下所具有的维系海内外华人的家国情怀、构筑海内外华人共有精神家园等的重要价值。

（三）多策并举把“天地之中，根亲圣地”打造成为郑州的主打文化品牌

第一，加大“天地之中，根亲圣地”作为郑州文化品牌的宣传推介力度。利用报纸、广播、电视、网络、自媒体等，广泛宣传“天地之中，根亲圣地”作为郑州主打文化品牌的价值和意义，以期在干部群众中形成广泛共识；第二，营造“天地之中，根亲圣地”的浓厚文化氛围。在公共文化场所、公共娱乐场所、文化旅游景区、重要交通要道等树立“天地之中，根亲圣地”广告牌或电子显示屏，让人们置身“天地之中，根亲圣地”的文化环境之中；第三，把“天地之中，根亲圣地”融入城市规划和景观设计之中。以“天地之中，根亲圣地”的文化理念统领城市文化规划，在道路、广场、社区、学校等公共场所增加体现“天地之中，根亲圣地”文化理念的书法、绘画、雕塑等，让“天地之中，根亲圣地”的文化理念见诸

于艺术形象，并逐步深入人心；第四，制作“天地之中，根亲圣地”专题片，向省内外、国内外宣传郑州的文化定位，推介郑州文化品牌；第五，借助论坛和研讨会等形式，对郑州“天地之中，根亲圣地”的文化定位进行深入研讨，为把“天地之中，根亲圣地”打造成为郑州主打文化品牌提供更坚实的理论和学术支撑；第六，以“天地之中，根亲圣地”为灵魂，统领郑州四大文化片区建设，使四大文化片区既各具特色，又相互联系，相互支撑，共同彰显郑州文化特色，共同铸就郑州城市文化灵魂。

（四）把“天地之中，根亲圣地”作为郑州市各种文化活动的主体符号

河南省把“大美中原，老家河南”作为对外宣传的主题词，获得了广泛认同，收到了很好的效果。郑州作为省会城市，需要在文化品牌方面对此有所呼应。建议郑州市在各种文化活动中把“天地之中，根亲圣地”作为主打文化品牌鲜明地推出来。同时，建议郑州市把“天地之中，根亲圣地”作为郑州市对外宣传的主题词。为了扩大影响，建议郑州市在全国范围内有奖征集“天地之中，根亲圣地”的LOGO设计，不仅可以借此宣传郑州，推介郑州，让郑州作为“天地之中，根亲圣地”的文化理念深入人心，而且可以通过这一文化活动，形成强烈而鲜明的文化共识，让人们一说起郑州，马上就想起郑州的文化品牌，想起那具有鲜明郑州特色的LOGO标识，并联想起这一文化标识所具有的文化内涵与文化意义，从而进一步扩大郑州的文化竞争力和影响力。

参考文献

张牧：《我国文化品牌创新发展路径探析》，《长白学刊》2019年第5期。

张顺军、廖声武：《城市品牌传播的文化记忆理论阐释维度》，《当代传播》2019年第4期。

赵浥馨：《郑州文化创意产业的新时代深层次发展问题研究》，《知识经济》2018年第17期。

B.15

以文化人　以文化城 持续提升郑州城市文化魅力*

刘迎晨**

摘　要： 郑州市坚持以文化人、以文化城，把文化融入城市经济社会发展的全过程，推动公共文化服务体系建设，加大文化传承保护力度，提升文化产业发展质量，把文化资源优势转化为文化发展优势，实现发展成果的人民共享，满足人民群众高品质的精神文化需求，城市文化魅力不断彰显，城市文化品质不断提升。

关键词： 以文化人　以文化城　文化魅力　郑州市

河南省委十届六次全会要求，要以习近平总书记关于城市工作的指示要求为引领，不断提升城市的文化品质和服务品质。郑州市深入贯彻省委战略部署，把城市文化品质放在更加重要的位置，深入挖掘文化资源优势，打造华夏历史文明传承创新中心，提升文化软实力，围绕城市文化建设，郑州市坚持以文化人，以文化城，持续提升郑州城市文化魅力，取得明显成效。

---

* 本报告系陕西省社会科学院重大项目“优化提升陕西营商环境的路径研究”（立项号：18SZD05）阶段性成果之一。

** 刘迎晨，郑州市委宣传部副主任科员，主要从事城市文化建设方面的研究工作。

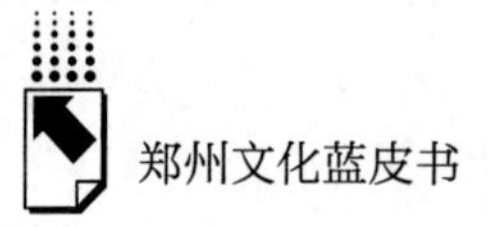

一　明确目标定位，不断夯实城市文化建设的基础

（一）坚持惠民为本，不断提升公共文化服务水平

郑州市以满足人民群众精神文化需求为指引，坚持“政府主导、社会参与、重心下移、共建共享”的工作思路，努力构建了覆盖城乡、实用高效的现代公共文化服务体系。

1. 巩固提升公共文化服务水平

大力推进文化扶贫工作，全市所有行政村实现广播电视信号全覆盖。以“舞台艺术进乡村、进社区”、“中原文化大舞台”、“戏曲进校园”、“情暖新春”等为平台，组织文化演出活动1313场，参与群众、学生超过800万人次。成功举办黄帝故里拜祖大典、中国（郑州）国际园林博览会、中国·东盟友谊歌会、国际少林武术节，扩大了郑州国家中心城市的文化影响力。高标准策划组织“文化跨年夜　出彩郑州人”大型节日活动，吸引35万人到现场观看，央视新闻联播先后两次进行报道，社会各界反响很好，充分展现了郑州蓬勃昂扬的精神风貌。放映公益电影2.3万场，受益群众364.8万人次，优先覆盖了所有贫困村。大力加强公共文化服务基础设施建设，全市已建成乡镇（街道）综合文化服务中心183个，占比92.9%；建成村（社区）综合文化服务中心2479个，占比88.6%，提前完成市政府规定的80%的年度目标。文化馆、图书馆总分馆制扎实推进，公共图书馆联盟分馆达到262个。

2. 扎实推进重大文化项目建设

加快中央文化区（CCD）“四个中心”（奥体中心、文博艺术中心、市民活动中心、现代传媒中心）项目建设，确保2018年底实现项目完工并投入使用，建成中部地区的文化新地标。深入开展文化精品创作。深入挖掘郑州文化内涵，创作编排了一批反映群众生活、讴歌大美郑州的优秀作品，2017年以来先后获得了国内外多个奖项。现代豫剧《都市阳光》获省第十一届“五个一工程”优秀作品奖；戏曲电影《王宝钏》获得加拿大欧亚国际电影节最佳戏剧片奖、旧金山国际新概念电影节优秀戏曲片奖两项国际大奖；电影《大荷花小荷花》在美国洛杉矶世界民族电影节获得最佳儿童影片奖；曲剧《新版白兔记》获得河南省第十四届戏剧大赛文华大奖、第十届河南省戏曲红梅奖大赛。启动“百姓文化郑州云”平台建设，收集文化场馆 247 个，文化活动 912 个，文化社团 69 个，文化非遗 83 个，有效缓解公共文化服务存在的“活动知晓率低、活动参与率低、场馆设施利用率低”的通病，实现了从以前的“活动找观众”到如今的“观众找活动”。

（二）注重传承创新，大力弘扬优秀传统文化

郑州市坚持保护为主、抢救第一、合理利用、加强管理的工作方针，抓住和利用重大战略机遇，进一步巩固华夏历史文明传承创新中心建设成果。

1. 有序推进“四大文化片区”建设

积极推进商都历史文化片区、古荥大运河历史文化片区、百年德化历史文化片区和二砂文化创意园区“四大文化片区”建设。“四大文化片区”建成后将成为建设国家中心城市的形象展示窗口和重要文化品牌，成为增强郑州综合承载能力、竞争实力和城市品质的重点工程。

2. 大力实施生态保遗工程

全面启动生态保遗专项工程，从 2017 年至 2020 年，连片建设中心城区、城市毗邻区、城郊地区 3 个遗址生态文化公园文化带、75 处生态文化公园，以生态绿化方式让古遗址“活”起来，打造市民文化休闲活动的主题公园，延续城市文脉，探索文化遗产片区化、集群化、生态化、亲民化等新的遗产保护模式。

3. 加强世界文化遗产保护

协助国家文物局、中国文化遗产研究院，做好对“天地之中”历史建筑群、大运河通济渠郑州段的现场评估，督导修订“天地之中”历史建筑群总体规划，稳步推进运河遗产博物馆和荥阳故城、纪信庙、大运河沿岸节点展示等项目。

4. 强化文物保护基础性工作

加强遗产本体保护规划和方案编制工作，2018 年度国保单位项目计划书有 12 项获得国家文物局批复，占整个河南省已批复计划书的四分之一。郑韩故城被国家文物局列为第三批国家考古遗址公园，大河村遗址公园被批准立项。苑陵故城遗址公园建成，与园博园同步开放，受到广泛好评。举办《长渠缀珍——南水北调中线工程河南段文物保护成果展》《天山下的来客——哈萨克民俗风情展》《云霞霓裳——郑州博物馆藏中原服饰绣品展》《阿富汗国家博物馆藏珍宝特展》等展览，共接待观众 35 万人次，受到广大市民的广泛好评。

（三）着力扶优培强，加快发展文化产业

郑州市围绕把文化产业培育成为国民经济支柱性产业的目标，不断加大服务协调力度，全市文化产业取得了快速发展，文化企业数量达到 17469 家，其中规模以上企业 584 家，实现增加值 288 亿元，占全省的 23.8%。

1. 优化企业发展环境

出台了文化产业综合性政策，设立 2 亿元的文化产业专项资金，主要用于吸引国内外知名文化企业和培育本市重点文化企业，扶持全市文化企业发展壮大。着手组建文化产业协会，为文化企业搭建沟通交流的平台。开展示范基地评选活动，评选命名 23 家企业为第四批市级文化产业示范基地，通过示范引领带动，助推文化产业加快发展。

2. 加大宣传推介力度

举办“郑州本土电影展映月”活动，组团参加第十三届深圳文博会、第四届中原（鹤壁）文博会、第三届宁波文博会，宣传展示郑州文创产品。组织郑州电视台《文化中原》栏目对全市 18 家文化企业进行采访报道，增强文化企业的社会知名度和影响力。

3. 助推产业集聚发展

加快构建“一带四区”文化产业发展新格局，集中打造沿黄文化旅游带、中牟国际时尚创意文化旅游区、登封华夏历史文明传承创新示范区、新

郑黄帝故里历史文化园区和郑州航空港对外文化贸易区，推动文化产业成为新的经济增长极。特别是郑州国际文化创意产业园，成功引进了华强·方特主题乐园、建业·华谊兄弟电影小镇、海昌极地海洋公园、王潮歌“只有”主题演艺公园、中部·设计城等一批重大文化产业项目，发展势头尤为强劲。

（四）坚持以文化人，大爱郑州氛围更浓厚

以文化城，关键是以文化人，就是从精神层面凝结起郑州人的精神价值、生活方式和集体人格，让每一个郑州人真正成为中原文化的传承人、建设者。近年来，围绕培育和践行社会主义核心价值观，郑州以全国文明城市创建为统领，以市民公共文明素养提升行动为抓手，不断深化城乡精神文明创建活动，推进志愿服务活动开展和诚信建设制度化，全面提升市民文明素质和社会文明程度。

1. 积极推进核心价值观融入法治建设

出台河南省第一部关于精神文明建设的专门性地方法规《郑州市文明行为促进条例》，为郑州市文明行为促进工作提供有力的法律保障支撑。以“七进”活动为抓手，以“四项集中治理行动”为重点，启动“向不文明行为宣战”全民行动，开展不文明行为执法、劝阻 90 余万次，取得初步成效。深入开展道德模范和身边好人推荐评选工作，截至 2018 年 11 月底，评选出 11 名郑州市道德模范，推荐 9 人上榜“中国好人”，全市各级共组织道德模范故事汇基层巡演 100 余场，受教育群众达 3 万余人。

2. 文明创建工作不断深化

印发《郑州市深化文明城市创建三年行动计划（2018～2020）》，对今后三年郑州市及各县（市）深化文明城市创建工作明确了工作目标和任务，进行了全面安排部署。不断加强文明社区、文明村镇、文明校园等精神文明细胞工程建设。继续推行文明单位与全市农村、学校结对帮扶，不断完善结对共建机制，丰富结对共建内涵，增强结对共建成效，推动城乡精神文明建设同步发展。

3. 志愿服务活动亮点纷呈

“社区党建 + 志愿服务”模式全面落地。制定印发《关于全面推行“社区党建 + 志愿服务”工作模式的实施意见》，指导各地各部门各单位精准施策，引导社区建设类志愿服务不断深入。连续 6 年组织实施了“温暖回乡路，共铸留守情”春节期间关爱外来务工人员志愿服务活动。

二 坚持以文化城，充分发挥文化在城市建设中的重要作用

城市建设与文化传承创新有着十分密切的联系，文化建设在城市发展中发挥了十分重要的作用，具体到郑州市，主要表现在以下几个方面。

（一）文化繁荣让城市更具魅力

在建设国家中心城市的进程中，郑州市坚持以文化城、以产兴城，深度挖掘商都文化、嵩山文化、黄帝文化、黄河文化、红色文化等特色资源，统筹城乡、区域文化发展，让城市因文化而更富魅力。十九大期间，郑州国外版城市形象宣传片登录美国纽约时报广场，郑州城市名片“五个一”（即“一山一河一寺一祖一城”）轮番出境，在世界的“十字路口”展示了郑州的独特魅力。为推动郑州城市东西两翼均衡发展，西区规划建设了中央文化区（CCD），与东区中央商务区（CBD）遥相呼应，最大限度地满足群众对文化生活的追求。推动各县（市）区依托当地特色文化、传统文化，进一步优化产业结构和布局，通过打造一批文化亮点工程，用文化引领城市发展。中牟县的国际文化创意产业园，重点发展文化创意、时尚旅游，3 年时间，主导产业由第一产业跨越到第三产业，凸显了文化集聚发展的巨大价值。登封市连续多年举办嵩山论坛，打造华夏文明与世界文明交流互鉴平台，实景演出项目《禅宗少林·音乐大典》，2017 年接待游客 40 万人次，把厚重的中原文化转变成为吸引国内外目光的文化旅游产品；巩义市的偃月古城、新密市的轩辕圣境文化产业园、荥阳市的孤柏渡旅游景区、新郑市的宋城·黄帝千古情、上街区的方顶驿河洛历史文

化小镇等项目，将当地文化符号、人文历史、民风民情融入自然山水，融入当代生活，在带动城乡经济发展的同时，有效提升了城市文化吸引力、影响力和传播力。

（二）文物保护让城市更有底蕴

习近平总书记在中央政治局第十二次集体学习时讲到，要系统梳理传统文化资源，让收藏在禁宫里的文物、陈列在广阔大地上的遗产、书写在古籍里的文字都活起来。郑州有着厚重的历史，郑州的历史大多埋藏在地下，更加需要通过文物保护和利用来展现郑州的文化底蕴。郑州市集中打造商都历史文化区、古荥大运河文化区、百年德化历史文化区、二砂文化创意园区和列子故里，就是通过不遗余力的保护和利用，传承城市文脉，提升城市品质，同时，也有力地带动了老城区基础设施和公共服务设施配套建设。

（三）文化服务让城市更加文明

公共文化服务是城市文化建设的重要内容。近年来，随着市委、市政府对公共文化服务设施投入的逐步加大，郑州市公共文化设施建设也不断加快，公共文化服务水平有了明显提高。例如，郑州市大力推进基层综合性文化服务中心建设，全市 248 个贫困村综合文化服务中心建设目前已基本完成。全面铺开文化消费试点工作，安排 2500 万元，对购书、看电影、观看演出等进行补贴，引导鼓励市民进行文化消费。截至目前，累计参与文化消费 180 万人次。新密市打造的特色书店香柏书社，正逐步形成特殊的、大众认可的书香文化，在巩固城乡先进文化传播阵地、推动全民阅读、建设书香社会等方面，发挥着越来越重要的作用。同时，各县（市）区的公共文化服务单位，针对群众文化需求，开展形式多样的公共文化服务，图书馆、文化馆、博物馆、美术馆以及基层公共文化设施设备日益完善，吸引当地群众积极参与，对提升城乡居民的文明素养具有重要的意义。

三　立足创新发展，全面提升郑州城市文化魅力

当前，郑州正在加快建设国家中心城市。在城市建设过程中，要充分发挥文化建设的作用，通过以文化人，以文化城，持续提升城市文化魅力，彰显城市文化内涵。

（一）着力增强公共文化服务能力

一是加快推进基层综合性文化中心建设。重点完善社区公共服务设施配套，满足群众的教育、医疗、体育、文化等需求。按照文体广场不低于1000平方米、街道综合性文化服务中心不低于400平方米、社区综合性文化服务中心不低于200平方米的标准，完善综合性文化设施。二是推进以县（市）“两馆”为总馆、乡镇为分馆的图书馆、文化馆总分馆制建设。推动各县（市）区因地制宜完善3至5个“城市24小时智慧图书馆”建设，面积不低于80平方米，进一步加强覆盖城乡的公共文化设施建设，丰富城乡居民文化活动，提升居民文化、文明素养。三是加强公共文化单位绩效考核工作水平。贯彻落实《郑州市公共文化服务体系建设绩效考核办法》，督导各级公共文化服务场所提高服务效能。

（二）大力保护历史文化遗产

一是深度挖掘、系统谋划。习近平总书记在中央政治局第十二次集体学习时讲到，要系统梳理传统文化资源，让收藏在禁宫里的文物、陈列在广阔大地上的遗产、书写在古籍里的文字都活起来。郑州有着厚重的历史，但中华文明早期的部分占的比重较大，历史古迹大多埋藏在地下，需要通过文物保护和展示来彰显郑州的文化底蕴。要深入研究和阐释以嵩山文化、黄河文化、黄帝文化、商都文化、革命传统文化等为代表的郑州文化脉络体系和文物核心价值的挖掘阐释，加强历史文化名城、历史文化街区、历史建筑的保护与利用，传承非物质文化遗产，通过不遗余力的保护和利用，传承城市文脉，提升城市品质。二是古今交融、全面激活。深入挖掘老旧街区文化价值，以修旧如旧、修古复古为原则实施修复，打造历史文化街区，保护和传承优秀文化，延续历史文脉。采取小规模、渐进式方法，保护传统格局，维护老城肌理，加强历史建筑和古街巷修缮，推进老旧厂区更新改造。推动有资源条件的县（市）区完成1条以上的历史文化精品特色街区。充分利用地铁这一重要的城市文化传播途径，在地铁设计、环境设计等方面融入中原历史文化元素，推动建设地铁博物馆、地铁主题公园等文化项目，展示中原传统文化和郑州千年古城的文化底蕴。在老城改造、商业中心、历史街区、旅游景点等建设中，要尽可能打上郑州“文化印记”，让城市处处散发着文化气息。比如，在推进百年德化历史文化街区建设过程中，要考虑引入一些郑州的老字号、老品牌，通过这种方法，来唤醒城市的历史记忆和文化活力。三是提升品质、打造经典。大力推进文化遗产合理利用，推动文物工作融入现代社会、融入城市建设、融入生态文明、融入民生改善，在激发博物馆活力、鼓励社会力量参与、促进文物市场活跃有序发展、引导民间收藏文物保护利用、文化创意产品研发等方面探索新路，打造新的“郑州模式”，增强中原文化遗产的影响力。要推动优秀传统文化创造性转化、创新性发展，传承城市文脉，吸收现代文化，丰富时尚元素，形成具有鲜明特色的郑州文化。

（三）全力发展文化产业

一是着力抓好重大项目建设。加快培育郑州国际文化创意产业园、“天地之中”文化旅游园区、中原科技创新文化产业园、国家知识产权创意产业试点园区、郑州绿色印刷包装文化创意产业园、轩辕圣境文化产业园、良库工舍等文化产业园区，推进文化产业规模化、集约化发展。推动具有良好市场前景和发展潜力的重点文化产业项目加快建设，形成产业发展新优势。围绕中原文化题材，重点挖掘舞台剧、影视剧、动漫、微电影、杂技等领域，努力推出一批思想性、艺术性、观赏性相统一的精品力作，提升文化影响力。重点打造好中国（郑州）国际街舞大赛，中国国际摄影艺术节、中国（郑州）印刷包装产品博览会、郑州图书交易会、迷途音乐节等节会活动，进一步提升城市文化品位，增强城市的吸引力和影响力。二是着力抓好市场主体培育。一方面，培育骨干文化企业。积极扶持文化休闲娱乐、演艺影视、创意设计、动漫游戏、出版印刷发行、工艺美术等郑州优势产业领域文化企业加快发展，推动天人文化旅游（主要运营禅宗少林·音乐大典）、约克动漫影视、梦祥纯银制品等文化领军企业，在运用新技术、培育新业态、拓展新模式上优化升级。另一方面，深入推进“文化+”行动。积极引导郑州市3万家中小文化企业，抓住数字化、网络化、智能化融合发展机遇，加快与科技、信息、教育、制造、建筑、现代农业等产业融合发展，增加相关产业的文化附加值和竞争力。三是着力抓好配套政策支持。充分发挥《郑州市加快文化产业发展若干政策》引导作用，在拓宽投融资渠道、鼓励产业集聚发展、扶持企业发展壮大、鼓励发展内容产业、拓展文化消费市场、激励文化人才创业等方面，予以重点扶持。借鉴黄坤明同志担任杭州市委书记时推动成立“文化银行”的做法，郑州市《若干政策》提出“设立服务文化企业的特色金融机构”，积极与郑州市商业银行合作，探索成立“文化银行”，推动中小文化企业更加便捷地得到金融支持。

B.16

深入推进郑州市文化扶贫的对策研究

边铀铀*

摘　要： 文化扶贫是扶贫工作的重要组成部分，是打赢脱贫攻坚战，从根本上改变贫困地区的落后状态，最终实现全面小康的重要保障。本报告分析了郑州市文化扶贫的基本情况，探讨了文化扶贫存在的问题和不足，提出郑州市要树立文化扶贫新理念，提高扶贫的瞄准率，强化公共文化服务体系建设，注重人口素质提升，加大扶贫投入力度等，全面增强文化扶贫的成效。

关键词： 文化扶贫　扶贫攻坚　郑州市

文化扶贫是扶贫工作的重要组成部分，是打赢脱贫攻坚战，从根本上改变贫困地区的落后状态，最终实现全面小康的重要保障。目前，扶贫已经到了攻坚拔寨的冲刺阶段，扶贫的难度更大，扶贫任务更加艰巨。贫困人口不仅是物质上的贫困，更多是精神、思想的贫困。文化扶贫是解决贫困内生动力、带领农民脱贫致富的前提，是整个扶贫工作的基础和根本，必须深刻认识到文化扶贫具有的重大意义。对于处在决胜小康社会关键期的郑州而言，必须要更好地落实中央、省委和市委部署，围绕发展大局、补齐短板，努力构筑“精神高地”、冲出“经济洼地”，以文化扶贫带动农村经济社会的全面发展。

* 边铀铀，郑州轻工业学院副教授，主要研究领域为乡村文化建设。

一　深入推进郑州市文化扶贫的意义

（一）文化扶贫是改善贫困人口精神面貌，培育脱贫内生动力的重要手段

习近平总书记指出，“扶贫先扶志，一定要把扶贫与扶志有机地结合起来，既要送温暖，更要送志气、送信心”。文化部 2017 年出台的《“十三五”时期文化扶贫工作实施方案》明确提出，要发挥文化在脱贫攻坚工作中的“扶志”“扶智”作用。目前，扶贫已经到了攻坚拔寨的冲刺阶段，扶贫的难度更大，扶贫任务更加艰巨，贫困人口不仅是物质上的贫困，更多是精神、思想和志气的贫困。郑州市贫困人口思想守旧、“等、靠、要”的思想仍然存在，脱贫主动性不强，通过文化帮扶，在扶文化、精神上下功夫，以文化育民、励民，帮助建立起积极的人生观、价值观，培育贫困人口脱贫的内生动力，树立起脱贫的志气和信心，从根源上改善贫困人口的精神面貌。

（二）文化扶贫是提升贫困人口脱贫能力，变“输血”为“造血”的重要途径

2017 年 6 月 23 日，习近平总书记在深度贫困地区脱贫攻坚座谈会上提出，“处于深度贫困的人群主要是部分教育文化水平低、缺乏技能的贫困群众。要注重培育贫困群众发展生产和务工经商的基本技能，注重激发贫困地区和贫困群众脱贫致富的内在活力，注重提高贫困地区和贫困群众自我发展能力”。目前，郑州市贫困人口的农业生产、务工经商技能缺乏，自主脱贫能力不足，降低了扶贫的可持续性，容易出现脱贫后返贫的现象。通过加强文化扶贫，开展各种形式的脱贫技能培训，可以提高贫困人口的文化素养和知识技能，推动从资源输入扶贫转为造血式脱贫，实现从政府扶贫到我能脱贫的转变。

（三）文化扶贫是推动贫困地区特色资源产业转化，实现经济持续发展的重要举措

2017 年，习近平总书记在扶贫调研时指出，“要把发展生产扶贫作为主攻方向，努力做到户户有增收项目、人人有脱贫门路。贫困人口脱贫产业扶贫至关重要，切合贫困地区实际的产业能够带动农民发展生产，促进现代农业建设，增加农民增收项目。”当前经济步入新常态，经济下行压力增大、农产品供求结构失衡、生产成本增加等问题凸显，尤其是贫困农村农业发展受到明显影响，农民收入增长持续乏力。创新贫困地区发展思路，充分利用贫困地区文化资源，探索产业发展新模式，成为引领农民脱贫致富的途径。郑州农村地区农业资源、文化资源丰富，应推动“农业＋”“互联网＋”的运用，推进贫困地区各类资源的产业转化，运用好乡村文化、农业和自然资源，打造特色文化品牌，构建起现代产业体系，拓宽贫困地区农民的增收渠道，从而带动农村经济全面发展。

二　郑州市文化扶贫的现状与成效

（一）文化产业发展带动农民脱贫

一是推动非遗资源转化利用扶贫。目前，郑州市拥有国家级非物质文化遗产项目 6 个，省级非物质文化遗产项目 59 个，市级非物质文化遗产项目 185 项，149 名项目代表性传承人。为了提高非遗传承人的传承能力，对贫困地区非遗传承人共举办培训班 20 期，贫困群众自主奔小康能力得到有效提升。积极创新宣传传承形式，建立非遗博物馆、展示基地，组织非遗项目进学校、社区和企业，推动非遗项目的产业转化，建立产业示范区等，通过宣传、展示、传播、传承和产业转化，提升了非遗的保护利用水平，提高了非遗的经济社会效益。二是推动贫困地区文化资源的产业化发展，围绕“每个贫困村形成一个特色产业，每个有条件的贫困户都有一项可依托的产

业”的目标，充分依托贫困地区的文化资源、生态资源的特色优势，把特色文化产业发展与贫困人口脱贫致富紧密结合起来，通过文化资源的产业转化带动贫困人口的脱贫。各贫困村积极结合区域特色，发展乡村旅游产业，助力乡村脱贫，扶持发展贫困村20个旅游项目，带动发展贫困户1000余人。

（二）加快推进农村公共文化服务体系建设

2018年农村文化扶贫工作取得较大进展，指导各县（市）按照“七个一”的标准加强贫困村基层综合性文化服务中心建设。截至2018年底，郑州市248个贫困村综合性文化服务中心建设已全部完成，为农村开展基层群众文化活动提供了坚强阵地。郑州市基层专职文化队伍进行的集中培训2365人次，其中参与省级培训71人次，市级组织培训226人次，县级组织培训2068人次，达到《国家基本公共文化服务指导标准》中要求的县级以上公共文化机构从业人员及乡镇（街道）和村（社区）文化专兼职人员有433人；业余文化队伍培训群众文艺团队骨干、群众文化辅导员、基层文化管理员、群众文化带头人、农村文化中心等11万余人次；远程培训约3000人次。

（三）公共文化服务设施实现全覆盖

郑州市把基层综合性文化服务中心建设作为完善基层公共文化服务体系的重要抓手、文化扶贫工作的重要突破口，紧盯不放，自我加压，主动作为，积极推进。按照“县级政府在推进基层综合性文化服务中心建设中承担主体责任”的要求，持续加大对各县（市、区）的督导力度。2018年以来，通过深入到每一个乡镇（街道）和部分村（社区）进行实地督促检查，现场发现和解决问题。同时，建立起季度报进度、半年做讲评等制度，层层分解任务，层层压实责任。2018年4月中旬，郑州市在上街召开了郑州市2018年公共文化建设重点工作观摩推进会议，在安排部署年度公共文化重点工作的同时，重点就基层综合文化服务中心建设所取得的成功经验和做法进行了总结推广。目前郑州市乡镇（街道）文化站已建成185个，村（社区）综合性文化服务中心已建成2585个，其中248个贫困村建设任务已全部完成。目前基层公共文化站点共2769个，完成比例已达92.89%，超额完成年度目标任务。建设情况符合基层公共文化设施“七个一”标准，全面达成对村民“零门槛”免费开放，保障基层群众基本文化权益，推进城乡基层公共文化服务标准化、均等化。以综合性文化服务中心为支撑的基层公共文化服务体系已初步形成，并呈现服务阵地标准化、服务设施网络化、服务活动经常化、服务队伍普及化、服务管理长效化以及特色文化品牌化的良好局面。

（四）文化活动助力脱贫攻坚

积极推行“戏曲进乡村”，郑州市作为全国戏曲进乡村活动的示范城市，中共中央宣传部、文化和旅游部10月召开了“全国戏曲进乡村”现场会，推广“郑州经验”，促进郑州市乡村戏曲文化进一步蓬勃发展。结合传统节日组织文化展演活动，以春节、元宵节、清明节、端午节、中秋节等传统节日为节点，以“我们的节日”为主题，广泛开展优秀传统文化展演活动，促进文明新风进乡村，促进移风易俗入民心。鼓励结合实际开展形式多样的农村文化活动，近年来郑州市农村群众参加和开展文化活动的积极性和创造性得到大幅提升，各县市组织“春满中原”、“百城万场”、“群星耀中原”等群众文化品牌活动1518场，“双优”“双带”文化惠民工程在贫困村全覆盖双优。荥阳市“草根大舞台”到贫困村演出36场次，参与人数约1000余人。文化志愿服务助力脱贫，推动文化志愿服务向贫困村发展，扩大贫困村受援点，增加贫困村支援帮扶的文化骨干和文化服务项目。2018年，郑州市开展的志愿服务乡村行活动有“千人进千村”、“阳光工程”、“乡村音乐厅”、“志愿者下基层”等品牌项目，为基层农村的广大群众送去了丰富多彩的文化活动。统筹开展各类乡村演出活动，“舞台艺术进乡村、进社区”文艺演出1000场。“情暖新春”演出节目丰富，引进《梁祝》、《朱鹮》等精品剧目，免费演出30场。组织“传统文化进校园”活动80场等。

三　郑州市深入推进文化扶贫对策建议

虽然郑州市文化扶贫取得明显成效，但是还存在重视程度不够、公共文化服务体系建设质量不高、文化资源的产业转化利用能力不强等现实问题，为此需要结合郑州市的实际及脱贫攻坚战略部署，不断创新文化扶贫的方式，确立文化扶贫的大格局、大战略，持续提升文化扶贫的质量。

（一）实现文化贫困的精准高效

要进一步加强文化扶贫的精准度，实现精准扶贫。目前文化资源输入的精准度不高，有些贫困村的文化设施不能满足需要，文化扶持的项目不能精准到村、到人和到户，对象不够精准，资源使用效率不高，为此要深入进行督查、考评，对于文化需要进行深度监测，掌握不同村庄的实际情况，有针对性和明确性地进行文化扶持，保证扶持的精准度。同时要针对资源使用效率不高的问题，建立精准化的使用机制，通过分级分类考核，使文化资源能够得到最大效率的使用。尤其是要发挥村民自治的作用，通过引导村民参与、村民监督和村民权利表达，让村民充分参与其中，让资源投入到村民最为需要的地方，用到最有效率的地方，这样才能够提升文化资源的使用效率。要建立起精准的文化精准扶贫举措，针对农民素质不高、对文化认识不够的问题，要加大教育培训力度，积极推进文化培训、成人教育、职业教育和技能培训等，为各类贫困户制定专门化的扶持措施，从根本上实现由物质扶贫向扶志和扶智延伸，提高贫困人口自我脱贫的能力。要建立文化扶贫的综合举措，通过硬件文化设施建设、文化活动的举办以及文化产业的发展等多种形式，切实推动贫困村的转型发展。要提升文化扶贫的效果，目前文化扶贫的效果并不理想，而且缺少退出的机制，要依托专门化的机构，逐步建立起文化扶贫的考核、评估体系，对文化扶贫实行常态化、日常化的评估和监督，切实结合文化扶贫中的职责不明晰、扶贫不到位、识别不精准、政策落地难等问题，实现扶贫效果的精准。

（二）提升贫困地区公共文化服务的质量

坚持把公共文化服务能力提升作为扶贫攻坚的重要抓手，推动重心下移、资源倾斜、服务落地，切实做到文化设施到村、文化服务到户、文化普及到人、文化扶贫到“根”。一是加大文化设施建设力度。推进户户通、村村响、阅报栏、农家书屋、文化大院等建设，争取做到贫困地区文化基础设施建设全部完成，现代公共文化服务体系建设达到国家规定标准，贫困人口对公共文化服务的需求高度满足，文化惠民扶贫集中攻坚任务全面完成。推动文化服务供给从粗放型向精细型转变，建设具有地域特色的民俗文化展览室、电子商务平台、电影放映场（室），以及具有民间特色的其他文化设施。整合郑州贫困地区公共文化服务数据资源，加快“文化郑州”云平台建设，让贫困群众在“云端”尽享标准化、均等化的公共文化服务；通过云平台组织各类文化艺术培训班、科普讲座、农技知识讲座等，辅导和培养文艺骨干。二是实施乡村舞台建设计划。搭建贫困村文化活动大舞台，构建起集图书阅读、广播影视、文艺演出、艺术培训、宣传教育、体育和群众性文化活动等于一体的文化活动平台。依托这个平台管理农家书屋，组织农户进行阅读活动，丰富农民精神生活；组建秧歌队、舞蹈队、戏曲队、合唱队、器乐演奏队等各种类型的农民文化艺术团队和体育健身队，每年的文化惠民演出在每个乡镇不少于5 场、每个贫困村不少于3 场，并将到贫困村的演出场次列入地方文艺院团、文化馆（站）的考核指标；分批次向贫困村的农家书屋补充配送科普类、文学类、法律类、乡土文化类等图书。通过打造文化舞台，塑造公共文化活动空间，繁荣农民文化生活，提升贫困地区公共文化服务的整体水平。

（三）推动贫困地区文化资源的产业转化

通过项目带动深入推进贫困地区文化资源的产业转化，突出贫困村的资源特色、产业差异，瞄准市场需要和前沿，加大特色文化项目的扶持和引领，选取文化资源、自然条件较好的村进行重点突破，带动相关村庄的建设和发展，逐步形成一体化的发展格局。推动实施特色村开发工程，通过对当地特色资源的整理、挖掘和提炼，依托产业项目、借助市场力量，实现品牌化打造，通过文化产业发展带动贫困村的脱贫致富。目前郑州市的文化资源相对丰富，尤其是很多贫困村自然条件好、文化底蕴深，要结合特色，重点开发农业旅游资源、历史景观资源、非遗项目资源等，通过现代科技、信息技术和营销模式，打造具有地域特色的产业品牌。对于自然资源丰富的村庄，要进行文旅项目开发，充分发挥自然资源的优势，开发农业采摘、生态观光、文化体验等项目，引导贫困村发展农家乐、集体经济等，提升贫困村的脱贫能力。对历史文化资源丰富的村庄，要进行挖掘和提炼，对文化资源进行整体化开发，体现文化特色和历史底蕴，让其成为村庄脱贫的文化支撑。对于非遗资源丰富的村庄，要加大保护力度，加强项目扶持，通过集中建设非遗产业园区进行产业化开发，尤其是对郑州市民间的手工艺、舞蹈、雕刻、瓷器等非遗进行传承转化，打造一批优秀的非遗文化品牌，并逐步带动周边村庄的非遗项目融入发展，形成非遗项目集聚发展区域，带动脱贫致富。进一步完善文化产业发展的模式，由于贫困村文化资源珍贵，要在严谨论证的基础上完善和创新开发模式。对于一些资源集聚的贫困村，由文化企业、园区等进行引领，通过合作开发的模式，带动文化资源的挖掘和提炼，并引入文化人才和市场资本，就地实现产业转化，带动当地贫困人口脱贫致富，同时也可以通过培训和教育，提升当地农民的创业就业能力。积极推动发展特色文化小镇，尤其是引导贫困村联建文化小镇，通过特色产业开发、资本注入和项目建设，打造具有地域特色的文化小镇，让小镇成为产业转型、产品生产和脱贫致富的载体，推动农民实现就地就业。推动现代信息技术融入产业发展，打造一批带动贫困人口脱贫致富的电商基地、物流基地等，完善贫困地区的交通设施，通过模式创新和技术融入，改善贫困村脱贫的条件，推动农业农村的现代化发展，实现扶贫攻坚与乡村振兴的有效衔接。

（四）注重提升贫困人口的文化素质

由于城镇化的加快和人口的不断外流，老年人留守乡村成为常态，而老年人的文化素质不高，尤其是贫困人口的自我脱贫的能力较低，只有通过教育、培训提升贫困人口的综合素质，增强内生脱贫的能力，才能够实现扶贫的可持续，防止脱贫后返贫问题的出现。为此，首先要切实引导贫困人口转变观念，树立主动脱贫的意识。要充分弘扬乡村社会勤奋、勤劳和积极向上的价值观念，让这种观念融入扶贫攻坚具体工作中，融入贫困人口脱贫致富的行动中，让这种优良的民风深刻影响和改变农民的精神面貌，在农业生产、日常生活、就业创业中充分展现，从而主动改变贫穷落后的状况。通过各类媒体，加强对脱贫致富个人、事迹和村庄的宣传，弘扬优秀人文精神，宣传社会主义核心价值观，帮助贫困人口形成正确的价值观和世界观，自觉抵制各种负面思想的影响，塑造文明乡风，提升贫困人口的道德素养。加大对贫困地区的教育投入。目前郑州市很多贫困村的教育投入缺少，无论是基础教育还是职业教育都相对不够，尤其是成人教育缺乏，导致农民的素质普遍偏低，因教育而导致贫困的人口也相对较多，有些村庄达到20%。应尽快制定教育扶贫的具体方案，采取多种形式进行教育，推动市县两级的教师到贫困地区任职、挂职，引导高校毕业生到基层就业。加大对贫困地区基础教育的投入力度，完善中小学基础设施，加强教师队伍建设，加大教育补贴，对贫困学生资助力度持续加大，对于建档立卡贫困户的子女教育进行全资助，确保其能够完成小学到大学的教育，对于脱贫的家庭，也要对其子女教育给予一定的帮扶，以帮助其能够继续完成学业，防止因教育再次返贫。加强对贫困人口的培训，目前贫困户的培训需要较为明显，而且需求存在一定差异，要结合实际需要采取差异化的培训，对从事农业生产的农户，要加大种植技术、农资、灾害防治等方面的培训；对于就业的农户，要加强知识、技能和就业等方面的培训。培训形式上，可通过政府培训、企业培训、社会团体等主体，采取现场授课、远程教学等方式，对贫困人口进行短期、长期结合的培训，逐渐培训一批新型职业农民。

参考文献

张祝平：《文化扶贫问题研究——以郑州市为例》，《商丘职业技术学院学报》2018

年第 2 期。

边铀铀、刘涛：《深入推进郑州市文化扶贫问题研究》，《中共郑州市委党校学报》2018 年第 2 期。

赵莉：《以文化扶贫精准除“穷根”》，《人民论坛》2019 年第 7 期。

章军杰：《中国文化扶贫四十年：从专项扶贫到精准文化扶贫》，《甘肃社会科学》2019 年第 2 期。

B.17

乡村振兴背景下郑州市农村文化发展的成效及启示

张敬燕*

摘　要： 郑州市坚持把文化振兴放在突出位置，从送文化下乡、文化惠民到文化振兴，呈现良好发展势态，总体来看乡村文化建设的成效显著，基础设施日益完善，文化惠民活动丰富多彩，文化产业释放新活力，文化政策健全有力。在郑州市乡村文化振兴的进程中，不忘初心的为民情怀是农村文化繁荣发展的保证，攻坚克难的历史担当是农村文化繁荣发展的内在支撑，艰苦创业的奋斗精神是农村文化繁荣发展的重要动能，共同塑造了乡村现代文化的新格局和新气象。

关键词： 农村文化　文化振兴　郑州市

党的十九大明确提出，要全面实施乡村振兴战略，并把解决好“三农”问题作为全党工作的重中之重。乡村振兴战略是在中国特色社会主义进入新时代后，农村发展面临的历史性机遇。文化是乡村振兴的前提和基础，郑州市乡村振兴必须把文化建设放在更加重要的位置，尤其是认真梳理郑州市农村文化振兴的历程，总结农村文化建设的经验、成效和启示，推动塑造起良

---

* 张敬燕，郑州市委党校副教授，主要研究领域为乡村文化建设。

好的乡村风貌和繁荣的农村文化，以展现郑州国家中心城市的良好形象，提升郑州国家中心城市的综合竞争力。

一　农村文化基础设施建设成效明显

20 世纪 80 年代初期，农村公共文化设施非常缺乏，郑州市积极推进农村文化设施建设，1981 年郑州市地方财政拨给文化系统的基建投资是新中国成立以来最多的一年，在政府的推动下，这一年全市的人民公社基本都建成了文化站，特别是郊区老鸦陈、荥阳广武等 6 个人民公社还建了文化活动中心，全市有 296 个生产大队建立了文化室，占农村生产大队总数的 60%，其中 50% 的人民公社已经建立了影剧院和露天剧场，基层文化建设体系基本形成。到 1998 年，郑州市对文化事业投入达到 3000 多万元，人均文化事业投入从 1.32 元增加到 4.93 元。为进一步完善农村基础设施，郑州 2000 年开始全面推进农村图书室、文化站、阅览室等建设，2010 年 70% 以上的农村都有基本的文化活动场所，2013 年 11 月，郑州市被文化部、财政部联合命名为国家公共文化服务体系示范区城市。全市开始推进城乡文化设施的一体化建设。截至 2017 年底，郑州市 174 个乡镇（街道）都建有文化站，2378 个村（社区）都建起了文化活动中心。新郑市还启动了文化建设三年行动计划，仅 2016 年一年就投资 1600 万元，完善了 10 个乡镇综合文化站，110 个村（社区）文化服务中心，6 个村史馆。农村综合文化站（服务中心）逐步实现全覆盖，基层公共文化设施建设推动了基层精神文明建设和人民综合素质提升。农村综合文化服务中心主要是依托乡村两级来组织开展文化活动，目前每年乡镇文化站都拨给村级综合文化活动中心经费，用于各种文化设施建设和文化活动的开展。村级组织则依托服务中心，组织村民成立舞蹈队、建立文化健身中心、组织文化演出等，不断繁荣农村文化生活。以往农民只能在家看电视、打麻将，而文化服务中心的建立则让老年人有了活动场地，让妇女的广场舞成为村里一道亮丽的风景线。农家书屋的价值日益突出，目前共建成农家书屋 2288 个，配备图书 349.9 万册，报刊 190 余万份，音像制品和电子出版物98余万种，每年每村补充2000元左右的图书。农家书屋为广大农村读者提供了优质的精神文化食粮，保障了农村基层群众的文化阅读需求。随着农家书屋质量的不断提升，农村围绕农家书屋阅读的氛围逐步形成，读书的方法和图书的来源不断扩展，有的村庄图书少，他们就采取村庄之间互换的形式来扩大阅读范围；有些村庄为提高图书的使用效率，就在小学附近办图书室；有些村庄则动员社会力量捐书，拓展图书的来源。随着国家和全市倡导全面阅读，农民开始以阅读为荣，农家书屋的综合价值日益凸显，农民的知识不断丰富，新型农民不断涌现。

二　各类文化惠民活动丰富多彩

改革开放后，为切实改变农村文化活动单一、农民文化生活枯燥的问题，郑州市积极推进送文化下乡活动，戏曲、电影、舞蹈等下乡成为时代特色，很多群众回忆说“当时的戏都看不过来，有时各个村赶场看”。值得一提的是，在1981年的全省群众文化工作“双先”会上，广武公社还被评为全省先进集体。郑州市积极培育本地文化人才，建立地方性文化组织以丰富群众文化活动，1993年郑州市培育了120多个地方性的演出团体，并且推动成立了130多个乡镇电影院，130多个电影放映队，培养3000多名文艺骨干。戏剧演出精彩纷呈，改革开放初期，郑州市结合地方实际，把戏曲作为文化惠民的切入点，仅1981年全市戏剧演出就完成1140场。1982年荥阳举办的元旦文艺会演，设了四个点分两个组轮流进行。会演的剧目实行传统戏、新编历史戏和现代戏三并举，包括戏剧、曲艺、舞蹈、表演唱、相声、快板等多种大小剧目，形式多种多样，充分满足了群众的多元化需要。推动丰富多彩的文艺活动进基层、进乡村，自2010年以来，郑州市已连续8年每年采购1000场优秀舞台艺术剧目，进学校、进工厂、进乡村、进社区，文化服务供给的规模、场次和受益群众不断扩大，极大提升了人民群众的文化获得感。电影下乡成为文化惠民典范，1981年，郑州市原计划放映电影61500场，而实际完成76671场，观众人次计划6760万人次，实际达

到8424万人次，电影放映场次和观影人次都是郑州市历史上最多的一年，2006年被列入全国农村电影改革试点城市，经原国家广电总局批准，2006年郑州商都新农村数字电影院线有限责任公司成立，全面具体承担全市农村公益电影放映工作。2006年至2009年郑州在全市六县八区、110个乡镇、2254个行政村，共为当地农村群众免费放映94668场公益电影，实现了“一个行政村一月一场农村公益电影”的目标。2017年放映2.35万场，观影人数分别为325万人次。此外，为丰富农民工的文化生活，2017年，“万场电影送民工”活动连续放映200场，观影人数达5.4万人。

三　县（市）区农村文化在实践中绽放

在市委、市政府的推动下，郑州各县（市）区也高度重视农村文化的建设，尤其是注重传统民间技艺的挖掘，推动传统文化的传承，积极加大文化扶持力度，不断提升农村文化服务水平，各县（市）区农村文化呈现繁荣兴盛的景象。一是荥阳市注重文化的传承弘扬。积极开展民间传统艺术活动，20世纪80年代就充分挖掘当地传统的狮子、龙灯、高跷、旱船、小车、竹马、花灯、华兰、花鼓等民间技艺，并认真组织队伍，积极开展活动，每年的各种文艺活动达到上百场。荥阳市还注重发动老艺人传授技艺，建立非遗传承人的保护措施，建立民间技艺的人才培养机制，逐步壮大民间文化人才队伍。市文化馆、乡镇文化站和大队文化室，根据自己的条件和群众的喜爱分别定期或不定期地举办美术、书法、摄影、剪纸等展览，积极办好墙报、专栏、画刊、图书借阅、电视收看等活动，还因地制宜地组织各种小型演唱会、歌咏比赛、故事会、灯谜晚会等活动，开展秋千、拔河、球赛、棋赛等文体娱乐活动，丰富农村的文化生活。二是中牟县农村文化活动丰富多彩。中牟县积极推动实施“双优”“双带”文化惠民工程，每年投入800万元专项资金，运用“文化服务政府购”“文化产品超市选”“文化活动全覆盖”“文化团队本地化”等形式，打造了一批文化惠民新品牌。节庆活动、展览展演、周末文化广场活动、文艺大赛等重点突出、主题鲜明、覆盖全域的群众文化活动竞相绽放。2015 年以来相继举办各类群众文化大小活动达 360 余场次，参演人员累计达到 11 余万人次，受益群众 100 余万人次，2018 年春节期间，全县约有 120 个村分别举办了“村晚”；元宵节期间，全县 14 个乡镇（街道）中，就有 13 个乡镇（街道）分别举办了 2018 年元宵节民间文艺大赛暨非物质文化遗产展示展演活动。三是新郑市文化惠民活动精彩纷呈。新郑市把构建现代公共文化服务体系作为重点目标，以农村社区基层为重点，大力实施“百千万”（百支队伍、千名骨干、万家欢乐）文化惠民工程，通过完善设施、组建队伍、三级培训、志愿服务、开展活动等，真正把文化种进了群众心田。在市委、市政府的推动下，新郑市文化活动品牌不断涌现，三届全民歌手大赛叫响郑州，2015 年新郑市“百千万”文化惠民大联欢入选郑州市“五个一工程奖”。2016 年 7 月，郑州市第三届群众文化艺术节在新郑拉开帷幕，新郑“百千万”文化惠民工程又掀起了新一轮高潮。

四　特色农村文化产业释放农村新活力

郑州市农村自然资源丰富、文化底蕴深厚，尤其是各类物质和非物质文化遗产丰富，这都为农村文化产业的发展提供了良好的基础。改革开放以来，郑州市响应国家号召，积极推动乡村休闲娱乐产业发展，乡村台球、歌舞厅、电子游戏等产业发展较快，到 2000 年以后，文化旅游、农家乐、特色农产品等发展起来，农村文化产业日益丰富，在带动农村增收、繁荣农村文化方面作用明显。农村文化旅游业成为特色，依托名人文化、建筑文化、宗教文化等资源，通过多元模式开发运作，形成文化旅游产业。登封通过对空心村的改造，利用当地的文化资源，培育禅心居、功夫小镇、画家村等美丽乡村，发挥了文化在带动农村振兴中的重要作用。新密 2011 年以来就开始对古村落进行整体保护、规划和开发，如对当地的范村进行旅游开发时注重道路修建、建筑维护以及对石磨、碑刻的整理保护等，着力凸显范村这一古村落的文化特色，吸引了大量外来游客。中牟县则积极培育旅游特色村镇，其中固村、十里铺村、官渡桥村等得到重点开发，通过对当地历史文化资源进行深度挖掘和展示，有效推动乡村文化旅游的精品化培育，中牟县先后荣获了“中国最美乡村旅游目的地”“河南省乡村旅游示范县”“河南省文化产业发展先进县”等荣誉称号。特色休闲农业带动乡村发展，2007 年郑州市农家乐已达到 230 多家。2010 年以来，随着农业领域的发展空间不断扩大，休闲农业的规模不断扩大，特色突出的休闲农庄开始出现，2015 年郑州市规模以上休闲农业类企业已达到 239 家，企业总数上千家，游客总量也达到 2000 万人次以上，营业收入达到 27.7 亿元。手工艺产业推动文化传承，郑州市民间手工艺类型丰富，蕴含着人民群众的智慧，在几千年的传承中积淀了深厚的文化底蕴。民间的泥塑、猴加官、黄河澄泥砚、登封窑、密玉俏色雕刻等都是精湛的手工技艺，2000 年以来农村手工艺得到复兴。2014 年，登封窑陶瓷烧制技术被列入第四批国家级非物质文化遗产名录，为了对传统的白釉线描技艺、白地黑花技艺等进行保护和传承，郑州建立了登封窑的技艺研究机构，并且推动建立了登封窑陶瓷文化创意产业园、登封窑陶瓷博物馆，传统手工艺的产业链条不断延伸，优秀的传统文化得到弘扬。上街区石嘴村立足本村的艺术底蕴，推动建立艺术交流中心，重点发挥本地的书画、雕刻等特点，打造集创作、培训、雕刻和展览为一体的技术交流基地。新郑、中牟、荥阳等县（市）区也积极探索传统手工技艺的产业化路径，手工艺逐步与互联网、会展业、创意产业、旅游业融合，一批特色手工艺产业园区相继建立，传统手工艺集群化发展，产业附加值提高，传统手工艺开始活化，并成为新时代农村文化表达的有力载体。

五　农村文化政策在规范中强化

农村发展一直是国家高度关注的问题，而文化的繁荣则是农村工作的重点，是推动乡村振兴的关键，对经济发展、秩序稳定和社会建设都具有重要意义。一是农村综合性文化政策日益完善。1995 年，河南省委、省政府为了推动乡镇文化站的建设，编委出台了《关于乡镇事业服务站机构编制管理和编制标准的意见》，就文化站的机构设置、管理体制、业务范围、人员编制、经费等做出了明确规定，从根本上结束了郑州市文化站无编无人的历史。2006 年，郑州市文化局印发了《关于加强农村文化建设的实施意见》，从乡镇综合文化站、村级文化室、农村电影放映、农村文化市场、民间艺术人才职称评定等几个方面对农村文化建设做出了规范。随后郑州市又先后出台了《关于推进社会主义新农村建设的实施意见》《郑州市“舞台艺术进乡村、进社区”活动实施方案》《关于加强全市历史文化风貌特色村和自然生态风貌特色村保护发展的意见》《郑州市休闲观光农业发展规划》《关于促进特色旅游饭店及民宿发展的若干意见》《关于推进社会主义新农村建设的实施意见》等一系列文件，农村文化政策不断健全，为郑州市的农村文化建设提供了强有力的支持。二是农村文化人才队伍建设持续完善。20 世纪 80 年代，郑州市每年都举办 1 期农村文化专干培训班，对已有文化专干培训一遍，加强农村基层文化干部队伍建设。1981 年，全市共举办各种农村文化文艺学习班 40 期，培养农村文化人才 1300 多人。2009 年，郑州市两办出台了《关于加强农村实用人才队伍建设和农村人力资源开发的实施意见》，明确郑州市今后要着力实施农村实用人才“371”培养工程，为郑州市培养了一大批适应社会主义新农村建设要求的农村实用人才。2015 年，郑州市为基层文艺骨干和文艺爱好者开设 12 个艺术门类培训班，吸引了近 2 万名市民报名参加。截至 2017 年底，郑州市共有乡镇（街道）文化站文化专干 358 名，村（社区）综合性文化服务中心文化协管员 2390 名。三是农村文化设施建设政策日益健全。1990 年，郑州市文化局下发了《关于抓好农村文化站、文化中心巩固提高工作的通知》，要求各县区继续抓好文化站、文化中心的组织机构落实、人员及待遇落实、活动落实、经费落实、设施落实等“五落实”。2007 年 7 月，郑州市人民政府办公厅印发了《郑州市社区文化活动中心建设标准》，对一、二、三级社区文化活动中心标准进行了规范。2014 年，郑州市制定了《郑州市美丽乡村建设试点村项目资金管理办法》和《郑州市美丽乡村建设试点村项目申报指南》，通过试点先行，示范引领，力争打造一批生态宜居、生产高效、生活美好、民生和谐、文化传承的美丽乡村示范典型。2016 年制定了《郑州市人民政府关于全面推进现代公共文化服务体系建设的实施意见》，对乡镇综合文化站、行政村综合文化服务中心、文化信息资源共享工程、广电、体育等公共文化设施网络的建设进行了详细规定。同年，《郑州市推进基层综合性文化服务中心建设工作实施方案》印发，市、县两级“十三五”文化发展规划陆续出台实施，公共文化设施标准化建设有了较为明确的实施标准。

六 郑州市农村文化发展的体会和思考

郑州市历史文化底蕴深厚、文化类型众多，是华夏历史文明的发源地和人类文明发端的承载地，而农村地区、农业生产则促进了文化的生产、演进和转化，让悠久的华夏文明生根、成长，并成为整个国家文明的根脉。改革开放以来，国家开始逐步反哺乡村，在农业生产、社会建设、文化繁荣等方面加大扶持力度，高度重视农村文化的建设，采取多种方式推进社会主义先进文化在农村的宣传普及，尤其是文化建设投入力度加大，在城镇化快速推进过程中，郑州市创新思路、解放思想、敢于突破，农村文化从改革开放初期的匮乏、单调逐渐变得多元、丰富，尤其是党的十八大以来，农村文化政策切实有力、文化设施不断健全、公共文化活动丰富多元，农村文化建设进入了繁荣发展的新阶段。

（一）不忘初心的为民情怀是农村文化繁荣发展的保证

中国共产党伟大的革命从农村开始，伟大的事业从农村发端，共产党经历了艰苦卓绝的斗争，为社会主义建设和改革开放事业打下了坚实的基础，而且党员干部很多来源于农村，他们对农村有着深刻的眷恋，对农民有着深厚的情感。习近平总书记在党的十九大报告中指出，“必须坚持人民主体地位，坚持立党为公、执政为民，践行全心全意为人民服务的根本宗旨，把党的群众路线贯彻到治国理政全部活动之中，把人民对美好生活的向往作为奋斗目标”。一直以来，党都把农村发展作为各项工作的重点任务，每年的中央一号文件都以农村为中心，而且农村文化建设一直是核心问题。党的十八大以来，以习近平同志为核心的党中央高度重视农村建设，提出了乡村振兴的战略举措，习近平总书记指出“要推动乡村文化振兴，加强农村思想道德建设和公共文化建设，以社会主义核心价值观为引领，深入挖掘优秀传统农耕文化蕴含的思想观念、人文精神、道德规范，焕发乡村文明新气象”。如今，在国家中心城市郑州的农村行走，时刻都能感受到农村文化呈现的新气象、新格局，感受到党对美丽乡村建设的支持和帮助，感受到各级党组织和基层党员对农村文化建设的努力和追求，感受到广大农民对党的领导的支持和拥护党的领导的真心。新中国成立以来，党始终坚持为民服务的宗旨意识，只有牢固坚守发展为了人民的立场，才能使农村文化建设取得辉煌的成就，才能凝集起农民万众一心团结奋斗的力量，农村和农民才能目标明确，始终紧跟党的步伐，拥护党的领导。这种为民的情怀，是农村振兴和文化繁荣发展的根本保证，也是不能忘记的精神财富。

（二）攻坚克难的历史担当是农村文化繁荣发展的内在支撑

乡村振兴的目标就是农民生活的幸福，而农村文化的繁荣则是乡村振兴和农民幸福的重要内容。在城镇化快速发展的阶段，无论是全国和郑州市都面临着如何保护好、传承好、建设好农村文化的重大问题，习近平总书记也反复强调“城镇化要更加注重环境宜居和历史文脉传承，更加注重提升人民群众获得感和幸福感”。2018 年中央一号文件明确了乡村文化繁荣兴盛的具体内容，提出要坚持物质文明和精神文明一起抓，提升农民精神风貌，培育文明乡风、良好家风、淳朴民风，不断提高乡村社会文明程度。优秀文化的传承与建设是历代农民的责任和使命，是必须恪守的规范和原则。党的十九大也提出要传承弘扬优秀传统文化，建设文化强国，为文化发展做出一系列重要部署。这些部署既是党对农村文化建设的责任担当，也是党对农村文化发展做出的承诺。新时代农村文化建设也面临着很多新问题和挑战，郑州市城市发展速度较快，人口流动加速，农村文化建设面临着转型与再造的现实问题。郑州被确定为国家中心城市后，不仅要关注城市的发展，更要关注农村的振兴，在农村文化转型的关键期，如何创新思路和方式，推动城乡协同发展，实现乡村文化的全面振兴，满足农民对美好生活的诉求，需要我们承担更多的责任。从中央到河南省、到市、到县乡村，每一层的党员干部都充满斗志，都经历了反复的思考、实践和摸索，遇到问题迎难而上，遇到新事物攻坚克难，为农村文化建设付出了汗水和热血，充分彰显了党员干部的历史担当和责任使命，为新时代背景下农村文化的繁荣兴盛凝聚起了精气神。

（三）艰苦创业的奋斗精神是农村文化繁荣发展的重要动能

艰苦奋斗是我们党在长期的革命和建设中形成的优良传统，也是我们党密切同人民群众联系的重要法宝。毛泽东同志曾指出："共产党就是要奋斗，就是要全心全意为人民服务，不要半心半意或者三分之二的心三分之二的意为人民服务。"习近平总书记在党的十九大报告中也指出："全党一定要保持艰苦奋斗、戒骄戒躁的作风，以时不我待、只争朝夕的精神，奋力走好新时代的长征路。"农村文化发展是一场持久战，也是新时代的新命题。在新时代下，农村接收信息的渠道更为多元，尤其是互联网技术的发展，让全球信息一体化，年轻一代农民更加容易接受多元的文化价值，他们追求新的文化理念和行为方式，对文化的追求也更为高端，如何应对新时代下新型农民群众的多元文化需求并传承建设好农村文化，需要付出更多的努力。文化工作者和管理者，必须既要有艰苦奋斗的精神，更要有创新创业的思维。面对不断变化的乡村社会，郑州市全体党员干部和广大农民也在不断探索适合自己的文化发展方式，不断推进全市农村的文化设施建设、文化活动开展、文化队伍培养，文化内容更加丰富、文化建设投入力度持续增加，个人、集体和政府全面参与到文化建设之中，不断凝聚力量汇集到农村之中，这既是历代郑州人努力奋斗精神的呈现，也是当代郑州人对美好生活向往追求的生动写照。

案　例　篇

Cases

B.18

郑州市国际文化创意产业园：文化产业发展新引擎

吴　静*

摘　要： 郑州国际文化创意产业园以基础设施建设为载体，不断优化投资环境，高起点、高标准谋划园区发展战略，强力推动产业转型，加大人才引进力度，已经成为中部地区文化产业发展的名片。郑州国际文化创意产业园的人才集聚、项目集聚、品牌集聚模式，激发了园区源源不断发展的动力，为郑州市文化产业园区的发展提供了有益启示。

关键词： 郑州　国际文化创意园　资源整合

* 吴静，郑州市委宣传部文化产业发展指导处副处长，主要研究领域为文化产业发展。

文化产业是具有高创造力、强融合力和高产出效益的绿色产业，发展文化产业不仅能带来可观的经济效益，还能极大地满足人民不断增长的精神生活需求，有利于地区经济结构转型升级和城市形象提升。近年来，郑州市以更开阔的思路、更有效的政策、更得力的措施，广泛吸收世界先进文化元素，赋予新时代内涵和现代化表达形式，全力打造中部地区最具影响力的文化创意旅游集散基地——“郑州国际文化创意产业园”。从 2013 年到 2018 年的短短 6 年时间里，“郑州国际文化创意产业园”声名鹊起，成为郑州乃至河南的一张知名文化名片。

一　创新模式求突破，文化产业新探索

2003 年，李克强总理主政河南期间，首次提出了“中原城市群”概念，其中“郑汴一体化”是中原城市群建设的重要战略部署。郑州国际文化创意产业园位居郑汴产业带核心位置，在当前经济发展新常态下，为加快郑州文化产业跨越式发展，提高文化产业支撑经济发展贡献率，郑州市依托悠久的文化历史、深厚的文化底蕴，紧抓机遇，积极推动文化体制机制创新，掀起新一轮文化产业发展新高潮。2013 年 3 月，中牟绿博文化产业园成立。2013 年 8 月郑州市委十届五次全会，确立了打造以中牟县绿博文化产业园区为主体的文化城，举全市之力推动集“文化创意、时尚旅游、高端商务”为一体的田园式绿博文化城建设。

二　厚植优势奠基础，整合资源促发展

郑州国际文化创意产业园地处商都郑州与古都开封之间，毗邻省委、省政府规划所在地，拥有最具魅力的政治圈、经济圈和文化圈的融合优势。郑州国际文化创意产业园充分整合资源优势，加快推进园区发展。2013 年市委提出建设郑州国际文化创意产业园，2015 年印发《关于支持郑州国际文化创意产业园发展的报告》，政策支持力度不断加大，文化园区加速发展。

（一）依托交通优势，打造便捷园区

郑州文化创意产业园区选址之初就充分考虑到交通资源对文化园区发展的重要性。郑州位居天地之中，连接东西、贯通南北，是全国重要的综合交通枢纽和物流中心，而坐落在中牟县的产业园更是拥有得天独厚的交通优势。产业园拥有全方位、现代化的立体交通体系，呈现“三高”“两铁”格局。一是高铁，随着“米”字形快速铁路网的建设，郑州位居全国“米”字形快速铁路网的核心，已经进入高铁、地铁、普铁、城铁“四铁”联运的新时代，产业园距离高铁站仅 15 分钟车程，高铁 2. 5 小时覆盖我国中东部主要城市 5. 1 亿人口。二是高速，逐步形成以郑州为中心的一个半小时经济圈，产业园距高速路口仅 8 分钟车程，周边有京港澳等 6 条高速环抱，1 小时可覆盖郑州及周边主要城市。三是高空，文创园距离新郑机场 20 分钟车程，两小时可覆盖全国主要城市。目前，以郑州为中心，高速、高铁、高空形成覆盖不同人群的 2 小时旅游圈。四是地铁，郑州地铁 1 号线已经开通至园区大学城，即将延伸至华谊、华强等项目所在区域。

（二）依托资源优势，挖掘发展潜力

文创园依托资源优势，挖掘发展潜力，抢抓发展机遇，充分利用园区环境资源、历史文化资源、人才资源，推动文创园做大做强，一是环境资源优势。文创园旨在建设“以绿、水为主导”和“以休闲、慢生活为主体”的低碳生态田园城市。园区绿化覆盖率超过 40%；周边有两河相伴、六湖环抱，被誉为“中原水城”和“中部小江南”。二是人才优势。文创园毗邻郑州“大学城”，辖区内有 36 所高校组成的“大学城”，郑州大学、河南大学、华北水利水电学院、中原文化艺术学院、郑州航空工业管理学院等知名专业院校为产业园提供文化创意旅游产业的源泉与不竭动力。

（三）依托品牌优势，发展特色园区

文创园依托资源、面向市场，成功地推出了一系列优秀文化品牌。一是国际知名品牌。园区以“招大引强”作为根本招商战略，通过引进大项目引领产业发展。目前，全球排名前 10 位的主题乐园集团已有 2 家成功入驻文创园，分别是深圳华强和大连海昌主题乐园。二是园中园品牌。文创园大力发展“人脑 + 电脑”的高效创新产业，努力打造传媒文化产业园、动漫科技专业园、数字出版产业园、法律服务专业园等五大专业园，以此为平台，共吸引 60 余家创意设计企业集中入驻。三是优势品牌。园区已经建成绿博园、方特欢乐世界、方特水上乐园、方特梦幻王国等项目，方特假日酒店开业迎宾，全年接待游客量达到 1260 万人次，实现旅游收入 25 亿元。华强四期中华复兴之路（项目于 2015 年 10 月开工，建成后该项目预计年收入达 3.5 亿元，年接待游客量达 280 万人次）、郑州海昌极地海洋公园（项目于 2018 年 3 月开工，建成后预计年收入达 9 亿元，年接待游客量达 350 万人次）、只有河南 · 戏之国等主题公园（项目于 2018 年 3 月开工，建成后预计年收入达 3 亿元，年接待游客量达 200 万人次）和建业 · 华谊兄弟电影小镇（一期占地 278 亩，2016 年 4 月开工，项目建成后，预计年收入达 1.5 亿元，年接待游客量达 100 万人次）等项目加速建设，主题公园展现出空前强劲的发展势头。

三　创新文化旅游产品供给，园区特色国内唯一

郑州国际文化创意产业园（原中牟绿博文化产业园区）成立于 2013 年 3 月，以“文化创意、时尚旅游、高端商务”为主导产业，规划范围西起万三路（新 G107）、东至官渡西路，北起连霍高速、南至贾鲁河，规划面积 132 平方公里，规划人口 60 万人，下辖 3 个乡镇（街道）、8 个大型居民社区。在发展过程中，文创园主动适应经济发展新常态，牢牢把握文化产业发展大机遇，围绕市委提出的“建设国际化、现代化时尚创意旅游文化新城”

目标，以“文化创意、时尚旅游、高端商务”为主导产业，确立了“一个目标、两张牌、三全业态”的发展思路（“一个目标”即实现年旅游人数3000万人次，“两张牌”即以“绿、水”为主导，以“休闲、慢生活”为主题，“三全业态”即全季、全天、全民），大力夯实“规划编制、基础设施、拆迁安置”三个基础，采取“主题公园带动，文化产业驱动，旅游服务联动”的发展战略，自2013年成立至今，固定资产累计完成650亿元，实际利用市外资金220亿元，累计接待游客量突破3500万人，园区呈现健康快速发展的良好势头。

（一）整体布局，规划编制日趋完善

2013年以来，园区先后两次进行国际方案征集，邀请美国艾弈康、英国奥雅纳、日本日建等国际知名设计单位，对园区城市设计等20余项规划进行了高起点、全覆盖设计，高规格规划园区发展。根据郑州市规委会第39次会议要求，2015年园区规划面积扩展至132平方公里，拓展了发展空间。目前拓展后的园区总体规划方案已经编制完成，园区控规、综合交通、电力、公共服务设施和基础设施等专项规划已经启动，正在稳步推进；合理的规划促使园区承载服务功能进一步完善，优势进一步凸显。

（二）稳定发展，拆迁安置全面展开

为促使项目集中布局、产业集群发展、资源集约利用、功能集合构建，郑州全面启动园区内102个村庄、9.4万名群众的整村拆迁工作。通过一次性启动全域拆迁，为园区封闭式开发运营、大项目集中落地打下了坚实的基础。同时，按照“只有群众安置好，园区才能建设好；只有安置标准高，园区才能品位高；只有小区推进快，园区才能发展快”的发展理念，加快推进安置区建设和群众回迁工作。涉及7个安置区总建筑面积达700万平方米的项目顺利推进，目前已完成投资91亿元，建成安置区5个，358.6万平方米，回迁群众7960户、37021人。真正实现了“只有群众安置好，园

区才能建设好”的目标。园区用地的集约化水平进一步提升，推动了土地资源由粗放向集约利用的转变。

（三）稳扎稳打，基础设施初具规模

2013 年至今，共建成平安大道、文通路、新城大道等道路 32 条，总长约 83 公里，构建形成园区基本框架；在建紫寰路、琼花路等 10 条道路 33 公里；郑开城际轻轨绿博园站、九华变电站输电线路项目已经建成并投入使用；投资 3 亿元，建成人文路跨贾鲁河大桥，不断缩短城区与园区之间的距离；建成郑开大道北辅道、屏华路等生态廊道 7 条，同时，为打造绿色新城，开挖郑汴中央湿地公园、龙城明渠、富贵渠，建设郑开北辅道、文通路等生态廊道 18 条，着力构建水绿相映的生态园区。园区承载能力不断增强，发展框架进一步扩大。

（四）栽梧桐、引凤凰，招商引资成效显著

以“大员上前线，领导带头干，紧盯大个头，每周一研判”的具体工作方法，强力推进招商引资。2013 年至今，园区共签约项目百余家。其中，2014 年签约华强四期、五期、六期；2015 年 5 月，建业 · 华谊兄弟电影文化小镇等 8 个项目集中签约；2016 年 3 月，海昌极地海洋公园、中国文谷、河南报业文化传媒产业园等 16 个项目集中签约。2016 年 11 月，王潮歌“只有”主题演艺公园签约落户文创园。2018 年 3 月，总投资达 252. 9 亿元的 20 个项目现场集中签约。此次集中签约的文化产业项目，主要集中在会展服务、文化休闲娱乐、文化艺术和创意设计等产业领域，包括雁鸣湖 · 国际会议会展小镇、百老汇家庭文化娱乐中心、婚庆庄园、黛玛诗时尚设计中心、上海合城规划建筑设计院总部基地、海上创意中心和上海都市建筑设计院总部基地等文化产业项目；2018 年 8 月在北京举办的“中牟县招商推介暨重大项目集中签约仪式”上，文创园成功签约 4 个服务业项目，包括赤铭影工厂影视产业基地、神舟天宫太空乐园、中交一公局交通工程有限公司总部基地和艾逊帕克主题乐园。目前，全球排名前 10 位的主题乐园集团已

有2个（深圳华强、大连海昌）落户文创园，推动了产业大发展，招商引资工作再掀新高潮。

（五）项目带动，园区建设快速发展

园区坚持以突出抓好重大项目建设引领产业发展，将普罗旺世·理想国、雁鸣湖野生动物园2个项目一并纳入文创园重大产业项目布局，与其他36个在建项目统筹谋划，园区项目建设成效初步显现。目前，园区已经建成绿博园、方特欢乐世界、方特水上乐园、方特梦幻王国等项目，年接待游客突破1000万人次，其中郑州绿博园获中原旅游目的地人气奖；郑州方特旅游度假区（方特欢乐世界、方特梦幻王国、方特水上乐园）被评为“省级旅游标准化试点单位”，方特假日酒店顺利投入使用，形成了好的发展态势。以此为带动，华强四期郑州中华复兴之路、建业·华谊兄弟电影小镇、郑州海昌极地海洋公园、只有河南·戏之国、省歌舞剧院、长城书画院、创新创业综合体等在建项目顺利推进。为进一步促进产业集聚、集群发展，园区在突出抓好“大项目”的同时，积极发挥“大产业”带动效应，在全国率先创新性规划建设了以华中电力设计院为代表的“规划设计专业园”（中国设计城）、以韩国泰迪熊为代表的“韩国文化产业园”、以华谊兄弟为代表的“动漫科技专业园”，以大象、海燕等13家出版社为代表的“数字出版产业园”和以千业、文丰等11家律师事务所为代表的“律师专业服务园”等5个“园中园”项目，累计入驻业界知名企业48家。同时，围绕“吃、住、行、游、购、娱”一体化产业链条，全力推进省实验中学、枫杨外国语学校、省中医一附院、省妇幼保健院、悦榕庄酒店等服务配套项目，不断强化园区公共服务功能。经过六年的快速发展，郑州国际文化创意产业园实现“从无到有、从有到优”，2014~2017年，被评为“郑州市五快专业园区”“郑州市五强专业园区”，得到了省市两级领导的高度重视和大力支持；2015年6月，省政府专门成立了以张广智副省长为组长的园区建设领导小组，园区发展上升至省级层面；2016年、2018年，连续两届被省政府评为“河南省重点文化产业园区”；2017年7月，被省文化厅评为“河南省文化产业示范园区”。

四　思考与启迪

郑州国际文化创意产业园坚持以建好基础设施、优化投资环境为目标，高起点、高标准对园区的发展战略、功能定位、产业布局等内容进行规划。强化宣传策划包装，强势开展招商引资工作，多举措推进工作落实，引导文化产业人才集聚、项目集聚、品牌集聚，激发了园区源源不断的发展动力，为郑州市文化产业园区的发展提供了有益的启示。

（一）规范的管理机构、完善的运营机制，是建设发展文化园区的重要前提

园区面向市场、打造品牌、壮大实力、持续发展需要有规范的管理机构和完善的运营机制。按照“精简、统一、高效”的原则，文创园通过与辖区乡镇党委政府合作，由园区管委会主任兼任辖区乡镇书记，园区和乡镇机构套合管理；同时，整合县直职能部门力量，由部门主管副职兼职管理园区科室业务；面向社会公开招录研究生负责具体工作，促使各方力量的深度融合。通过套合、整合、融合，形成了一人多责、一职多能、一岗多效的工作局面，建立了县、乡、园区三级联动的工作运行机制，高效推进园区发展。

（二）科学的发展规划、明确的产业定位，是推进文化园区发展的根本保证

文化园区发展最重要的基础性工作就是要强化规划的先导作用，以规划为依据，明确园区功能，努力实现各个项目整体串联，实现有机联系。文创园作为一个新兴的文化产业园区，成立之初就确立了“文化创意、时尚旅游、高端商务”的产业定位，明确了“建设国际化、现代化时尚创意旅游文化新城”的总体发展目标。两次进行国际方案征集，对园区 20 余项规划进行了高起点、全覆盖设计，高规格规划园区发展。

（三）精准的招商理念、创新的招商模式，是文化园区发展壮大的核心动力

项目是园区的生命，文创园在确定了园区规划之后，就对园区引进项目进行了行业细分，严格遴选，选择符合标准的各类产业企业入驻，积极谋划多样化的时尚创意文化项目，瞄准主题乐园类、科技体验类、体育休闲类项目，千方百计“招大商、提品位、树品牌”，增强园区的核心竞争力。成立至今，成功引进了华强·方特、建业·华谊兄弟电影小镇、海昌极地海洋公园、韩国文化产业城等一批重大产业项目。

参考文献

张祝平：《建设“郑州国际文化创意产业园区”问题研究》，《山西青年》2015 年第 21 期。

范红娟：《科学规划与合理运作——郑州市文化创意产业园区建设的调研》，《中共郑州市委党校学报》2012 年第 2 期。

B.19

全民艺术普及的郑州实践

张洪涛　王丹妮*

摘　要： 社会的发展离不开文化的建设，文化作为社会意识形态的重要组成部分对精神文明与文化艺术建设具有重要的推动作用。因此，在当前社会主义的新时期下，积极开展全民文化艺术普及工作显得尤为必要。基于此前提，本文围绕新时代郑州文化馆开展的全民艺术普及工作展开详细的探究，着重分析了当前郑州市实行全民艺术普及工作的主要内容与总体意义，以及进一步提升全民艺术普及工作的有效路径。希望此次的研究能够为郑州市开展全民艺术的普及工作提供一些参考。

关键词： 文化馆　全民艺术普及　郑州市

党的十九大报告指出：坚定文化自信，推动社会主义文化繁荣兴盛，要完善公共文化服务体系，深入实施文化惠民工程，丰富群众性文化活动。开展全民艺术普及不仅能丰富人民群众的精神文化生活，提升全民艺术素养的需要，也是贯彻落实党的十九大精神的具体行动。郑州市积极开展全民艺术普及工作，不仅更好地保障了人民群众的基本文化权益，而且充分发挥了艺术的功能，切实引领时代风尚，鼓舞人民前进，推动社会进步。为全面贯彻

* 张洪涛，郑州市文化馆研究人员，主要研究领域为群众文化活动；王丹妮，郑州市文化馆研究人员，主要研究领域为文化艺术。

落实习近平总书记在全国宣传思想工作会议上的讲话精神，承担起文化工作“举旗帜、聚民心、育新人、兴文化、展形象”的使命任务，进一步推动习近平新时代中国特色社会主义思想深入人心，郑州大力打造“全民艺术普及”文化品牌，全面展示新时代郑州国家中心城市建设的新形象，增强文化自信，进一步增进市民对城市的归属感、认同感和荣耀感，为使中原更出彩贡献力量。

一　把全民艺术普及的根放在文艺培训上

当群众提到全民文化艺术的普及，首先想到的就是对公共文化与群众文化的建设，我国无论推行哪种政策，其主体一定都会是人民群众。只有充分地认识人民群众的主体地位，才能将此次进行的文化普及工作的内涵发挥到实处，进而提升全民的综合素质。

近年来，郑州市将全民艺术普及艺术培训作为一项立足长远、长效、常态的系统工程，制定了一系列完善的推进措施，全民参与、全民推广、全民共享，有力推动了此项工作的开展。2013 年以来，为了让培训工作更加符合文艺人才培养实际和群众文艺需求现状，结合贯彻落实省委宣传部关于开展“教你一招”群众文艺活动，市委宣传部、市文广新局面向全市群众开展了“教你一招”等培训项目的征集调研活动，根据调研征集情况，研究确定了群众需要培训提升的文化艺术项目。

（一）科学制定培训计划

为确保培训工作的有序推进，郑州以“充分发动、以需定教、免费培训、群众自愿”为原则，以“统一规划、分级培训、四级联动、惠及全民”为主要方法，以“专家培训带群众骨干（志愿者），群众骨干（志愿者）带普通群众，活动展演促文化培训，文化培训促水平提升”为主要模式，研究制定了《郑州市实施全民文化艺术素质提升公共培训计划》，涵盖了指导思想、基本原则、培训目标、培训内容与模式、方法步骤、组织机构、任务分工及考核办法等内容，并报请中共郑州市委宣传部、郑州市文化广电新闻出版局以文件形式下发，培训计划的突出亮点是变以前的“送文化”为“种文化”，将培训工作重点放在免费对全市群众（家庭）开展文化艺术素质提升培训，培训目标明确、内容丰富、对象具体、效果突出，得到了群众的广泛认可。

（二）组建强大的师资阵容

在全市文化艺术素质提升培训工作中，郑州实行各培训课程由总教务长负责制，选聘市文联主席钟海涛、豫剧院院长高新军及国家一级编导、研究馆员赵力民、（原）市音协主席朱金键、小小说总编辑杨晓敏、河南书画院院长、著名少儿画专家苏蔚等 12 名政治素质过硬、业务水平一流、深受群众喜爱的省会各艺术门类的专家担任总教务长，负责该培训课程教师选聘、教材编订、培训计划制定以及组织实施工作。授课教师全部为郑州市艺术骨干，由国家一级编剧、市艺术创作研究院院长王明山、国家一级演员、编导魏云、省著名豫剧表演艺术家贾文龙、市舞蹈家协会主席周玲娣等各艺术领域的专家组成，他们常年工作在艺术阵地前沿，在业务专长方面都独树一帜，有效地保证了培训课程的质量。

（三）确保培训取得实效

在文化馆的精心组织和统筹安排下，相继开设了舞蹈、声乐、戏曲、非遗健身太乙拳、诗歌精品、书法、摄影、非遗健身心意六合拳、非遗手工艺制作、小小说写作培训、手机摄影及儿童画等 12 个艺术门类，共 23 个班次，各区的 1100 名艺术骨干参加培训。培训结束后，文化馆组织了儿童画、摄影、非遗手工艺制作等一系列的成果展示。

此外，还与网格化管理相结合，对活动实施过程中的薄弱环节不断进行督察、整改，对有提升需求的适时组织提升培训班，不断总结经验教训，积极探索建立培训长效机制，为全市全民文化艺术素质提升培训提供了有力支持。

二　把全民艺术普及的茎落在文艺活动

艺术活动是全民艺术普及的重要载体和手段，郑州文化馆积极发挥自身的公益性职能作用，组织开展各类全民艺术普及文艺活动。

（一）开展丰富多彩的群众文化活动

一是充分利用重大节庆和纪念性节日，举办春节期间群众文化系列展演活动、元宵节灯谜活动暨民间文艺展演、丙申年黄帝故里拜祖大典、迎五一劳动者自豪放歌等百余场节庆活动，丰富了人民群众的节日文化生活。二是组织举办郑州市“群星奖”舞台艺术大赛、造型艺术大赛、广场艺术大赛，受到热烈反响，逾万名群众报名参赛，发现和培育了一大批艺术人才。三是举办郑州市少儿文化艺术节，涵盖音乐、舞蹈、戏剧、书法、绘画、摄影等艺术门类，从暑期至国庆节，郑州市少年儿童集中观看到精彩纷呈的文艺表演和公开课展示，参演、编创机构近百家，参与人数将达十万余人。四是连续承办中国（郑州）国际旅游城市市长论坛、国际旅游城市风采展、郑州市群众文化艺术节、郑州市道德模范故事汇基层巡演等系列活动。让百姓享受了物质生活的充裕，更让百姓感受到了文化带来的快慰，从而达到“人因气质而漂亮，城市因文化而迷人。”

（二）开展“情韵郑州”系列群众文化活动

开展“群星讲堂”走进基层活动，特邀国内和省、市知名专家授课，面向基层群众文化骨干队伍和文化志愿者举办艺术专业讲座；“公益舞台”先后举办圆梦之声新年送祝福、雷锋日纪念活动、戏曲专场等公益演出，广受好评；“公益展厅”先后组织举办艺术摄影展、书法艺术展、雕塑艺术作品展等；“公益讲堂”组织开展郑州市外来务工人员暨弱势群体舞蹈、合唱、摄影等公益艺术培训；组织举办郑州市老年艺术大学芭蕾形体、器乐、模特等艺术培训；组织开展郑州市机关干部美术、书法、合唱等艺术培训。

举办河南省基层优秀文艺作品展演郑州专场，为向全省普及广场舞理论及实践，举办“教你一招”基层艺术培训。

（三）组织举办各类非物质文化遗产展示展演活动

在每年的春节期间，组织华夏民间优秀传统文化展演，盘鼓、腰鼓、舞龙、舞狮等传统民间文艺节目轮番登场，面塑、泥塑、春彩灯、小车、旱船、麒麟舞、木偶戏等地域民间绝活齐登场，来自各地的非遗传承人或现场献艺制作非遗艺术品或展示技艺，上演了一幕幕原汁原味的绝活大观，展示了中原传统文化的独特魅力，让群众在品味古老民族文化中欢度佳节。为配合我国的“文化遗产日”宣传活动，进一步继承和弘扬优秀文化遗产，宣传《中华人民共和国非物质文化遗产法》暨《河南省非物质文化遗产保护条例》，进一步提高公众对非物质文化遗产及其保护认识的重要性，郑州市筹备组织了非遗文化长廊、非遗制作台、发放宣传资料等系列活动，让老百姓全方面、多角度地了解、认识、走进非遗。开展非物质文化遗产进广场、校园、社区活动，组织非遗项目传承人向市民免费现场制作、展示和传授传统技艺，集中展示剪纸、叶雕、面塑等民间民俗技艺，让市民有更多机会与非物质文化遗产零距离地亲密接触。

三　全民艺术普及，多出文艺精品

为深入贯彻习近平总书记文艺工作座谈会重要讲话和《中共中央关于繁荣发展社会主义文艺的意见》，弘扬社会主义核心价值观，紧扣时代精神、反映时代风貌，追求真、善、美，坚持正能量，服务好郑州国家中心城市建设、提振中原文化软实力，充分激发广大艺术工作者的内在活力、创作激情和创新精神，郑州文化馆致力于文艺精品创作、展览、展示和普及。

（一）雕塑壁画佳作频出

组织文艺骨干创作《清音》、《岁月》、《琥珀》、《樱草》、《西风烈》、

《惊蛰》、《青春左右手》等雕塑作品，有部分作品参加全国、省、市展览及相关单位永久收藏。此外，还受邀为其他单位设计制作《往事皆烟——朱尊权院士纪念园》、《青铜模范》、《春夏秋冬——二十四节气科普知识雕塑园》、《多色梦》等作品数件。在郑州地铁重点站点内，由文艺骨干创作的《祈．佑》《大河黎明》、《古今科技》等数个地铁文化墙，向郑州市民、外来游人展示中原地区的文化底蕴和魅力。

（二）致力于创作书画艺术精品

为深入贯彻习近平总书记文艺工作座谈会重要讲话和《中共中央关于繁荣发展社会主义文艺的意见》，弘扬社会主义核心价值观，紧扣时代精神、反映时代风貌，追求真、善、美，坚持正能量，传承中国传统书画艺术，充分激发广大艺术工作者的内在活力、创作激情和创新精神，坚持文艺为人民服务。郑州文化馆充分利用自身的资源优势，联合文化部中国书画院、河南省当代中国书画院、河南大学校友书画院等国内十余家专业团体成立了“画院艺术联盟”，将有才情、有技术的艺术家邀请到一起，组织他们深入生活，学习练“兵”，充分发挥他们的艺术创作水平，描绘泱泱大国的壮丽山河，向全国乃至全世界的人民展现中国之美。在“豫韵丹青”系列活动中，郑州文化馆组织艺术家先后走进嵩山、太行山等地进行专题写生创作，共收到作品三百余件，精选出近百件力作分别在北京、郑州两地举办专题展览。在“春雨工程—郑州文化志愿者边疆行”活动中，艺术家跟着郑州文化馆的脚步，先后走进西藏阿里、甘肃张掖、云南勐海、内蒙古呼伦贝尔等地，将独具中原魅力的书画艺术作品送到边疆地区，受到当地群众的喜爱。

（三）为艺术人才提供平台

组织有影响力的品牌文化活动，有计划、有重点地对艺术人才进行宣传，坚持“走出去，请进来”，利用现有的展厅、画室等文化场地，为郑州市有成就的文化艺术人才免费举办展览等。同时，积极支持文化名家开

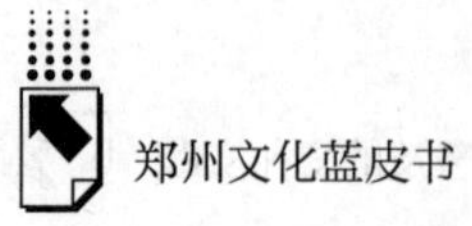

展创作研究，鼓励他们走出去，广泛参与国内、国际的文化、艺术、表演等方面的交流合作和开展学术、采风等活动，并组织出版文化名家文集，拍摄文化名家专题纪录片，设立知名文艺家创作室和流动工作站等。让艺术家在文化馆搭建的平台上进行展示交流，通过各种途径，为艺术人才提供锻炼和成名机会。由郑州文化馆设立的“情韵郑州—公益展厅”文化品牌活动，就是以推新人新作为宗旨、在省内外颇有影响力的活动。自创办以来已组织举办展览220余期，推出了唐毅、欧育均、张旭阳等一大批优秀艺术家。

四　郑州市全民艺术普及的思考及启示

文化馆在我国具有悠久的历史，早在民国时期就出现了文化馆，为民众提供公益性质的艺术文化辅导。改革开放以来，我国也相当重视文化馆的发展工作，使得文化馆的建设已普及到了我国的各县市之中，但随着人民物质生活水平的提高，精神需求的上升，文化馆的公益体系也渐渐处于陈旧状态，所以，不断丰富和更新资源，成为文化馆迫在眉睫的任务。各地文化馆需要做出应对策略，加大力度进行改革与创新：一是建设公共文化“云平台”，打造全民艺术普及“资源库”。现阶段应统筹整合当地的文化信息资源的现有资源，通过自主建设和购买服务等方式，建立起统一的“公共文化云”，为群众提供集文艺培训、艺术鉴赏、在线学习、预约演出等“一揽子”的文化服务，让群众自主选择文化服务的内容和项目。二是完善考核评价体系，确立全民艺术普及“度量衡”。建立体系化的考核评价机制，将提供公共文化服务和产品的各级政府部门、社会机构和个人纳入考核管理体系，制定出台符合我国国民特点和艺术普及需求的管理办法和考核标准，建立常态化的绩效管理制度。三是引导鼓励社会力量参与，构建全民艺术普及“生态圈”。要加大政府购买公共文化服务的力度，鼓励社会文化机构、艺术团体、群众文艺团队、社会培训机构和公民个人等社会力量参与。四是营造浓厚氛围，做好全民艺术普及“播种机”。充分利用各种媒体，精心做好政策解读，加大文化产品特别是文艺精品的供给力度，积极营造全民参与、人人共享的良好社会氛围。

参考文献

郎玉林：《功利性阅读的机理探究与实践启示》，《绥化学院学报》2019 年第 3 期。

陈怡：《“文化思南”：以区域化党建打造上海文化品牌新典范》，《上海党史与党建》2019 年第 2 期。

B.20

挖掘历史文化资源，打造城市文化品牌

——以2018年杜甫故里诗词大会为例

孟庆利　贾玉巧*

摘　要：　郑州巩义充分挖掘利用杜甫文化资源，建立杜甫故里诗词大会，通过品读杜甫诗歌，传承家国情怀，让诗词走进群众、走进生活，当前杜甫文化逐渐成为巩义市的文化品牌。本文分析杜甫文化的价值，梳理杜甫诗歌大会的开展情况，解读了杜甫诗歌大会对于文化品牌建设、文化传承弘扬、文化交流等方面的作用，并总结了在文化资源挖掘、文化服务、文化建设方面的综合启示。

关键词：　杜甫文化　文化品牌　郑州市

一个城市要从自身的文化沉淀中选取最具代表性的文化资源，找准城市文化定位，明确其品牌价值和战略方向，促进城市的文化发展，提升城市的核心竞争力。巩义处于河洛文化的核心地带，有着丰富的文化资源。诗圣杜甫在这里出生、成长、走向社会。逝世后又归葬于此。杜甫是巩义的文化名人，也是巩义的代表性文化资源。巩义市政府高度重视对杜甫文化资源的发掘和利用，经过多年的努力和各种文化活动的开展，杜甫文化逐渐成为巩义市的文化品牌。从2015年起，巩义已连续举办4届杜甫故里诗词大会（杜

* 孟庆利，郑州巩义市委宣传部，主要研究领域为地方文化传承弘扬；贾玉巧，郑州市社会科学院经济所副所长，主要研究领域为区域经济发展。

甫诗歌节），意在品读杜甫诗歌，传承家国情怀，让诗词走进群众、走进生活，2018 年，巩义市被中国诗歌学会授予“中国诗歌之乡”称号。可以说，一年一度的杜甫故里诗词大会（杜甫诗歌节），正逐渐成为巩义的知名文化品牌，成为照亮诗词文化传播道路的一盏明灯。

一　杜甫文化的价值及诗词大会的开展

杜甫文化蕴含着丰富的内涵，传承弘扬优秀的杜甫文化，具有重大的历史与现实意义。一是杜甫文化影响深远。杜甫是我国伟大的现实主义诗人，是中国古典诗歌的集大成者，在中国乃至全世界都有深远的影响。杜甫于公元 712 年出生在河南省巩县（今巩义市站街镇）南瑶湾村的笔架山下，在巩县度过了他的幼年和少年时期。杜甫一生作诗四千多首，至今仅存一千四百多首，杜甫的诗对中国古典诗歌影响非常深远，被后人誉为“千秋诗圣”，其诗被誉为“诗史”。二是杜甫文化资源开发潜力巨大。杜甫身上集中了中国传统文化里最重要的优秀品质，即仁民爱物、忧国忧民的情怀。他的诗具有丰富的社会内容、强烈的时代色彩和鲜明的政治倾向，他的诗风格沉郁顿挫兼备众体而又自铸伟辞。三是巩义市开发杜甫文化的社会效益、文化效益和经济效益成效显著。开发杜甫文化资源能够进一步展示杜甫文化，彰显巩义独特的文化底蕴和人文积淀，提高城市知名度和美誉度，强力促进以文化创意旅游为主的服务业发展。

为深入推进河南省第十次党代会、2017 年省政府工作报告提出的打造全国文化高地，落实好华夏历史文明传承创新区建设的安排部署，巩义市委市政府提出建设河洛文化传承创新区。围绕弘扬中华优秀传统文化，2015 ~ 2017 年，巩义连续举办 3 届杜甫诗歌节、2 届杜甫文学奖、5 届戏曲文化艺术节、4 届农民文化艺术节等大型文化活动，积累了丰富的经验，奠定了广泛的群众基础，也与文化界名人建立了密切联系。2017 年第三届杜甫诗歌文化周期间，中国作协副主席吉狄马加，中国作协诗歌委员会主任叶延滨，著名诗人郑愁予、舒婷，《中国诗词大会》嘉宾王立群、蒙曼等亲临现场，对巩义文化事业发展给予了高度评价，寄予了很高期望。

为进一步增强巩义市的文化吸引力、感染力和影响力，激活全市历史文化资源，加快传统优秀文化的现代性转化和创新，2017 年 12 月至 2018 年 5 月，巩义谋划并举办 2018 年杜甫故里诗词大会。大会由中国诗歌学会、河南省作家协会、郑州市文联、中共巩义市委、巩义市人民政府主办，中共巩义市委宣传部、巩义市文化广电新闻出版局、巩义市文联、巩义市文物旅游局承办，河南省诗歌学会、郑州成功财经学院、成都市《草堂》诗刊杂志社协办。大会包括准备活动 3 项："诗圣故里　桃李芳菲"中小学杜诗朗诵赛、杜甫故里诗词大赛预赛、"我和诗圣有个约定"全民诵杜诗线上活动；正式活动 7 项：首届"诗圣杜甫与中华诗学"学术研讨会、2018 年杜甫故里诗词大会开幕式、"大美巩义"采风创作、"最是一年春好处"诗歌雅宴、"月是故乡明"2018 年杜甫故里诗词大会音乐诗会暨杜甫国际诗歌征文大赛颁奖典礼、"诗圣故里名家有约"文化论坛及专题讲座、杜甫故里诗词大赛决赛；群众文化活动 6 项：唐诗艺术油纸伞展、旗袍秀、诗歌主题图书展、杜诗书画展、"月是故乡明　河洛喜相逢"文化庙会、"诗圣故里　光明灿烂"巩义发展成就图片展。

二　2018年杜甫故里诗词大会活动

（一）高度重视，全面推进

市委市政府领导高度重视是诗词大会得以成功举办的重要保证，对打造一个具有世界文化影响的文化名人杜甫这样的城市文化品牌尤其如此。为了确保杜甫诗词大会的成功，巩义市进行了认真的准备和策划：一是成立组委会，由市委副书记樊惠林担任主任，市委常委、宣传部部长史建伟担任常务副主任，市人大副主任范志武、副市长刘军杰、市政协副主席吴建禄担任副主任。组委会下设办公室，办公室设综合、活动、宣传、接待、环境、安保、财务 7 个工作组，分别由政府办、宣传部、文明办、政法委、财政局牵头负责具体工作。二是组织召开筹备会及协调会。组委会领导小组召开筹备会及协调会共计 14 次。以高度的政治责任感，认真策划、精心部署，把诗词大会的各项工作逐一细化，分解到具体部门、具体岗位、具体人员，确保各项任务落到实处。三是邀请相关专家参与筹办。组委会邀请中国诗歌学会会长黄怒波、会长助理大卫作为 2018 年杜甫故里诗词大会组委会主任和副主任，并邀请会长助理大卫参加 2018 年杜甫国际诗歌征文大赛发布会。中国诗歌学会和巩义市文联联合成立 2018 年杜甫国际诗歌征文大赛评审委员会，对来自不同国家、不同地区的上万篇诗词进行评审，保证了获奖诗词的质量。

（二）精心谋划，方案翔实

精心谋划、方案翔实是办好杜甫故里诗词大会的前提和基础。一是选好主题，夯实举办杜甫故里诗词大会基础。杜甫的诗兼备众体，除五古、七古、五律、七律外，还写了不少排律、拗体，运用的艺术手法多种多样，是唐诗思想艺术的集大成者。杜甫继承了汉魏乐府“感于哀乐，缘事而发”的精神，摆脱乐府古题的束缚，创作了不少“即事名篇，无复依傍”的新题乐府，如著名的“三吏”、“三别”等。但是杜甫并未写过词和曲。组委会为扩大此次大会的影响力，吸引更多人参与进来，在选定主题时积极扩大受众范围，同时吸纳优秀诗、词、曲、现代诗歌等优秀作品，并邀请诗词及诗歌爱好者参加大会，所以将大会名称定为杜甫故里诗词大会，同时举办杜甫国际诗歌征文大赛。二是确定规模，界定杜甫故里诗词大会的边界。杜甫故里诗词大会的规模由上级文件要求、巩义市经济能力、接待能力、文化资源等多方面决定。组委会领导小组开会讨论，并征求相关上级领导意见之后，综合考虑巩义市接待能力、大会的定位、大会的影响力，决定邀请嘉宾 200 余位、组织活动 15 项，时长 12 天。三是细化方案，梳理各项工作的具体流程。在组委会领导小组的领导下，组委会综合组拟定杜甫故里诗词大会方案，并按照效率最高、时间最少、资源配置最合理等要求配套制作工作流程图。便于组委会按照工作流程图扎实

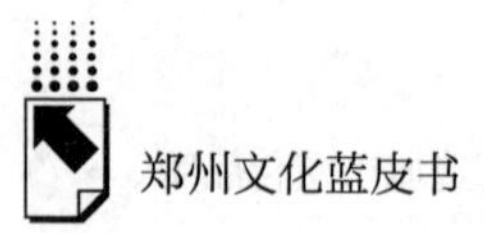

推进工作。四是抽调干部，加强对诗词大会的工作保障。组委会从市直各相关单位抽调优秀年轻干部充实到组委会，切实增强举办杜甫故里诗词大会的工作力量。要求被抽调干部要讲政治、守纪律，能够迅速学习业务知识，充分发挥自己的能力水平，为成功举办杜甫故里诗词大会贡献力量。所抽调干部与现工作岗位实现完全脱钩，在组委会统一接受管理和考核，确保相关工作有力有序开展并取得实效。

（三）广邀友朋，扩大影响

广邀友朋是大会成功举办的根本。2018 年杜甫故里诗词大会尤其注重与各地的文化交流。不断与各层次诗词协会、诗人故里、各高校联络沟通，搭建文化交流平台，扩大参与范围。一是邀请上级单位，提升诗词大会品质。邀请中国诗歌学会、河南省作协、郑州市文联作为主办单位，参与 2018 年杜甫故里国际诗歌征文大赛发布会及评审工作，并帮助巩义邀请各地著名诗人。二是邀请诗词界名人，提升诗词大会内涵。2017 年 4 月 12 日，中华诗词学会领导周啸天、刘庆霖、沈华维，中华诗词学会顾问李栋恒、周兴俊、杨逸明；省外嘉宾申士海、陈良、李玉平、张四喜、原振华、张金萍、刘鲁宁、李建新；河南诗词学会领导何广才、张兆清、郭友琴、范国甫、孟令中；郑州诗词学会领导姚待献、王力建、李刚太、吴国顺共 20 余位诗词专家学者莅临巩义，在杜甫故里采风交流，为 2018 年杜甫故里诗词大会的举办宣传造势。邀请 14 位中国著名诗人，100 余位中国著名诗歌研究专家，80 余位各地、各级关心和支持巩义市 2018 年杜甫故里诗词大会的领导参加大会开幕式。三是邀请兄弟城市，提升诗词大会实效。邀请四川成都（杜甫草堂）、四川眉州（苏东坡故里）、安徽马鞍山（李白重要生活地）、四川江油（李白故里）四地代表参加诗词大会，四地宣传部及文联主要领导到场参会并在开幕式上向巩义赠送礼物，搭建友谊桥梁。四是联系国内外学者，扩大诗词大会影响力。郑州大学国际教育学院主动对接诗词大会组委会，邀请来自“一带一路”沿线及其他 26 个国家的 110 余名留学生参加开幕式，并在开幕式上集体背诵杜诗，显示杜诗在世界范围的影响力。上海大学诗词研究中心主动与组委会对接，联办杜甫故里诗词大赛决赛，上海大学诗词研究中心博士生导师曹辛华任决赛评委。

（四）提升档次，亮点纷呈

提升档次、亮点纷呈是大会成功举办的强力支撑。一是提升参与人员素质。2018 年杜甫故里诗词的大会参与人员包括本地参与人员及外来人员。本地参与人员主要是巩义籍诗人、诗词爱好者、学生及对诗词有兴趣的市民群众。外来人员主要包括巩义市邀请的中国著名诗人、中国著名诗歌研究专家，以及各地、各级关心和支持巩义市 2018 年杜甫故里诗词大会的领导。二是提升大会节目品质。2018 年杜甫故里诗词大会包括 7 项主体活动，可谓内容丰富，精彩纷呈。尤其以诗词大会开幕式、“月是故乡明”2018 年杜甫故里诗词大会音乐诗会暨杜甫国际诗歌征文大赛颁奖典礼、“诗圣故里　名家有约”文化论坛及专题讲座三项为亮点。开幕式上四川成都（杜甫草堂）、四川眉州（苏东坡故里）、安徽马鞍山（李白重要生活地）、四川江油（李白故里）四地代表向巩义市赠送礼物、“一带一路”沿线国家留学生诵读杜诗、全体人员祭拜诗圣等内容成为热议的内容。在音乐诗会和颁奖典礼上，各位获奖作者同台领奖，文化论坛和专题讲座中，邀请了 4 位诗歌专家为市民群众带来了几堂生动的课程。准备活动、主体活动、群众活动在整个杜甫故里诗词大会中相互补充，相映生辉。三是提升接待服务质量。组织全市各相关市直单位分别认领接待任务，增加接待工作人员，加强接待人员培训，提高接待质量。与郑州成功财经学院合作，选取优秀大学生作为志愿者，进一步增强志愿服务人员力量。统一接待流程、接待礼节、发送信息等内容，整齐划一，提升服务质量。

三　杜甫诗词大会的文化弘扬和传承作用显著

（一）打造文化品牌，扩大城市影响力

连续 4 届的杜甫故里诗词大会（杜甫诗歌节）逐渐成为巩义市具有代表

性的文化品牌，让巩义在全国的知名度和影响力得到了较大的提升。一是在诗词、诗歌界的影响深远。2018 年杜甫国际诗歌征文大赛在筹备之时，就得到了各地诗词爱好者的广泛关注，大赛旨在以文会友，让文艺贴近群众、贴近生活，促进全市文化建设，设置 41 万元总奖金，其中一等奖 5 万元，在社会上，尤其是诗词界引起了巨大的反响。在 2018 年杜甫故里诗词大会开幕式上，中国诗歌学会驻会副会长曾凡华宣读了中国诗歌学会关于授予巩义市“中国诗歌之乡”的决定，并与巩义市委书记袁三军共同揭牌。二是媒体传播影响较大。2018 年杜甫故里诗词大会开始后，各级媒体争相报道。据统计，《河南日报》、河南电台、河南电视台、《郑州日报》、郑州电台、郑州电视台、人民网、新华网等 32 家市内外主流媒体刊发全媒体、立体式、全方位新闻报道 100 余篇。“中国·巩义”政府网站设立飘窗和专栏。市属 4 家新闻单位累计发布诗词大会新闻信息 190 余条。网络宣传工作中，向市外知名网络媒体推荐大会活动信息 3 批。“巩义宣传”“巩义发布”“巩义观察”等政务信息平台发布诗词大会信息 170 余条，每天发布“我和诗圣有个约定”全民诵诗线上活动信息。协调巩义搜、神采巩义、巩义吃喝玩乐汇等商业自媒体发布大会信息 60 余条，乐众传媒现场直播吸引 10 万余人在线观看。三是专家学者给予好评。新华社河南分社副社长刘雅鸣、省委宣传部副巡视员赵钢、省作协副主席兼秘书长乔叶等领导都对本次杜甫故里诗词大会赞不绝口，认为整个活动内容充实，程序严谨，接待工作特别细致。认为这次大会是以杜甫之名以诗歌之名而兴，既体现了巩义市委市政府对文化文艺工作的重视，也展现了远见卓识。成都市文联主席梁平认为，杜甫故里诗词大会办得很精彩，很成功，招待热情，服务细致。尤其是音乐诗会上，采用多种方式演绎杜诗，令人眼前一亮，耳目一新。绵阳市文联主席马培松得知这场盛会是由巩义市委宣传部牵头、各单位承办时，认为大会组织严谨、规模盛大。

（二）弘扬传承河洛文化，展示巩义文化底蕴

通过杜甫故里诗词大会的一系列活动，可以看到，巩义市这座文化底蕴深厚的城市，正向全国乃至世界打开一扇展示自己风采的窗户。一是本次诗

词大会积极融入河洛文化元素。从本次诗词大会的开幕式到音乐诗会，通过诗词、舞蹈、背景等方式融入河洛文化元素，突出了巩义市河洛文化发源地的特殊地位。二是本次诗词大会积极融入了豫商精神、“留余”精神（“留余”是康百万庄园里的康氏家训）等其他文化元素。诗词大会通过纪念品发放、讲解员讲解等方式对豫商精神、“留余”精神等其他文化元素进行了宣传和推介。三是本次诗词大会积极融入了非物质文化遗产等文化元素。巩义市非物质文化遗产数量较多，本次大会采用产品展示、表演（如小相狮舞表演、河洛大鼓书表演）等方式对巩义市非物质文化遗产进行了展示和推广。

（三）扩大对外交流，架筑友谊桥梁

杜甫诗词大会的举办，扩大了巩义市的对外文化交流，架起了与国内外其他文化单位和专家之间的友谊桥梁。一是邀请嘉宾众多。受邀并参与主体活动嘉宾共 193 人，包括中国诗歌学会邀请诗人嘉宾 12 人，其中鲁迅文学奖获得者 4 人；省文联、郑州市文联邀请诗人嘉宾 33 人；杜甫国际征文大赛获奖作者 22 人；省委宣传部、省作协等省级以上领导、诗人嘉宾 11 人；四川成都市（杜甫草堂）、四川眉山市（苏轼故里）、安徽马鞍山（李白重要生活地）、四川江油（李白故里）四地的宣传部、文联代表 14 人；郑州市委宣传部、郑州市文联、郑州市作协等郑州市级领导、诗人嘉宾 14 人，郑州市其他 5 县 10 区四大班子领导嘉宾 41 人；招商引资企业、巩义市本地企业、巩义籍外商等受邀企业嘉宾 46 人。受邀嘉宾的行业、所在地区覆盖面极广，为杜甫故里诗词大会扩大了影响力。二是开展互动交流活动。注重与各地开展互动交流活动。2017 年 6 月，巩义市委宣传部受邀赴四川省江油市参加第二届李白诗歌奖颁奖典礼。218 年杜甫故里诗词大会，巩义邀请四川成都（杜甫草堂）、四川眉州（苏东坡故里）、安徽马鞍山（李白重要生活地）、四川江油（李白故里）四地参加杜甫故里诗词大会主体活动。杜甫故里诗词大会结束之后，巩义又相继受到其他地市的邀请，与不少地市建立了交流合作的良好友谊。三是加强了院地合作交流。通过杜甫故里诗词大

会，巩义市和郑州大学、郑州成功财经学院建立了友好的合作关系。尤其是郑州成功财经学院在之后积极参与到巩义市的文化建设工作中。

（四）合理开发文化资源，促进文化旅游发展

通过举办杜甫故里诗词大会，杜甫文化将成为巩义最靓丽、最具代表性的文化名片，对巩义文化旅游、文化产业、文化形象等必将起到极大的助推作用。高标准打造的2018年杜甫故里诗词大会，进一步增强了郑州市的旅游吸引力。整个大会期间，全市接待游客人数达42.5万人次，景点收入361.9万元，杜甫故里景区客流量达16.9万人次。文化庙会活动共安排33个展位，销售额达6万余元，长寿山小吃街营业额达30万余元。尤其是缅怀诗圣仪式当天，进入郑州市的人流、车流呈现“井喷”之势，杜甫故里接待游客人数达8万余人。截至2018年6月底，全市累计接待游客量达810.2万人次，同比增长58.1%，实现旅游综合收入23.8亿元，同比增长144.6%。

四 2018年杜甫故里诗词大会的启示

（一）深入了解本地文化是挖掘文化价值的基础

党的十九大报告中所提出的新时代、新矛盾、新目标、新要求，对全社会来说都是根本性的转变，随之而来的是新的发展蓝图。十九大报告充分体现了党中央对中国特色社会主义文化的重视，对文化建设、文化自信的重视。报告提出，要“在实践创造中进行文化创造，在历史进步中实现文化进步”。根据十九大精神，文化产业除了要“满足”和“提供”外，还要“引领”和“提升”，在未来的文化工作中要重新认识本地文化，深入理解文化内涵，跳出过往，不能“自以为是”，而是要“自以为非”，去调整原来的不适应之处，挖掘出新的文化价值。在巩义的文化资源中，诗歌文化资源丰富，巩义与诗词有着不解之缘。夏代《五子之歌》、商代《桑林祷辞》

诞生于巩义，晋代潘岳，唐代杜审言，宋代寇准、范仲淹、王安石、欧阳修等名家均在巩义留下作品。杜甫作为唐代最伟大的现实主义诗人，他的作品对后世影响深远。经过一千多年的文化传播，杜甫已经成为世界文化名人。目前，巩义民间诵诗、写诗风气浓厚，现有诗词学会、杜甫研究会 4 个，会员 500 余人，出版诗刊、诗集 70 余册，举办杜甫故里诗词大会有条件、有基础、容易被接受和认可。所以举办 2018 年杜甫故里诗词大会本身就是对巩义市杜甫文化乃至巩义市文化资源深入研究的结果。

（二）人民的文化需求是完善公共文化服务体系的方向

习近平总书记在党的十九大报告中指出，满足人民过上美好生活的新期待，必须提供丰富的精神食粮。巩义市委市政府以习近平新时代中国特色社会主义思想为指导，深入贯彻党的十九大精神，在完善公共文化服务体系、深入实施文化惠民工程、丰富群众性文化活动方面做了大量工作。在文化供给侧方面更是下了大功夫，市委市政府充分发挥文化在引领风尚、教育人民、服务社会、推动发展的作用，大力开展覆盖城乡、惠民利民的群众文化活动。2018 年以来，巩义市以市委办、政府办名义印发《关于 2018 年在全市组织开展文化体育节庆纪念活动的通知》，持续开展丰富多彩的群众文化活动和体育节庆纪念活动。坚持以“需求导向、问题导向、满意度导向”为原则，建立“信息收集、分析处理、反馈评价、结果运用”为主要方法步骤的评价反馈机制，畅通群众文化需求和评价反馈渠道。及时了解市民需求，真正做到“百姓需要什么，我们就提供什么”。

（三）加大宣传力度是扩大文化影响力的途径

宣传是扩大文化影响力的途径。一是坚持专业力量与社会各界力量相结合。巩义市委市政府对杜甫故里诗词大会十分重视，面向全国召开两次大型新闻发布会进行宣传推介。巩义市各级领导将杜甫故里诗词大会工作纳入中心工作进行宣传推介。巩义市属媒体通过开设专栏等方式进行特定宣传。二是坚持专业媒体与大众媒体相结合。2018 年杜甫故里诗词大会除了邀请各级各地媒体宣传外，还通过微信、公众号、朋友圈进行大量宣传。本地市民群众和外地嘉宾把每个个人作为宣传终端不断加大宣传力度，增强宣传效果。三是坚持一般宣传与深度宣传相结合。深度宣传同一般宣传相比，层次更深，力度更大，效果更好。在大型活动的宣传工作中，既要兼顾一般性宣传的广泛性，又要注意加强深度宣传的深入性，努力做到既兼顾全面，又突出重点，既有声势、广度，又有新意、深度，使活动内容高潮迭起、热点不断、精彩纷呈。

（四）创新文化建设是文化发展更出彩的保障

2018 年杜甫故里诗词大会是巩义市文化创新建设上的一次成功的尝试和实践。创造文化工作新辉煌，让文化工作更出彩就要对文化建设进行不断创新。创新已经成为推动经济社会发展的内在动力，成为当今全国文化建设和文化产业发展的主旋律。因此，巩义市文化建设工作仍需要创新。一是充分发挥已有的文化优势，用好已打造的文化品牌，走政府引导、社会各界支持的模式。二是要以杜甫故里诗词大会为契机，进一步规范全市公共文化服务体系建设工作，开展好各类群众文化活动，与杜甫故里诗词大会这类大型群众文化活动交相辉映。三是进一步创新大型群众文化活动的举办方式。从下一年起，巩义要积极引入社会力量，让社会力量成为文化发展和文化建设的重要参与力量，从而将这种厚重的巩义文化资源进行更加深入的挖掘和解读，更加增强巩义市乃至所有诗词爱好者的文化自信。

参考文献

黄建红：《在服务读者中不断提升发展质量》，《新湘评论》2019 年第 1 期。

王春城、杜建芳：《文化惠民项目供给与人民文化需求的有效对接——基于河北省石家庄市的典型案例分析》，《石家庄学院学报》2019 年第 1 期。

B.21
“嵩山论坛”品牌培育助力构建人类命运共同体

赵保佑*

摘　要： 嵩山论坛已成为世界多元文明互鉴交流的高端学术平台，在传承创新华夏文明方面做出了积极贡献，在世界学术圈中赢得了良好口碑，为“构建人类命运共同体”这一重大时代命题进行了有益探索，也已成为助推地方经济发展的重要力量。今后嵩山论坛应着力于发展理论优势，彰显论坛特色；发挥地域优势，推进文化创新；发挥论坛龙头效应，带动郑州登封经济社会发展。

关键词： 嵩山论坛　世界文明对话　文化品牌　郑州市

一　嵩山论坛历届年会的简单回顾

嵩山论坛自2012年举办至今，共召开7届年会。经过7年的发展，已成为世界多元文明互鉴交流的高端学术平台。论坛共收集高质量学术论文270余篇，出版论文集6部，专著1部，杂志2期，取得了丰硕的学术成果。论坛还吸引了来自世界20多个国家和地区的200多位学者来到郑州开展对话交流，全球近百名国际哲学院院士，来到登封嵩山论坛参会演讲的就

---

* 赵保佑，河南省社会科学院研究员，主要研究领域为中原文化传承弘扬。

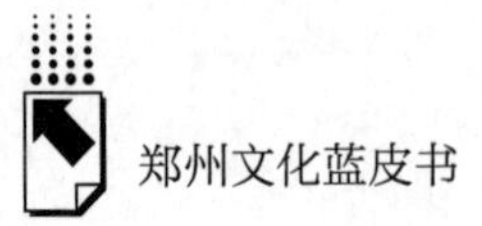

达25人次，产生了世界性影响。

2012年9月23日至25日，首届“嵩山论坛”在登封举办，第十届全国人大常委会副委员长许嘉璐先生、美国人文社会科学院院士杜维明先生等嘉宾以及来自国内外的150余名专家学者出席论坛。年会以“从轴心文明到对话文明”为议题，从“文明对话”、“文化中国”、“世界伦理”、“价值认同”、“儒学反思”等方面展开了多层次、多角度的交流与探讨。论坛进行了70余次主题演讲和专家发言，收到了良好的效果，引起了国内外社科界的广泛关注。

2013年9月5日至13日，“嵩山论坛2013年年会”举办，当年有来自10多个国家的国际学者、国内部委领导以及经济、文化界的知名专家学者，以及企业界人士430人参加论坛。年会以“人文精神与生态意识”为议题，设总论坛与“人文精神与生态意识”、“生态文明建设”、“生态文明与企业家精神”3个分论坛。经济、文化方面的名家吴敬琏、王赓武、冯沪祥、郑也夫等举行的“华夏历史文明传承创新系列讲座”气氛热烈，将年会推向了高潮。尤其值得指出的是，本届年会非常关注的“生态”问题，被写入了2013年11月12日举行的党的十八届三中全会报告，报告提出“紧紧围绕建设美丽中国深化生态文明体制改革，加快建立生态文明制度”，更是随后纳入了党的“五位一体”建设布局。这说明年会的宗旨是与党和政府的重要方针政策始终保持一致的。

2014年8月22日至24日，“嵩山论坛2014年年会”举办，全国人大常委会副委员长张宝文、日本前首相鸠山由纪夫、韩国前副议长文喜相等国内外政要，80多位来自世界各大文明的学者代表，140多位海内外嘉宾应邀参加论坛年会。年会以“天人合一与文明多样性”为议题，论坛呼吁个人、社会、自然与“天道”的和谐，呼吁构建多元文明和谐共处、人类文明共同进步发展的和谐世界。

2015年9月11日至13日，“嵩山论坛2015年年会”举办，全国人大常委会副委员长张宝文，意大利科森扎省省长马里奥·奥基乌托等国内外领导出席了开幕式，来自全球各大文明的100多名文化学者、企业界人士开展文明对话。年会以“和而不同：共建人类命运共同体”为议题，呼吁从“和而不同”中汲取人类维护文明多样性的力量，通过开展多元文明对话，增进世界人民的理解和包容，以“和平、发展、合作、共赢”为主题，构建“人类命运共同体”，从而实现全人类的和平与发展。“和而不同：共建人类命运共同体”的论坛议题，是国内最先将“人类命运共同体”列入年会议题的文化论坛。

2016 年 10 月 27 日至 29 日，“嵩山论坛 2016 年年会”举办。全国人大常委会副委员长张宝文先生、日本前首相鸠山由纪夫先生出席年会并进行了主旨演讲，有来自欧洲、美洲、亚洲、非洲等几大文明发源地的 120 余位著名国内外政要、智库专家学者和商界精英开展对话交流。论坛以“转化与创新：迈向对话文明”为议题，设立文化论坛和经济论坛。2011 年诺贝尔经济学奖获得者美国学者托马斯·萨金特、中国社会科学院学部委员李扬、北京大学原副校长海闻、清华大学经济外交研究中心主任何茂春等专家开展了主题演讲和圆桌对话，分析区域发展新格局，探讨经济发展新机遇，寻找转型发展新动力。

2017 年 9 月 15 日至 17 日，“嵩山论坛 2017 年年会”举办。论坛以“成己成人：共建天下文明”为议题。与往届不同的是，论坛设立海外华文媒体论坛和文化论坛两个论坛。其中，海外华文媒体论坛邀请了来自 10 多个国家和地区的 20 多位华文媒体负责人，围绕“海外华文媒体助推‘一带一路’及河南经济社会文化发展”这一主题进行了主旨演讲和讨论；文化论坛由来自全球 10 多个国家和地区的 60 位专家学者围绕“天下文明与全球对话”、“互学互鉴：多元现代性的视角”、“本土文化的发展与普遍性”三个分议题开展了分组讨论。

连续 7 届的嵩山论坛在世界哲学界学者圈中赢得良好的口碑，在海外华文媒体中引起了强烈反响，成为河南对外开放的文化名片。自 2017 年初开始嵩山论坛与华夏历史文明传承创新基金会、嵩山书局合作，在郑东新区 CBD 河南省艺术中心嵩山书局书店内不定期举办纸年轮学术讲座，目前已成功举办 30 期，邀请国内社科、人文大家王蒙、葛剑雄等，为郑州市民无偿提供学术大餐，受到省直机关干部、高校专家学者及郑州文化界的好评。

二　嵩山论坛2018年年会取得丰硕成果

嵩山论坛2018年年会于9月16日至17日在“天地之中”——郑州登封市中州华鼎酒店成功举办。来自世界各地的社科人文专家及各方嘉宾百余名，围绕“多元共存·和谐共生·未来共享”这一中心议题，深入交流、精研学理，引起了国内外新闻媒体、专家学者的广泛关注。年会分不同时段进行了总论坛、文化论坛、海外华文媒体论坛、新时代文化金融圆桌会议、中西方文化交流等多项活动，收到学术论文30多篇，组织主旨演讲40多人次，形成了一些助力推进构建人类命运共同体的文化成果；海外华文媒体论坛就融媒体时代中外华文媒体如何讲好河南故事开展了深入对话；新时代文化金融圆桌会议，围绕新时代的经济金融问题展开讨论，成为论坛涉及经济发展问题的新尝试。论坛的各个方面都达到了预期目标，取得了丰硕成果；会务组织热情周到，向国内外嘉宾展示了一个文化厚重、开放包容、砥砺奋进的河南新形象；海内外媒体对此次论坛的盛况进行了全方位、多角度、广视野的报道。

嵩山论坛2018年年会的成功举办，是在年会组委会领导下进行的，论坛的主办单位中国国际文化交流中心、中国文物学会、北京大学高等人文研究院、河南省国际文化交流中心、河南省华夏历史文明传承创新基金会以及嵩山论坛秘书处及郑州市登封市等方面的同志广泛参与筹备，并大力支持。

从来自世界各地各大文明的专家学者为论坛年会提供的学术论文和大会发言讨论的观点综合来看，主要形成以下学术共识。

人类文明发展到21世纪的今天，已经进入到无法回避对方、无法隐藏自身的时代，因此，开放自身、直面他者，是人类文明在今日和未来的基调。但是，在面对他者时却有不同的态度：是敌视对方，进入争斗；是鄙视对方，陷入孤立；还是正视对方，共存共生。显然，从全人类的永续发展角度出发，只有承认多元共存的现实，秉持和谐共生的态度，才能实现未来共享的可能。在这样一条路径下，学者们从不同的视角提出论证观点，认为有三个维度需要世人认真思考：

首先，各文明间要尊重彼此的差异。差异是多元的基础，也是无法抹去的现实；但差异又恰是文明间难以化解矛盾的根源。所以，各个文明需要尽可能地敞开自身，以对话的方式深入了解其他文明，认识到各自间差异的价值，进而互相包容与共存。

其次，各文明应回到自身的传统，去开辟各自的“旧邦新命”。现代化从来不是一元的，它是各个文明自身挖掘出的现代维度与现代价值，因此，各文明的现代化都有其特殊而重要的价值，而只有从这诸多特殊中得出的共同，才是真正的共同。

最后，未来的人类需要一种新的人文主义精神来作为指引。古典的神圣主义和启蒙运动以来的世俗人文主义，各自彰显了超越性和人文性的一面，但又各有其问题所在。未来人类的精神发展，应当是具有超越性的人文主义，即精神人文主义。这种人文主义，将帮助克服各种现代性的弊病，从而使全人类可以共享美好的未来。

三　嵩山论坛产生的积极影响

从2012年至今，嵩山论坛紧紧围绕“华夏文明与世界文明对话”这条主线，把不同国度、不同文明、不同文化的专家学者“请进来”共同开展世界多元文明的对话交流，共同研讨华夏文明与世界文明的传承创新，共同弘扬文明传承创新的重要成果，努力探寻“百花竞放、兼容并蓄、各美其美、世界大同”的文明真谛，助力构建人类命运共同体。7年来，经过论坛主办者和参与论坛专家学者的共同努力，嵩山论坛已显露出以下明显的特质和影响。

（一）在传承创新华夏文明方面做出了积极贡献

嵩山论坛立足华夏文明和中原文化的发掘和研讨，如对“和而不同”、

“天人合一”、“成己成人”等中国哲学问题的研究，汲取中华优秀传统文化深邃内涵，并与世界多元文明、文明多样性、人类命运共同体建设有机融合，论坛成为华夏文明与世界文明对话的窗口。奥地利维也纳大学教授路德维希·纳格尔指出：在嵩山论坛上共同研讨以“儒、佛、道”为代表的中国传统文化，对当代西方哲学讨论大有裨益。美国著名僧人、法界宗教研究院教授、法界佛教总会董事会主席恒实法师说：华夏文明和世界文明的关系非常重要，中原不单是中国文明发源地，更是世界文明发源起的地方之一。众多学者把一辈子的学问拿出来在这里分享，自己也将会把在河南的见闻带回本国和世界各地，让更多人了解一个全面、真实、可爱的中国。

（二）在世界学术圈中赢得了良好口碑

自论坛举办以来，来自世界20多个国家和地区的学者及国内300多名专家教授参与学术交流，参会学者各抒己见、畅所欲言、百花齐放、百家争鸣，在包容中深入交流，在争论中求得共识。论坛坚持采用民间学术团体主办的办会机制和模式，使论坛对话以开放、平等的姿态和国际化惯例，参会嘉宾更具有广泛代表性，让各种文明的声音竞相表达，尊重差异，相互学习。国际伊斯兰哲学学会主席古拉姆瑞扎·阿瓦尼3次参加论坛，曾深有体会地指出：伊斯兰文明不是排他主义的，可以和其他文明和平共处，《古兰经》当中有非常多对话的原则，和中国的很多东西有相同之处，人本质上是一个对话的生物，嵩山论坛能够遵循这个自然界的本质，是十分可取的。俄罗斯著名哲学家、俄罗斯联邦财经大学哲学系主任亚历山大·丘马科夫指出，在全球范围内，文化与文明之间的对话是唯一具有建设性意义的矛盾解决方式，能够在国家和全球层面上提供社会平衡发展的保障，嵩山论坛是非常重要的平台。

国际哲学院院士中近四分之一的院士参与过论坛，博大精深的中国哲学和新时代中国的发展使世界各地的哲学家们产生了浓厚的兴趣，在中国召开世界哲学大会得到多数哲学家的期许，在国际哲学院院士、美国人文社会科学院院士、嵩山论坛组委会主任杜维明等努力争取之下，世界哲学大会2018年成功在北京举办，这是世界哲学大会首次在亚洲举办，可以说嵩山论坛为世界哲学大会在北京的举办做出了间接的铺垫和积极的贡献。

（三）为“构建人类命运共同体”进行了有益探索

论坛立足“天地之中”和中华文明起点，遵循民间主办的文化论坛惯例，从文明对话角度倡议多元文明互鉴交融，共荣共生、共建共享，呼吁构建大同世界，共建人类命运共同体。印度著名政治心理学家、社会学家阿希斯·南迪说，懂得对话的文明是高级文明，嵩山论坛为文明“从冲突到对话”创造了一个平台。国际哲学学院主席、土耳其马尔提普大学哲学教授约安娜·库苏拉迪认为，不同的道德观、价值观决定了我们如何对待其他人，很庆幸嵩山论坛能商讨共建人类命运共同体。日本前首相鸠山由纪夫说，中、日、韩文化有着共同点，也有很多不同点，如何让它们更加协调和谐，需要的是智慧。从这意义来上讲，把东亚变成一个和平地区，习近平主席提出的“一带一路”构想，我从内心里头表示敬意，同时也想付出我的行动。

（四）嵩山论坛已成为助推地方经济发展的重要力量

河南省政府《关于支持登封加快建设华夏历史文明传承创新示范工程的指导意见》出台之后，郑州市、登封市认真落实该指导意见，借助嵩山论坛举办国际性年会之际，加强基础设施建设，扩大对外招商引资力度，发挥登封“文化、旅游、生态”三大优势，对全域经济发展和示范工程建设进行了总体布局，嵩山绿地文化小镇已落地少室山脚下，集合华夏历史文化、禅武文化及天地之中微电影的小镇正在建设之中；登封正阔步行进在建设郑州国家中心城市次中心的康庄大道上。

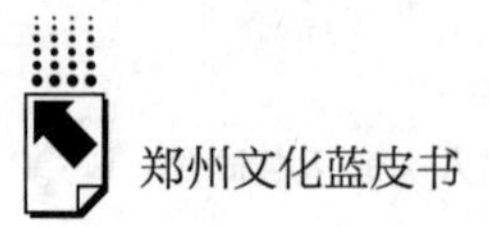

四　打造郑州文化品牌——对嵩山论坛的几点建议

（一）发展理论优势，彰显论坛特色

嵩山论坛的主旨是传承创新中华优秀传统文化。方式是通过华夏文明与世界文明的对话，研究和阐发华夏历史文明的思想精华，在开放包容中传承中华优秀传统文化；在交流互鉴中使传统文化实现创造新转化和创造性发展。坚持“以我为主、博采众长”的原则，“以我为主”就是坚守中华文化立场，传承华夏文化基因，不忘本来；“博采众长”就是以海纳百川的包容态度吸收外来，通过交流广泛吸收人类文明优秀成果，以面向未来的远见卓识，把传统文化与马克思主义中国化、与习近平新时代中国特色社会主义思想有机融合，探寻人类文明发展的新形态。

就目前国内举办的各种论坛来看，博鳌（亚洲）论坛的内容侧重于政治和国际关系、大连达沃斯论坛侧重于经济社会发展、贵阳国际会议侧重于生态文明、乌镇世界互联网大会侧重于互联网和科技发展，以上论坛虽对文化问题有所涉及，但并非专业文化论坛；就文化论坛而言，与嵩山论坛相类似的有山东尼山论坛和安徽太湖世界文化论坛，山东尼山论坛侧重儒家文化的研究探讨；太湖世界文化论坛与嵩山论坛相类似，五届年会多以世界文明对话为主旨，由于太湖世界文化论坛由外交部、文化部支持，中国文联等单位主办，所以，嵩山论坛无论从规模和层次上来看或是从影响力上来看，都与太湖世界文化论坛产生了明显差距。

嵩山论坛要在前几年发展的基础上发展成为郑州——国家中心城市的一个文化品牌，必须继续坚持原定宗旨，立足华夏历史文明起点，更加广泛地开展与世界多元文明对话，在研究中华文化的核心思想理念、中华传统美德、中华人文精神等方面更加深入，以国际性学术文化研究优势，吸引世界各大文明代表参与论坛，真正使嵩山论坛成为一个世界文明对话的开放、包容、交流平台。广泛扩大论坛影响，使论坛真正为延续和发展中华文明、促进人类文明进步、在构建人类命运共同体的进程中发挥作用。应充分认识、承认、尊重、利用全球多样化的精神资源，除了举办好综合性学术年会之外，还要走出嵩山、走向全国、走向世界，办好某一文化专业会议、做好不同文明精神文化产品的展示等工作。通过世界多元文明“引进来”，推动华夏文明“走出去”，使论坛成为国际文化交流的重要平台，从而成为与太湖世界文化论坛相媲美的国际文化论坛。

（二）发挥地域优势，推进文化创新

史称大嵩山地区为中国历史上夏商周的“三代之居”要地。千百年来，以大嵩山为中心的嵩洛地区是华夏文明产生、发展的核心区域，中国河南登封市是华夏历史文明的重要发祥地之一，历史文化源远流长，儒、释、道等多元文化在这里交融发展，科技、教育、建筑、艺术等历史遗存丰富，以禅、武、医为代表的少林文化举世闻名，长期以来形成了开放包容、革故鼎新、天人合一、和谐共生等文化特质，文化资源和文化传承在全国乃至全球华人文化圈中具有独特地位。不仅世界四大文明中唯一没有中断的黄河文明在这里绵延不断承续下来，而且中华民族以这里为中心舞台，演绎了华夏文明的灿烂篇章，贯穿华夏文明发展史的实物例证登封“天地之中”历史建筑群在 2010 年 8 月被列入世界文化遗产（2016 年 12 月，以登封观星台为重要实物例证的“二十四节气——中国人通过观察太阳周年运动而形成的时间知识体系及其实践”被列入人类非物质文化遗产）。如今在这里搭建华夏文明与世界文明对话平台，不仅是落实国务院建设中原经济区、促进华夏文明传承与创新战略、中华传统文化“创造性转化、创新性发展”的题中应有之义，也是习近平新时代中国特色社会主义建设对 1 亿多中原儿女提出的新课题和新要求。

应依托嵩山独特的自然和历史人文资源，以“请进来”对话的方式搭建华夏文明与世界文明对话平台，打造国际性高端文化论坛，吸引欧、美、亚、非等世界主要文明发源地专家学者，提升华夏文明在世界文明舞台上的“话语权”，助推中华文化“走出去”，助力构建人类命运共同体。

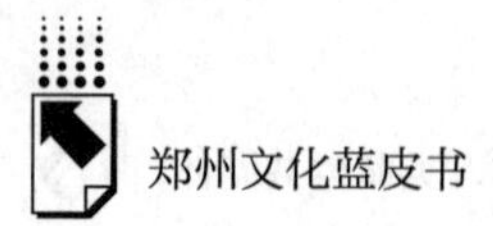

来自北京大学、中国社会科学院等单位的专家学者经过考察研究后认为，以少林寺、中岳庙、嵩阳书院等为代表的嵩山地区，不仅是华夏历史文明核心区域，也是“儒、道、佛”三大主流文化的交流融通和集大成之地，体现了中华文化的“中和”特质，打造中华民族圣山、华夏文明与世界文明对话平台，中岳嵩山是不二选择。嵩山论坛主办方之一、北京大学高等人文研究院执行副院长、美国格兰谷州立大学教授倪培民认为，华夏文明的核心是“中”，精髓是“和”，合作共赢的观念本就深深扎根于中国传统文化之中。未来的文明应当是对话文明，嵩山论坛正在以实际行动推动不同文明的对话。

嵩山论坛搭建这样一个世界文明平等对话的学术平台，中华文化的历史渊源、发展脉络、基本走向一定会探讨得更加明晰；马克思主义在中国化的进程中会从中国传统文化中汲取更多的营养；中华文明会在与其他文明不断交流互鉴中得以创新发展；中华文化的国际影响会通过对话交流远播海外，影响力也会逐渐明显提升。

（三）发挥论坛龙头效应，带动郑州登封经济社会发展

近年来，习近平共建“一带一路”的倡议，得到了沿线地区和国家人民的普遍欢迎与合作，贸易交流不断扩大，经济共享不断加深，文明对话和文化交流也亟待跟进。鉴于发挥河南历史文化优势、促进华夏文明与世界文明交流互鉴、积极融入“一带一路”建设、全方位推进改革开放的初衷，河南省政府专门下文《关于支持登封市建设华夏历史文明传承创新示范工程的指导意见》（豫政〔2014〕41号），决定把登封作为华夏历史文明传承创新先行先试区，积极探索，先行试验，打造华夏历史文明重要的遗产保护基地、传承创新高地、中原经济区文化发展重要增长极和文化产业集聚发展的示范区。

嵩山论坛自创办以来，郑州市、登封市按照省政府的安排部署，为论坛的成功举办提供了各种条件，同时，借助论坛的龙头优势，实施文化产业化发展战略，依托论坛的国际性优势，对接郑州航空港经济综合实验区的发

展，谋划建设文化综合保税区，带动文化高端制造业和文化物流业的发展，形成文化产业发展的先行先试区。2017 年国务院已确定把郑州建设成为国家中心城市，郑州最大的优势是要发挥博大精深的中原文化优势，要发挥好这一优势，就应当借助在登封市建设嵩山论坛永久会址之契机，在郑州搭建好华夏文明与世界文明交流平台，把郑州建设为当代华夏文明的展示交流中心。

目前郑州、登封的禅武文化、少林功夫、文化旅游等发展蓬勃，嵩山论坛的成功和连续举办以及永久会址的落地，给登封经济社会的发展植入了一个国际级的活力因素，国际思想文化交流、少林功夫、《禅宗少林·音乐大典》三者交相呼应，形成文化产业集聚效应；登封在落实习总书记“两山”理论、发展全域旅游建设田园城市的过程中，应当深入发掘环嵩山地区人文遗迹文化内涵，与山水田园风光相契合，大力发展文旅产业、文化产业、文创产业，建设人文集聚、山水和合、低密自然的宜居田园城市示范区；配套发展商住会展、休闲娱乐等衍生产业和现代服务业，使其成为以华夏文明为底蕴，世界文明展示为外延，优势突出、特色鲜明的文化产业集聚示范区，进而成为中原文化经济发展的重要增长极。把郑州、登封打造成以历史文化为资源、经济文化协调发展的文化高地，真正成为中原经济区对外交流的窗口。

附　　录

Appendix

B.22
2017～2018年郑州市文化发展大事记

李阳　吴静*

2017年大事记

1月8日　河南省郑州国际文化创意产业园建设工作领导小组组长、副省长张广智赴中牟调研郑州国际文化创意产业园发展建设情况。省领导在郑调研时要求努力把郑州文创园建成河南文化高地。

1月12日　全省推进媒体深度融合工作座谈会在郑州召开。会议传达学习了中宣部推进媒体深度融合工作座谈会精神，就推进河南省媒体深度融合工作进行了交流研讨。省委常委、宣传部部长赵素萍出席会议并讲话。赵

* 李阳，郑州电视台，主要研究领域为新闻传播；吴静，郑州市委宣传部文化产业发展指导处副处长，主要研究领域为文化产业发展。

素萍在会上强调推进媒体深度融合打造新型主流媒体。

1月18日 由郑州市委宣传部、郑州市文广新局、郑州市文联主办的“第五届郑州本土电影展映月”正式启动。

1月26日 郑州报业集团旗下的中原网于1月26日正式登陆新三板，中原网成为河南省首家挂牌新三板并成功完成混合所有制改制的新闻媒体。

3月22日 中国郑州（创意产业）知识产权快速维权中心在郑州国家知识产权创意产业园区成立运营。由此，郑州成为全国第十三家知识产权快速维权中心。

3月28日 黄帝文化国际论坛开幕。本届论坛的主题是“‘一带一路’与文明互鉴”。河南省委原书记，中央马克思主义理论研究和建设工程咨询委员会主任徐光春，国务院参事室新闻顾问、中央文史研究馆馆员、中华炎黄文化研究会特别顾问赵德润，市委副书记、市长程志明等出席开幕式。

3月30日 丁酉年黄帝故里拜祖大典在新郑黄帝故里景区举行。

4月12日 文化部党组成员、部长助理于群一行莅临郑州市调研文化产业工作情况。

5月11日 为期5天的第十三届中国（深圳）国际文化产业博览交易会在深圳会展中心举行，郑州形象展区亮相文博会2号馆，郑州市委宣传部荣获优秀组织奖，郑州市展团荣获优秀展示奖。河南省委常委、宣传部部长赵素萍视察了郑州展馆。

5月25日 中共中央政治局委员、中央书记处书记、中宣部部长刘奇葆在河南省委常委、宣传部部长赵素萍，省委宣传部常务副部长王耀，郑州市委常委、宣传部部长张俊峰等的陪同下，莅临大河村遗址博物馆视察指导工作，郑州市文物局局长任伟、大河村遗址博物馆馆长胡继忠陪同接待并介绍汇报。

6月8日～9日 文化部党组成员、国家文物局党组书记、局长刘玉珠深入郑州市新郑市、郑东新区、金水区、管城回族区，调研郑州市文化遗产保护工作。

6月中下旬 市委常委、宣传部部长张俊峰先后深入中牟县、登封市、上街区，调研文化产业发展情况。

6月21日 省委书记、省人大常委会主任谢伏瞻调研郑州国际文化创意产业园。省委常委、宣传部部长赵素萍，省委常委、省委秘书长穆为民一同调研，市委常委、宣传部部长张俊峰陪同调研。

6月22日 省委宣传部常务副部长王耀调研商都历史文化区建设工作，市委常委、宣传部部长张俊峰陪同调研。

7月8日 郑州海昌海洋公园在国际文化创意产业园奠基，省政协副主席、河南省郑州国际文化创意产业园建设工作领导小组组长张广智，省妇联主席郜秀菊、省文产办主任徐慧玲、大连市人大常委会副主任曲晓飞出席奠基仪式。市委常委、常务副市长王跃华，市委常委、宣传部部长张俊峰，市人大常委会副主任王广灿出席活动。这是大连海昌集团在全国布局的第九个主题旅游项目，标志着中原地区最大的海洋公园项目进入开发建设阶段。

7月12日 第16届《小小说选刊》优秀作品奖颁奖典礼在郑州举行。

9月16日 嵩山论坛2017年会拉开大幕，世界多元文化的学术代表、海外华文媒体60余位嘉宾围绕“成己成人：共建天下文明”主题，展开华夏文明与世界文明新的对话，对世界不同文明的交流互鉴和共同发展进行深度探讨。

9月19日 金鸡百花电影节获奖影片——2017“一带一路”沿线国家电影交流展在郑州市开幕。

10月12日 郑州市2017年重大文化产业项目暨《只有河南》启动仪式在郑州国际文化创意产业园举行。省委常委、市委书记马懿，省政协副主席、郑州国际文化创意产业园建设工作领导小组组长张广智，市委副书记、市长程志明，市委常委、市纪委书记周富强，市委常委、宣传部部长张俊峰，副市长刘东及省文化厅、省旅游局有关负责同志出席仪式。“只有”系列导演王潮歌、建业集团董事局主席胡葆森等出席仪式。

10月13日 由中国摄影家协会、郑州市人民政府等主办的第三届“文明郑州”全国摄影大展、庆祝香港回归祖国20周年摄影巡展、2016中国国际摄影艺术节回顾展在郑州市升达艺术馆拉开帷幕。

10月28日 第四届中原（鹤壁）文化产业博览交易会在鹤壁市朝歌文化园举办。郑州市共有15家单位的近百件展品参展。

11月3日 第十届海峡两岸（厦门）文化产业博览交易会在厦门开幕，郑州市组织15家文创企业组团参展。

11月4日 经济日报副总编辑郑波一行来到郑州报业集团，考察调研媒体融合建设。参观郑报融媒、郑直播、冬呱视频、以“新闻超市”为枢纽的中央厨房，详细了解郑州报业集团发展历程，现场感受指挥中心与“郑州国际车展”现场记者的直播连线。

11月10日 宋城·黄帝千古情项目正式落户新郑龙湖。省政协副主席靳克文，省委宣传部常务副部长王耀，市人大常委会主任白红战，市政协主席王璋，市委常委、宣传部部长张俊峰，副市长刘东等出席签约仪式。该项目计划以实景演出的形式呈现，由新郑市政府与宋城演艺、河南竹桂园旅游集团联手打造，是宋城演艺在中原地区的首个项目。该项目位于新郑市龙湖镇西部区域，大学南路与泰山路交会处，占地面积约260亩，计划2020年3月实现公演。

12月4日 中原网智慧移动政务平台“心通桥”亮相第四届世界互联网大会。由郑州报业集团中原网主办、曾获中国新闻奖一等奖的智慧移动政务平台“心通桥”，经过移动化升级改造后正式亮相当天开幕的第四届世界互联网大会“互联网之光”博览会，向全世界隆重发布。

12月8日 2017中国－东盟友谊歌会在郑州国际会展中心举行。中国—东盟友谊歌会是中国国际广播电台联合中国与东盟十国媒体共同主办的一项跨国文化交流的品牌活动，今年首次走进郑州。参与本次歌会的东盟国家媒体和机构包括文莱广播电视台、柬埔寨国家电视台、印尼美都电视台等。

12月18日 第三届华夏文化（嵩山）论坛举办。为进一步弘扬中华民族文化，促进文化产业的发展，中国华夏文化交流协会、台湾中华经济文化发展促进会等共同主办的第三届华夏文化（嵩山）论坛16日在登封开幕，来自新加坡及中国台港澳地区和内地的专家学者、企业界人士等200余人出席会议。

2018年大事记

1月22日 市委常委、宣传部部长张俊峰调研轩辕圣境黄帝故里文化产业园项目。

4月12日 郑州市人民政府印发《郑州市加快文化产业发展若干政策》（郑政文〔2018〕83号）。

4月16日 戊戌年第四届"根亲中国"微电影大赛颁奖礼在郑州举行。

4月13日至16日 2018年中国（宁波）特色文化产业博览会在宁波举办，郑州市首次组团参展，获得了最佳展品奖和优秀组织奖。

4月18日 戊戌年黄帝故里拜祖大典在新郑黄帝故里景区举行。

5月10日 第十四届中国（深圳）文博会开幕，郑州展馆亮相并获得优秀组织奖和优秀展示奖。

5月18日 2018中国国际摄影艺术节、中国第17届国际摄影艺术展在郑州启幕。

5月18日 商都历史文化片区、百年德化历史文化片区、二七华侨城、宋城·黄帝千古情项目等16个重大文化项目集中开工。

6月11日 中共中央政治局委员、中宣部部长黄坤明调研郑州市文化产业项目。

6月21日 省委副书记、省长陈润儿一行调研郑州市中央文化区等项目。

7月13日 省委常委、宣传部部长赵素萍到郑州市调研文化产业发展情况。先后考察了瑞光创意工厂文创园、中央文化区（CCD）"四个中心"、建业足球小镇、老奶奶庙旧石器遗址、河南省聚宝楼玉文化发展有限公司、香柏书社、密县县衙景区修复项目、轩辕圣境文化产业园和郑报融媒等文化企业和项目。

8月31日 郑州市16个县级融媒体中心签约暨启动仪式在郑州市政府新闻发布厅举行。

8 月 31 日 省文化体制改革和发展工作领导小组副组长马正跃到郑州调研文化产业发展情况，实地察看了建业足球小镇、轩辕圣境文化产业园和郑州国际文化创意产业园。

9 月 15 日至 16 日 “嵩山论坛——华夏文明与世界文明对话”2018 年会在河南登封举行。

9 月 20 日 郑州市文化产业协会成立。

9 月 28 至 30 日 第五届中原（鹤壁）文化产业博览交易会在鹤壁举行，市委宣传部常务副部长徐西平带领郑州市有关单位和文化企业，组团参加了本届文博会。

10 月 16 日 郑州市文化体制改革和发展工作领导小组印发《郑州市加快文化产业发展若干政策实施细则（暂行)》（郑文改发〔2018〕3 号）。

Abstract

Annual Report on Development of Zhengzhou's Culture (*2019*) is an annual regional report on cultural development compiled by Zhengzhou Normal University under the guidance of the Propaganda Department of the Zhengzhou Municipal Committee of the Communist Party of China. Even since Zhengzhou was approved as a national central city, it has attached great importance to cultural construction, with accelerated development of its cultural industry, remarkable results in cultural undertakings, and increasingly robust work in carrying forward and promoting cultural traditions. n response to China's plan for carrying forward and developing cultural traditions and building a national central city, and with a focus on the carrying-forward and development of fine historical and cultural traditions, this book systematically studies the cultural construction of Zhengzhou. It is composed of five parts: General Report, Sub-Reports, Hot Topics, Case and Appendix. Among them, General Report provides an overview of the cultural construction of Zhengzhou from 2017 to 2018, analyzes the opportunities and challenges relating to the cultural development of Zhengzhou as a national central city, summarizes the practices of and achievements in carrying forward and promoting cultural traditions, building public cultural service systems, transforming and upgrading the cultural industry, and increasing the city's external influence. It then puts forward the ideas and measures for cultural construction in the new era. Sub-Reports systematically summarizes and analyzes the development of Zhengzhou's cultural industry, cultural relics undertakings, philosophy and social sciences, public cultural facilities, cultural and artistic undertakings and other areas, and comprehensively demonstrates the features and achievements in Zhengzhou's cultural fields. Hot Topics focuses on the hot issues in the course of building a national central city. Many fields are systematically studied, including the construction of a themed urban culture, the promotion of cultural soft power, the construction of the Center for the Inheritance and Innovation of Chinese History and Civilization, the development of urban cultural industry clusters, and the cultivation of urban cultural brands before concrete and feasible measures and suggestions are put forward. In Case Studies, representative cases such as the Zhengzhou Cultural and Creative Industry Park, Art Popularization in Zhengzhou, the Poetry Conference at Du Fu's Hometown and Songshan Cultural Forum are selected for close scrutiny. Appendix records in detail major work and events in Zhengzhou's cultural development from 2017 to 2018.

With detailed data, systematic investigation and in-depth analysis, this book gives a comprehensive overview of the cultural development of Zhengzhou from 2017 to 2018. It not only reviews and summarizes the cultural development of Zhengzhou, but also reflects and envisions the cultural development of Zhengzhou in the future. It not only sorts out and analyzes the development of cultural undertakings, but also predicts and evaluates the city's cultural industry. It includes a systematic study of hot issues and an in-depth interpretation of quintessential cases. It is authoritatively reliable, professionally-driven and reader-friendly, providing basic support for researchers to understand the situation of Zhengzhou's cultural development, theoretical basis for government decision-making and the promotion of cultural construction, and is an important scientific research achievement in Zhengzhou's cultural research field.

Keywords: Cultural Industry; Cultural Undertakings; Inheritance and Innovation; Zhengzhou

Contents

I General Report

Abstract: Zhengzhou has seized the opportunity presented by its status as a national central city and accelerated cultural construction, with remarkable achievements. Taking the major events of the cultural development of Zhengzhou in 2017 -2018 as a clue, this report sorts out the new forms and features of the cultural development of Zhengzhou, and reviews Zhengzhou's practices of and achievements in carrying forward and promoting cultural traditions, building public cultural service systems, transforming and upgrading the cultural industry, increasing the city's external influence and other areas. It also analyzes the problems and deficiencies in cultural construction, and puts forward the ideas and measures for cultural construction of Zhengzhou in the future.

Keywords: Cultural City; Cultural Industry; Zhengzhou

Ⅱ Sub-Reports

Abstract: Focusing on the strategic deployment of building a national central city, and based on the supply – side structural reform of its cultural industry, Zhengzhou has witnessed significant improvement in the overall strength of its cultural industry, and a growing momentum in the development of the industry. Starting with an overview of the status quo of Zhengzhou's cultural industry, the report analyzes Zhengzhou's industrial scale, innovation in business modes, operating profits and other aspects, identifies the problems in the development of the cultural industry, and puts forward specific measures relating to industrial orientation, policy guidance, park construction, propaganda and promotion, and other areas.

Keywords: Cultural Brand; Cultural Industry; Zhengzhou

Abstract: Zhengzhou has attached more importance to the construction of cultural service facilities, adhered to the new trend of cultural development and improved the public cultural service system. Major breakthroughs have been made in building the policy planning system, and the construction of cultural venues at the county level has been accelerated. Community-level cultural facilities were upgraded and solid progress has been made in poverty alleviation through cultural undertakings, which effectively ensured that the masses have the basic cultural rights and interests and met their growing needs for a better cultural life.

Keywords: Public Cultural; Service Facilities; Zhengzhou

B. 4 Report on the Development of Cultural Relics Undertakings of Zhengzhou

Ren Wei / 048

Abstract: Since 2018, Zhengzhou has implemented General Secretary Xi Jinping's important instructions on cultural relics work in its cultural relics undertakings, constantly consolidated the foundation of the protection and safety of cultural relics, actively explored the reform of key areas, including the four historical and cultural areas, ecological preservation, pre-reform of archaeological work and support for non-state-owned museum, and actively strengthened cultural support for building important cultural highlands, national central cities and the Center for the Inheritance and Innovation of Chinese History and Civilization, with remarkable achievements in its cultural relics undertakings.

Keywords: Cultural Relics Undertakings; Ecological Preservation; Cultural Support

B. 5 Research Report on the Integrated Development of Media of Zhengzhou

Li Junfeng, *Fan Hongjuan* / 060

Abstract: Faced with profound changes in the pattern of public opinion communication and severe challenges brought about by the vigorous development of new media, the mainstream media in Zhengzhou should take the initiative and utilize their own advantages to strengthen their integrated development. They should not only consolidate the position of traditional public opinions, but also strive to play an dominant role in online public opinions so that they can guide public opinions. Under the idea of Internet +, they should develop new media technologies with a focus on visualization, digitization and intelligentization and explore new modes of diversified integration in areas relating to upgrading central kitchens, creating new media matrix, transforming themselves into urban service providers and promoting cross-industry development.

Keywords: Media Convergence; Mainstream Media; Four-All Media

Abstract: The report reviews the development of social sciences in Zhengzhou since 2017, and summarizes the practices and experiences of social science work. Noticeable achievements were made, especially in areas such as the promotion and implementation of the party's line, principles and policies, research on strengthening measures for solving practical problems, and the popularization of social sciences. It analyzes the problems and shortcomings in the development of social sciences in Zhengzhou. It is necessary to continuously promote the high-quality development of social sciences in Zhengzhou by strengthening the research on the major issues of reform and development, reinforcing the establishment of new think tanks, providing talents for the development of social sciences and advancing the popularization of social sciences.

Keywords: Philosophy and Social Science; High-quality Development; Zhengzhou

Abstract: Since the 18th National Congress of the Communist Party of China, literary and art circles in Zhengzhou have thoroughly studied and implemented Xi Jinping Thought on Socialism with Chinese characteristics for a New Era, strengthened organizational leadership and explored new ideas of development. They have steered the cultural and artistic undertakings of Zhengzhou in the right direction, carried out a series of themed cultural activities and did a good job in benefiting people in the work of culture and art with remarkable achievements made in the development of cultural and artistic undertakings. The report summarizes the practices and experiences of the development of cultural and artistic undertakings in Zhengzhou and put forward measures and plans for further advancing the development of cultural and artistic undertakings in Zhengzhou to continue to promote the prosperity of cultural and artistic undertakings in Zhengzhou and continuously meet people's needs for spiritual and cultural life.

Keywords: Cultural and Artistic Undertakings; Cultural Benefit to the People; Zhengzhou

Ⅲ Hot Topics

Abstract: The construction of a national central city in Zhengzhou requires a distinct urban theme culture. Special resources should be extracted on the basis of respecting the natural environment, history and culture, regional characteristics and current development of Zhengzhou before the theme of an urban culture can be established. It is suggested that "Between Heaven and Earth · the Origin of the Chinese Civilization · the Soul of the Yellow River" should be made the theme of Zhengzhou's urban culture and that the cultural construction of the national central city should be carried out with a focus on this theme. After the establishment of an urban theme culture, there are also a series of work to be done, such as cultivating the function of the urban theme culture and building the visual symbols and the communication system of the urban theme culture. The construction of Zhengzhou's urban theme culture is a complex and systematic project, which requires joint efforts from government departments, all citizens and people outside Zhengzhou who care about the city.

Keywords: Urban Theme Culture; National Central City; Zhengzhou

Abstract: To build an international cultural metropolis, Zhengzhou, a national central city, must attach more importance to the enhancement of its cultural soft power, promote cultural development with a more open mind and better vision, and fully explore the cultural connotation of Zhengzhou. By refining the spirit of the city, strengthening cultural creativity, building urban cultural circles and setting up urban cultural brands, Zhengzhou will continue to enhance its influence, competitiveness and appeal and provide internal support for the construction of a national central city and an international cultural metropolis.

Keywords: National Central City; Cultural Soft Power; International Cultural Metropolis

Abstract: Promoting the construction of the Center for the Inheritance and Innovation of Chinese History and Civilization is an important measure to implement the plan of the 19th National Congress of the Communist Party of

China and deepen the carrying-forward and promotion of fine traditional culture. In the new era, to construct the Center for the Inheritance and Innovation of Chinese History and Civilization, we must focus on Zhengzhou's cultural advantages and heritage, strengthen the study of major cultural issues, create new ways to spread and carry forward Zhengzhou's culture, build outstanding cultural brands, and shape the cultural image of Zhengzhou so as to build up a system of cultural preservation and innovation in compliance with the call of the times and comprehensively promote the construction of the center.

Keywords: Chinese History and Civilization; Preservation and Innovation; Zhengzhou

B.11 Analysis of the Development Opportunities and Trends of the Cultural Industry of Zhengzhou under the National Strategy

Ma Jiehua / 124

Abstract: With rapid economic development and social progress, the national policy actively guides the development of the cultural industry while the market creates a greater space for this development. Faced with unprecedented opportunities, the cultural industry shows new trends of development, such as digitalization, platformization and internationalization. This also provides ideas and directions for the transformation and upgrading of Zhengzhou's cultural industry. In the future, it is necessary to continuously promote the technological innovation of the cultural industry, guide the integrated development of this industry, enhance the quality of cultural products, promote the internationalization of the cultural industry and comprehensively enhance the competitiveness of the cultural industry of Zhengzhou.

Keywords: Cultural Industry; Transformation and Upgrading; Zhengzhou

B. 12 Research on Measures for the Development of Cultural and Creative Industry Clusters in Zhengzhou

Song Yanqin / 138

Abstract: The cultural and creative industry park has become an important carrier for the development of Zhengzhou's cultural industry and promoted the rapid development of the industry. However, most of the cultural and creative industry parks in Zhengzhou are still at the initial stage of construction or still under construction, with few mature parks. This has brought about many problems. Through an analysis of the current development and problems of cultural and creative industry parks in Zhengzhou, this research puts forward several measures and suggestions in order to promote the sustainable development of the cultural industry of Zhengzhou.

Keywords: Cultural and Creative Industry; Industry Clusters; Culture of Zhengzhou

B. 13 Research on the Development of the Cultural and Creative Industry and the Design Service Industry in Zhengzhou

Tan Cong / 148

Abstract: Under the background of economic globalization, rapid development of science and technology, and increasingly close industrial integration, governments at all levels and the social sector pay growing attention to promoting the development of the cultural and creative industry and its related industries. The cultural and creative industry and the design service industry combine culture and technology, creativity and service, industry and finance and other fields and are of great significance to enhance the added value of products, cultivate new forms of business, accelerate industrial optimization and upgrading, and meet people's high-quality cultural needs. With the opportunity of building Zhengzhou into a national central city, a series of measures should be adopted to promote the development of the cultural and creative industry and the design service industry to advance Zhengzhou's urban development, enhance its cultural soft power, and better adapt to the social and economic development under the new situation.

Keywords: Cultural and Creative Industry; Design Service Industry; Zhengzhou

B. 14 Research on the Establishment of the Theme of Urban Culture and the Cultivation of Unique Cultural Brands

Abstract: Located in the hinterland of the Chinese civilization, Zhengzhou is rich in historical and cultural resources, including special cultural resources. However, Zhengzhou lacks well-known cultural brands, and there are even fewer premium cultural brands. This situation does not match the status and strength of Zhengzhou as a national central city. Taking into account the current situation of Zhengzhou's historical and cultural resources (including special cultural resources), the report analyzes the social influence, the public base and the development and utilization of such resources and suggests that Zhengzhou should create a distinctive cultural brand. The cultural theme of "taking roots in this holy land between heaven and earth" should be highlighted and adopted to guide the development of existing cultural resources and relevant work in Zhengzhou's cultural advancement. The theme should be built into a cultural brand with extensive influence so as to culturally enrich Zhengzhou in its endeavor to build itself into a national central city.

Keywords: Cultural Advantages; Brand Creation; Zhengzhou

Abstract: Zhengzhou insists on cultivating civilized citizens and building a civilized city, integrates culture into the whole process of urban economic and social development, promotes the building of public cultural service systems, strengthens the work in carrying forward and preserving traditional culture, enhances the quality of cultural industry development and relies on its advantages in cultural resources to power its cultural development. By doing so, it ensures that the fruits of development can be shared by people and their high-quality spiritual and cultural needs can be met. It also strives to constantly increase the charm of its urban culture and elevate the quality of its urban culture.

Keywords: Cultivating Civilized Citizens; Building a Civilized City; Cultural Charm; Zhengzhou

Abstract: Poverty alleviation through cultural undertakings is an important part of poverty alleviation and is an important guarantee for winning the fight against poverty, fundamentally changing the backwardness of poverty-stricken areas and finally completing the building of a moderately prosperous society in all respects. This report analyzes the current work in poverty alleviation through cultural undertakings in Zhengzhou, discusses the problems and shortcomings of the process, and proposes that Zhengzhou should establish a new concept of poverty alleviation through cultural undertakings, make poverty alleviation more targeted, strengthen the building of public cultural service systems, and pay more attention to improving the quality of its population and increase investment in poverty alleviation so that the effectiveness of poverty alleviation through cultural undertakings can be enhanced.

Keywords: Poverty Alleviation through Cultural Undertakings; Poverty Alleviation; Zhengzhou

Abstract: Zhengzhou insists on giving priority to cultural revitalization and sees strong development momentum in cultural enrichment in rural areas, cultural programs that benefit people and cultural revitalization. In general, the rural cultural construction has made remarkable achievements: infrastructure is increasingly improved, cultural activities for the benefit of the people are diversified, the cultural industry releases new vitality and the cultural policy is sound and powerful. In the process of rural cultural revitalization in Zhengzhou, bearing people in mind andputting them first is the guarantee of the prosperity and development of rural culture; tackling difficulties is the internal support for the prosperity and development of rural culture; and the spirit of hard work is an important growth driver for the prosperity and development of rural culture. The three factors all contribute to shaping new situations and features of rural modern culture.

Keywords: Rural Culture; Cultural Revitalization; Zhengzhou

Ⅳ Cases

Abstract: In the course of its infrastructure construction, the Zhengzhou International Cultural and Creative Industry Park constantly optimizes the investment environment, plans the development strategy of the park from a high starting point and with high standards, promotes industrial transformation and introduces talents on a large scale. It has become an epitomic model for the development of the cultural industry in Central China. The aggregation modes of talents, projects and brands of the Zhengzhou International Cultural and Creative Industry Park has stimulated continuous development of the park and provided useful enlightenment for the development of Zhengzhou's cultural industry parks.

Keywords: International Cultural and Creative Industry Park; Resource Integration; Zhengzhou

Abstract: Social development cannot be possible without cultural advancement. As an important part of social ideology, culture plays an important role in promoting the construction of spiritual civilization and culture and arts. Therefore, it is particularly necessary to promote the popularization of culture and arts for all in this new era of socialism. Under such circumstances, starting from the content of culture and arts, the research makes a detailed exploration of art popularization carried out by the Zhengzhou Cultural Center in the new era, focusing on analyzing the main content and overall significance of such work, as well as effective ways of further improving it. This research can hopefully provide some theoretical basis for art popularization in Zhengzhou.

Keywords: Cultural Center; Art Popularization for All; Zhengzhou

B. 20 Excavating Historical and Cultural Resources and Creating an Urban Cultural Brand

—A Case Study of the 2018 *Poetry Conference in Du Fu's Hometown*

Meng Qingli, Jia Yuqiao / 218

Abstract: Gongyi, a county-level city of Zhengzhou, fully exploited the cultural resources of Du Fu and established the Poetry Conference in Du Fu's Hometown. The conference helps people develop deep affections for their homeland by reading Du Fu's poems and let poems become part of people's lives. At present, the Du Fu culture has gradually become Gongyi's cultural brand. The report analyzes the value of the Du Fu culture, sorts out the history and status quo of the conference, uncovers the role of the conference in cultural brand construction, cultural preservation and promotion, cultural exchanges and other areas, and summarizes its full insights in terms of cultural resource excavation, cultural services and cultural construction.

Keywords: Du Fu Culture; Cultural Brand; Zhengzhou

B. 17 Cultivating the "Songshan Forum" Brand and Advancing the Building of a Community with a Shared Future for Mankind

Zhao Baoyou / 229

Abstract: The Songshan Forum has become a high-end academic platform for exchanges and mutual learning of diverse civilizations in the world. It has made contributions to the preservation and innovation of the Chinese civilization and won a good reputation in academia around the world. It has made insightful explorations conducive to answer the calls of "building a community with a shared future for mankind", a major theme of the times, and has also played an important role in promoting the development of local economy. In the future, the Songshan Forum should focus on developing its theoretical advantages and highlighting its unique features. It should also give full play to its geographical advantages and promote cultural innovation. In addition, it should play a leading role in promoting the economic and social development of Dengfeng, Zhengzhou.

Keywords: Songshan Forum; Dialogue among Civilizations in the World; Cultural Brand of Zhengzhou; Zhengzhou

V Appendix

皮书起源

“皮书”起源于十七、十八世纪的英国，主要指官方或社会组织正式发表的重要文件或报告,多以“白皮书”命名。在中国,“皮书”这一概念被社会广泛接受,并被成功运作、发展成为一种全新的出版形态，则源于中国社会科学院社会科学文献出版社。

皮书定义

皮书是对中国与世界发展状况和热点问题进行年度监测，以专业的角度、专家的视野和实证研究方法,针对某一领域或区域现状与发展态势展开分析和预测,具备原创性、实证性、专业性、连续性、前沿性、时效性等特点的公开出版物,由一系列权威研究报告组成。

皮书作者

皮书系列的作者以中国社会科学院、著名高校、地方社会科学院的研究人员为主，多为国内一流研究机构的权威专家学者，他们的看法和观点代表了学界对中国与世界的现实和未来最高水平的解读与分析。

皮书荣誉

皮书系列已成为社会科学文献出版社的著名图书品牌和中国社会科学院的知名学术品牌。2016 年，皮书系列正式列入“十三五”国家重点出版规划项目；2013~2019 年，重点皮书列入中国社会科学院承担的国家哲学社会科学创新工程项目;2019 年,64 种院外皮书使用“中国社会科学院创新工程学术出版项目”标识。

中国皮书网

（网址：www.pishu.cn）

发布皮书研创资讯，传播皮书精彩内容
引领皮书出版潮流，打造皮书服务平台

栏目设置

关于皮书：何谓皮书、皮书分类、皮书大事记、皮书荣誉、皮书出版第一人、皮书编辑部

最新资讯：通知公告、新闻动态、媒体聚焦、网站专题、视频直播、下载专区

皮书研创：皮书规范、皮书选题、皮书出版、皮书研究、研创团队

皮书评奖评价：指标体系、皮书评价、皮书评奖

互动专区：皮书说、社科数托邦、皮书微博、留言板

所获荣誉

2008 年、2011 年，中国皮书网均在全国新闻出版业网站荣誉评选中获得“最具商业价值网站”称号；

2012 年，获得“出版业网站百强”称号。

网库合一

2014 年，中国皮书网与皮书数据库端口合一，实现资源共享。

S 基本子库
SUB DATABASE

中国社会发展数据库（下设 12 个子库）

全面整合国内外中国社会发展研究成果，汇聚独家统计数据、深度分析报告，涉及社会、人口、政治、教育、法律等 12 个领域，为了解中国社会发展动态、跟踪社会核心热点、分析社会发展趋势提供一站式资源搜索和数据分析与挖掘服务。

中国经济发展数据库（下设 12 个子库）

基于“皮书系列”中涉及中国经济发展的研究资料构建，内容涵盖宏观经济、农业经济、工业经济、产业经济等 12 个重点经济领域，为实时掌控经济运行态势、把握经济发展规律、洞察经济形势、进行经济决策提供参考和依据。

中国行业发展数据库（下设 17 个子库）

以中国国民经济行业分类为依据，覆盖金融业、旅游、医疗卫生、交通运输、能源矿产等 100 多个行业，跟踪分析国民经济相关行业市场运行状况和政策导向，汇集行业发展前沿资讯，为投资、从业及各种经济决策提供理论基础和实践指导。

中国区域发展数据库（下设 6 个子库）

对中国特定区域内的经济、社会、文化等领域现状与发展情况进行深度分析和预测，研究层级至县及县以下行政区，涉及地区、区域经济体、城市、农村等不同维度。为地方经济社会宏观态势研究、发展经验研究、案例分析提供数据服务。

中国文化传媒数据库（下设 18 个子库）

汇聚文化传媒领域专家观点、热点资讯，梳理国内外中国文化发展相关学术研究成果、一手统计数据，涵盖文化产业、新闻传播、电影娱乐、文学艺术、群众文化等 18 个重点研究领域。为文化传媒研究提供相关数据、研究报告和综合分析服务。

世界经济与国际关系数据库（下设 6 个子库）

立足“皮书系列”世界经济、国际关系相关学术资源，整合世界经济、国际政治、世界文化与科技、全球性问题、国际组织与国际法、区域研究 6 大领域研究成果，为世界经济与国际关系研究提供全方位数据分析，为决策和形势研判提供参考。

法律声明